Impressum

Dr. Bernd Helge Fritsch
Homepage: www.erfolg4you.at
E-mail: office@erfolg4you.at

Umschlaggestaltung und Layout:
Helga Fleiss

Herstellung und Verlag:
Books on Demand GmbH,
Norderstedt

ISBN 9-783837-014471

Inhaltsverzeichnis

Vorwort

Vorsicht! Dieses Buch könnte Ihr Leben nachhaltig verändern!
Über unerwünschte Nebenwirkungen informieren Sie sich am besten bei Ihrem Arzt, Pfarrer oder Psychiater!

Dieses Buch beginnt mit einer spannenden Erzählung über die erste Begegnung des Autors Bernd Helge Fritsch mit dem geistigen Urheber dieses Buches, Apollon von Lykonos. Die beiden Personen treffen sich „zufällig" in einem Krisengebiet im Osten Nepals. In einer für beide lebensbedrohlichen Situation kommt es zu einem Gespräch, in dem Apollon die Weisheiten und Botschaften dieses Buches bereits vorweg nimmt.

Zwischen dem Autor und Apollon entwickelt sich eine tiefe Freundschaft. In vielen Begegnungen zwischen den beiden erklärt Apollon die Lebensprinzipien der griechischen Göttin Artemis. Diese mythische Figur hatte viele Jahre vor und auch nach Christi Geburt hohes Ansehen im klassischen griechischen Kulturkreis. Ephesus in Kleinasien war ein Hauptzentrum der griechischen Blütezeit. Hier stand ein prachtvoller Tempel namens „Artemision", welcher der Göttin Artemis geweiht war. Er galt als eines der sieben Weltwunder. In Ephesus prallten die beiden Kulturen der griechischen Götterwelt und des aufkommenden Christentums erstmalig aufeinander. Der Apostel Paulus, Begründer der katholischen Kirche, begann hier seinen bedenklichen Kampf gegen die „Sündhaftigkeit" der Heiden (Griechen) und Juden. Ein Kampf, der durch zweitausend Jahre und noch heute destruktive Auswirkungen hat.

Artemis symbolisiert den offenen, fröhlichen und lebensbejahenden Glauben der klassischen Griechen, während Paulus in seinen Ansprachen und Briefen die Menschen

wegen der „Erbsünde“ verdammt und die Schrecken des „Jüngsten Gerichtes“ ankündigt.

Apollon zeigt auf, welchen entscheidenden Einfluss unsere inneren Glaubenssätze sowohl religiöser als auch nicht religiöser Natur auf unsere Entwicklung, unser Wohlbefinden, unseren Reichtum und unser Schicksal haben. Ausführlich beschreibt er die „Werkzeuge“, mit denen man die Prinzipien der Artemis zu persönlichem Erfolg und in Harmonie mit der Umwelt und sich selbst umsetzen kann.

Apollon macht anschaulich, wie fast jeder Mensch durch teilweise viele hundert Jahre alte Dogmen geprägt und eingeschränkt ist. Er macht deutlich, wie wir uns aus anerzogenen und selbst geschaffenen Begrenzungen befreien können.

In diesem Buch finden Sie Antworten auf grundlegende Fragen des Lebens, wie zum Beispiel:

- Ist die Schöpfung Gottes vollkommen?
- Warum gibt es Leid und Tod auf dieser Welt?
- Was bedeuten meine Stärken und meine Schwächen?
- Wie kann ich mehr Freude und Reichtum erlangen?
- Wie kann ich die Kraft des Unterbewusstseins nutzen?
- Welche Bedeutung hat das Schicksal?
- War Jesus ein großer Zauberer?
- Welchen Einfluss haben die Göttin Artemis und der Apostel Paulus auf unsere Kultur und unser Denken?

Diese Themen werden eingehend und ohne Rücksicht auf Tabus in Gesprächen zwischen dem geheimnisvollen Weisheitslehrer **Apollon von Lykonos** und dem Autor **Bernd Helge Fritsch** behandelt.

1 Begegnung mit Apollon

Das Schicksal macht keine Fehler.

Habt Ihr noch Furcht, so seid ihr in der Liebe nicht vollkommen!

Zehn Tage nachdem ich den *Dajananda Ashram* in *Rishikesh* verlassen hatte, landete ich mit der Boeing 737 der Indian Air von *Delhi* kommend am Flughafen in *Kathmandu.* Durch einen glücklichen Zufall durfte ich in diesem Ashram, der in der Regel nur für Mönche und indische Studenten der heiligen Hinduschriften geöffnet ist, einige Monate verweilen.

Die Gebäude dieses Ashrams sind in einem sehr schönen parkähnlichen Gelände direkt am Ufer des *Ganges* gelegen. Mit seiner sauberen und wohlgeordneten Anlage bildet der Ashram einen heftigen Kontrast zum eigentlichen Ort *Rishikesh,* in welchem sich das Leben der Einheimischen so richtig indisch, turbulent, laut und bunt entfaltet. In *Rishikesh* verlässt der Ganges die Gebirge des Himalaja noch in einem jungfräulichen Zustand. Klares türkisblaues Wasser fließt hier aus einer Felsschlucht kommend durch ein breites, steiniges Flussbett in Richtung Süden.

Ich verbrachte die Zeit im Ashram vorwiegend mit Meditationsübungen, machte beschauliche Wanderungen den Fluss entlang und durchstreifte die Gegend in und um *Rishikesh.* Bei Sonnenuntergang findet täglich in einem kleinen offenen Tempel, nahe am Ganges gelegen, die *Puja,* ein Gottesdienst zu Ehren des Hindugottes *Ganesha,* statt. Dabei werden Blüten über den Kopf einer *Ganesha*-Statue gestreut, es wird gebetet und gesungen.

Ganesha, der Gott mit dem Elefantenkopf, ist eine der beliebtesten Gottheiten im *Hinduismus.* Er wird angebetet wenn man Glück für den Weg oder eine Unternehmung

braucht, er steht für Neubeginn und Veränderung, er verkörpert Weisheit, Gelassenheit und Intelligenz.

Eigentlich weiß ich nicht, was mich damals veranlasste nach Nepal zu fliegen. Jedenfalls hatte ich nicht die Absicht, eine der üblichen Trekkingtouren für Touristen mitzumachen. Rückblickend erscheint es mir, als wäre ich wie fremdgesteuert nach Nepal gegangen. Jeder kennt solche Handlungen, bei denen man sich im Nachhinein fragt: Warum? Wollte ich das wirklich? Wer oder was hat mich angetrieben?

In *Kathmandu* verweilte ich nur kurze Zeit. Dieser Ort war so ziemlich das Gegenteil von dem, was ich mir vorgestellt hatte. Statt einer freundlichen Stadt in guter Gebirgsluft, umgeben von den weißen Schneegipfeln des Himalaja empfing mich eine schmutzige, staubige, in Smog gehüllte Ansammlung von Häusern und Straßen mit vielen, vielen Menschen und Fahrzeugen. Von den Bergen ringsum war durch den dicken Dunst, der sich über dem *Kathmandutal* ausbreitete, nichts zu sehen. Im dichten Verkehr auf vorwiegend unasphaltierten Straßen sorgen zumeist alte, qualmende Motorräder und Autos dafür, dass Abgaswolken vereint mit Straßenstaub fröhlich die Luft verpesten. Viele Einheimische trugen Staubmasken vor Nase und Mund, um sich so gegen Schmutz und Ansteckung vor der hier stark verbreiteten Tuberkulose zu schützen.

Ich besuchte zuerst *Patan* und *Bahktapur* mit ihren prachtvollen alten Königspalästen und unzähligen buddhistischen Tempeln und Pagoden. Sodann fuhr ich mit einem klapprigen, mit Einheimischen überfüllten Linienbus westwärts über *Mugling* nach *Butwal.*

Am Busbahnhof in *Butwal* wurde ich sogleich von einem jungen Mann mit bronzefarbenem Gesicht und großen, freundlichen braunen Augen angesprochen. Er wüsste nördlich von *Birendranagar* ein einsam und wunderschön in den Bergen gelegenes Guest-House. Er bot mir gegen geringes Entgelt an, mich dort hin zu begleiten.

Man wird als „Westler“ in Asien sehr oft von Männern angesprochen, die ihre „Guide-Dienste“ mehr oder minder aufdringlich anbieten. In der Regel lehne ich solche Führerdienste ab und versuche lieber allein, ohne lästigen Begleiter meinen Weg zu finden. Doch dieser Mann, der sich *Kumar* nannte, hatte etwas Besonderes an sich. Er war mir mit seinem klaren, offenen Blick sofort sympathisch und sein Angebot mit dem Gästehaus gefiel mir.

Ohne mich lange zu besinnen, stimmte ich zu. Wir mieteten ein Taxi mit Allradantrieb, welches uns nach ungefähr zehn Stunden Fahrt zum Ausgangspunkt für einen längeren Fußmarsch bis zum Gästehaus bringen sollte.

Schon nach rund fünf Stunden Fahrt hauchte der Jeep mit einem Motorschaden sein Leben aus. Von einem vorbeikommenden LKW wurden wir in den nächstgelegenen Ort abgeschleppt. Der Fahrer des Taxis erklärte theatralisch, die Sache wäre überhaupt kein Problem und er würde den Schaden verlässlich bis zum Morgen des nächsten Tages beheben.

Das gefiel meinem Begleiter *Kumar* ganz und gar nicht. Er wollte mich unbedingt überreden, ein anderes Taxi anzumieten, um mit diesem sogleich die Reise fortzusetzen. Doch ich hatte nichts gegen einen Stopp einzuwenden und wollte, bis der Jeep wieder fahrtauglich war, die Gegend erforschen. *Kumar* drängte weiter, wir sollten sofort weiterfahren, doch ich hatte es keineswegs eilig und fand schließlich ein Quartier in dem wir übernachten konnten.

Am nächsten Morgen war der Jeep natürlich nicht fertig. Es dauerte noch bis zum späten Nachmittag, bis er wieder startklar war. Jetzt war es allerdings schon so spät, dass ich trotz neuerlicher Proteste *Kumars* entschied, erst am nächsten Morgen unsere Reise fortzusetzen, zumal mir Kumar nicht erklären konnte, weshalb er es so eilig hatte.

Nach einer abenteuerlichen Fahrt, teilweise über Straßen, die man kaum als solche erkennen konnte - wobei ich mir an mehreren Stellen dachte, es wäre besser, das Auto mit einem Seil gegen einen Absturz abzusichern - gelangten wir schließlich zum Ausgangspunkt für den Fußmarsch zum Gästehaus. Wir konnten hier in einer verlassenen Hütte nächtigen und machten uns zeitig am nächsten Morgen auf den Weg. Während des Anstiegs durch ödes, felsiges Gelände mit spärlicher Vegetation begegneten wir keiner Menschenseele.

Wir benötigten beinahe acht Stunden bis wir erschöpft aber glücklich beim Gästehaus anlangten. Es war eine bessere Bretterbude, was mich in dieser Gegend nicht weiter überraschte. Der Wirt, ein freundlicher älterer Herr mit längerem, weißem Haar und weißem Bart, war sichtlich erfreut, dass sich wieder ein Gast bei ihm einfand. Nachdem ich mein Zimmer in Besitz genommen hatte, das sehr primitiv und lediglich mit einem schlichten Bett ausgestattet war, begab ich mich in die Stube, um eine Mahlzeit einzunehmen. Es gab in diesem bescheidenen Raum zwei Holztische mit einfachen Stühlen. Nach rückwärts hinaus führte eine Brettertüre in die Küche.

An einem der beiden Tische saß ein schlanker, großer Mann mittleren Alters. Nach seinem Äußeren war sofort erkennbar, dass er ebenfalls ein „Westler" war. Ich blickte in ein freundliches, braungebranntes Gesicht und wir begrüßten uns herzlich. Ich sagte ihm meinen Namen und er stellte sich mit „Apollon“ vor. Nach unserer Begrüßung waren seine ersten Worte: „ I have been waiting for you for two days!” (Ich warte schon zwei Tage auf dich!). Ich wusste nicht recht, wie das gemeint war und dachte zunächst an einen Scherz. Dann fragte er meinen Begleiter *Kumar,* ob wir aufgehalten worden waren. Dieser erklärte ihm die Verzögerung mit der Autopanne.

„Was läuft hier?“, überlegte ich. Sollte es zwischen dem Mann und *Kumar* abgesprochen gewesen sein, dass mich *Kumar* in *Butwal* abholen und zu dieser Hütte bringen sollte? Doch ich verwarf diesen Gedanken wieder, denn beide kannten mich nicht und konnten auch nicht wissen, dass ich in diese Gegend kommen würde.

Darauf sagte *Apollon,* dass er damit gerechnet habe, hier auf dieser Hütte eine wichtige neue Bekanntschaft zu machen. Wäre ich schon vor zwei Tagen gekommen, so wäre es noch möglich gewesen, rechtzeitig die Gegend gemeinsam zu verlassen. Jetzt allerdings sei die Umgebung voll von Militär. Diese hätten alle Wege und Straßen in der Umgebung abgeriegelt. Es sei ein besonderer Zufall, dass wir von den Soldaten nicht schon beim Anstieg zum Guest-House aufgehalten worden waren.

Jetzt verstand ich gar nichts mehr. Grundsätzlich halte ich sehr wenig vom „Hellsehen“ und ähnlichem „Hokus-Pokus“. Ich bin in meinem Leben schon öfters Wahrsagern und angeblich mit übersinnlichen Fähigkeiten begabten Personen begegnet, doch meine Erfahrungen mit solchen Menschen waren bislang nicht sehr erbaulich.

Apollon setzte sodann fort: Er rechne damit, dass die Militärs wahrscheinlich am nächsten Tag schon sehr früh hier auftauchen und nach ihm suchen würden. Ich gestehe, dass mich diese Eröffnung ziemlich verwirrte und

auch beunruhigte. Ich wusste, dass es in Nepal schon seit einigen Jahren eine Art Bürgerkrieg zwischen den sogenannten „maoistischen Rebellen“ und den Truppen des herrschenden Königshauses gab.

Das Königshaus sowie die ihm ergebenen Militärs und Beamten gelten als korrupt. Sie verwenden angeblich die vom Ausland reichlich ankommenden Entwicklungsgelder vorwiegend für eigene Zwecke. Der Großteil der Bevölkerung hingegen lebt in unglaublicher Armut. Nur wenige können sich eine Schulbildung leisten und es fehlt den Menschen materiell an allen Ecken und Enden.

Die Maoisten behaupten, für soziale Gerechtigkeit und eine Gleichberechtigung der unterdrückten Volksgruppen zu kämpfen. Sie wollen die Monarchie abschaffen und sie durch ihre eigene Diktatur ersetzen. Diese Auseinandersetzung hat schon tausende Tote gefordert. Beide Seiten bekriegen sich mit äußerster Härte. Die Maoisten streiten, so wird berichtet, nicht nur für die arme Bevölkerung, sondern terrorisieren diese auch mit Entführung, Zwangsrekrutierung und Ermordung männlicher Familienmitglieder. Genauso wenig zimperlich gehen Polizei und Militär vor, indem sie viele Menschen auf nimmer Wiedersehen verschwinden lassen und Verdächtige kurzerhand als *„Maobaadi“* (Maoisten) erschießen. Doch angeblich, stellt diese Auseinandersetzung keine besondere Gefahr für Touristen dar. Wie es allgemein hieß, werden diese von beiden Streitparteien verschont. Beide Gruppen sind sich darin einig, dass Touristen gutes Geld in das arme Land bringen.

Es entwickelte sich ein längeres Gespräch zwischen dem Fremdling, der sich mit dem Namen „Apollon“ vorgestellt hatte und mir. Da *Apollon* kein Deutsch sprach, unterhielten wir uns auf Englisch. *Apollon* sagte mir, dass er sich seit vielen Jahren immer wieder in Nepal und Tibet aufhalte. Er hätte hier viele Freunde gewonnen, die unter den Auseinandersetzungen zwischen Regierung und Maoisten zu leiden hatten. Er sei grundsätzlich nicht in diese Kämpfe involviert. Doch er versuche, soweit es in seiner Macht stünde, den verarmten Menschen in den ländlichen Gebieten beizustehen. Dadurch habe er die Aufmerksamkeit der Militärs auf sich gezogen. Sie hielten ihn für einen Verbündeten der Maoisten und er werde von ihnen, quasi als Staatsfeind, gesucht.

Auf meine Frage, ob *Apollon* sein Familienname sei, teilte er mir mit, es sei sein Vorname und seinen Familiennamen wolle er nicht nennen. In der gegenwärtigen Situation sei es für mich wichtig, dass ich so wenig wie möglich von ihm wüsste. Er erwähnte noch, dass sein Vater Grieche und seine Mutter kanadischer Abstammung seien. Wenn er nicht gerade auf Reisen unterwegs sei, was häufig der Fall wäre, wohne er am *Lykeon.* Das sei ein Berg am *Peloponnes* in Griechenland.

Dann fügte er hinzu: “Wir werden uns dort wiedersehen. Du brauchst keine genaue Anschrift von mir. Wir werden uns dort auch so finden”.
„Hm!“ dachte ich bei mir, „wie soll das gehen, wenn wir weder eine bestimmte Zeit noch einen genauen Ort vereinbaren?“ Aber ich äußerte meine Bedenken nicht laut, weil mir die ganze Geschichte ohnedies äußerst mysteriös vorkam und ich vorerst abwarten wollte, wie sich das Gespräch weiter entwickelte.

„Ich werde nach unserem Gespräch so rasch wie möglich verschwinden!“ sagte *Apollon.* „Es kann sein, wenn die Militärs morgen vorbei kommen, dass sie dich mitnehmen.“
„Na, bravo!“ dachte ich mir, doch es war mir gar nicht zum Scherzen zumute und ich spürte kalte Angst in mir

hochsteigen. Als ob *Apollon* das gemerkt hätte, sagte er: „Es ist wichtig, dass du permanent deine Energie hoch hältst, solange du mit ihnen zusammen bist. Es wird dir nichts passieren, solange du keine Angst ausstrahlst!“

Darauf fragte ich: „Und was ist, wenn ich gleich mit dir mitgehe?“ „Ich würde dich sehr gern mitnehmen, doch das ist zu gefährlich,“ antwortete *Apollon.* „Wenn ich allein fliehe, so ist die Chance, dass sie mich erwischen, sehr gering. Wenn wir aber gemeinsam unterwegs sind, kommen wir kaum in der Dunkelheit voran. Ich kenne hier jeden Weg und jeden Stein, doch ich kann dich in der Dunkelheit nicht richtig führen und wenn wir Licht anschalten, so haben sie uns sofort. Außerdem besteht die große Gefahr, dass sie dich gleich mit erschießen, wenn sie dich in meiner Begleitung antreffen.“

Nach diesen Worten wurde es mir richtig kalt und heiß zugleich. Ich fragte: „Was soll ich tun? Was meinst du mit Energie hochhalten?“ - „Wenn sich Angst in dir ausbreitet, so verlierst du die Verbindung zu dir selbst. Wir haben jetzt nicht viel Zeit, dass ich dir das alles erkläre. Doch es gibt eine sehr einfache Methode, um bei sich zu bleiben oder um zu sich zurück zu kehren. Sie besteht darin, den eigenen Atem zu beobachten. Durch bewusstes Atmen verbindest du dich mit deinem Körper.

In der Angst entflieht dein Geist in Bilder über die Zukunft. Du malst dir aus, was an Schrecklichem geschehen könnte. Dein Körper ist immer im Hier und Jetzt. Er ist immer in der Gegenwart. Werde zum unbeteiligten Zeugen. Beobachte deinen Atem, und du kehrst augenblicklich zu deinem Körper und damit zu dir zurück. Dein Körper ist der Inbegriff einer höheren Weisheit. Denke nur an die wundersamen Vorgänge in deinem Gehirn, in deinen Organen, in jeder Körperzelle. Bist du gedanklich bei deinem Atem (Spirit), so bist du auch mit deinem Wesenskern, mit Liebe, Schönheit und Vollkommenheit verbunden. In diesem Zustand bist du unantastbar.“

Den Atem zu beobachten war mir nicht fremd, das hatte ich im Yoga und beim Meditieren gelernt. Während *Apollon* weiter sprach, lenkte ich meine Aufmerksamkeit sowohl seinen Worten als auch meinem Atem zu. Unverzüglich wurde ich ruhiger und es ging mir besser als zuvor.
„Es hängt von deiner mentalen Einstellung ab, wie die Soldaten dich behandeln werden. Hast du Angst, so werden sie das spüren, und so reagieren, wie ein bissiger Hund dich attackiert, wenn du dich vor ihm fürchtest. Das Gefühl der Angst überträgt sich automatisch von einem Menschen auf die anderen in seiner Umgebung. Doch kein Mensch mag dieses Gefühl. Wenn daher jemand Angst aussendet, so versuchen die anderen unbewusst, gegen ihn vorzugehen. Wir Menschen ziehen magisch das Übel an, wovor wir uns fürchten, ebenso wie wir Gutes anziehen, wenn wir unseren Fokus vornehmlich darauf richten.“

Plötzlich dachte ich: “ Was habe ich mit diesem Scheiß-Bürgerkrieg zu tun?“ Und sofort spürte ich innerlich Zorn aufsteigen. Mit einem ironisch und zugleich verzweifelten Ton in meiner Stimme sagte ich: „Das hört sich ja gut an! Doch wenn die mich mitnehmen, so helfen mir deine guten Ratschläge reichlich wenig.“

„Ich verspüre deinen inneren Unmut. Streit und Krieg entstehen aus Wut, Rachelust und Gier. Dahinter steht immer Angst und Unverständnis. Wer Furcht hat, liebt das Dasein zu wenig. Er denkt an Mangel, statt an Fülle. Er hat Angst zu kurz zu kommen, weil er die Gesetze des Universums nicht kennt. Wir werden immer das ernten, was wir säen. Die Saat sind deine Gedanken. Richte

deinen Fokus auf die Fülle, die Vollkommenheit und die Schönheit des Lebens und du wirst nichts anderes ernten."

Apollon machte eine ausholende Geste. „Die Basis des Universums ist Schönheit, Freude, Liebe, Fülle und Vollkommenheit. Daraus besteht auch der innere Wesenskern eines jeden Menschen. Durch falsches Denken bildet sich im Menschen die Illusion einer Trennung von der Vollkommenheit, von der Fülle. Wir leben in einer Scheinwelt, die verhindert, dass wir unsere Einheit mit dem göttlichen Ursprung wahrnehmen können.

Nach dem hinduistischen Glauben wird diese Illusion von der Göttin *Maya*, der Schöpferin der materiellen Welt verursacht. Durch die Maya wird uns, wie in einem Kinofilm, eine Gegebenheit vorgetäuscht, die nicht der Wirklichkeit entspricht. Um Befreiung zu erreichen, muss diese Scheinwelt durchschaut und damit überwunden werden."

Apollon suchte meinen Blick und fuhr fort: „Du bist in dieses Land gekommen, weil diese Reise deinem Schicksalsweg entspricht. Alles was du hier erlebst, entspricht deiner Saat. Du begegnest immer dem, was du verursacht hast. Das gilt sowohl für das Erfreuliche als auch für das Unangenehme! Wer Angst hat, richtet seine Aufmerksamkeit auf das, was mangelhaft und unvollkommen ist. Mangel und Unvollkommenheit entstehen erst durch dieses Denken. Wer so denkt, schafft für sich eine Realität, in der Mangel und Böses existieren."

"Wie soll ich in meiner Situation keine Angst haben?" entgegnete ich. „Gegen die Angst kann keiner etwas machen!"
„*Gegen* die Angst kannst du tatsächlich nichts ausrichten. Doch du kannst, wenn du halbwegs deine Gedanken zu steuern vermagst, wovon ich überzeugt bin, deine Auf-

merksamkeit auf das richten, was wirklich zählt!" „Was meinst du damit? Was zählt denn wirklich? Ist Angst nicht genau so wirklich wie Mut oder Furchtlosigkeit!"

„Das stimmt nur auf einer niederen Bewusstseinsebene. Auf einer höheren Ebene existiert nur die wunderbare Vollkommenheit des Daseins, so wie sie vom Universum, man kann auch sagen von Gott, geschaffen wurde.

Das kannst du mit entsprechender Konzentration deiner Gedanken jederzeit verwirklichen. Solange du fähig bist, intensiv an Vollkommenheit zu denken, wie wir sie augenscheinlich im Makrokosmos, aber auch in jedem Tier, in jeder Pflanze vorfinden, so gibt es für dich nur Vollkommenheit. Dann existiert für dich nichts anderes, auch wenn du auf der körperlichen Ebene vielleicht Schmerzen oder Krankheit erfahren solltest. Auch alle unangenehmen Probleme lösen sich auf diese Weise oder werden in schlichte Aufgaben verwandelt.

Schwierigkeiten, Leid und Tod kannst du auf dieser Ebene, wie ein außenstehender Beobachter, als einen interessanten Teil des vollkommenen Werdens und Vergehens erfahren. Wichtig ist dabei, und ich gebe zu, das ist ohne Übung nicht ganz einfach, sich jeder negativen Beurteilung zu enthalten, beziehungsweise sie sofort bei ihrem Auftauchen zu stoppen.

Erspare dir jedes abwertende Urteil über Menschen und Situationen. Wer sich bedauert, wer gerne denkt und sagt, etwas sei schrecklich oder unerträglich, für den werden die Dinge wirklich schwierig. Doch wer den tieferen Sinn in jedem Ereignis erkennen kann, oder zumindest weiß, dass alles letztlich der Vollkommenheit dient, für den verändert sich die Welt und ungeahnte Energie wird ihm zukommen."

Diese Worte machten mich etwas benommen und ich versuchte mich wieder zu sammeln. Erst nach einer längeren Pause fragte ich: „Ist es nicht weltfremd oder gar verrückt, in einer scheußlichen Situation sich einzureden: Es ist ja gar nichts, alles ist bestens und vollkommen?“

Apollon schüttelte leicht den Kopf. „Vielleicht hilft dir einer der wichtigsten Merksätze auf dem Weg zu einem befreiten Bewusstsein. Er lautet: „Das Schicksal macht keine Fehler“. So wie das Universum geschaffen wurde und wie es sich ständig weiter entwickelt, so ist es stets vollkommen. Das Schicksal führt jeden Menschen mit absolut sicherer Hand auf jenem Weg, auf dem er sich am besten entwickeln kann. Dabei spielen auch unangenehme und leidvolle Erfahrungen eine wichtige Rolle. Genau genommen ist es das höhere Bewusstsein in jedem Menschen, das sich für alle an ihn heran kommenden Erfahrungen entschieden hat.

Das heißt, du selbst hast dich für deine jetzige Lebenssituation entschieden und sie ist gut, so wie sie ist. Es hat seinen tieferen Sinn, dass du in diese schwierige Situation geraten bist. Du kannst dabei sehr viel lernen, wenn du diese Gedankenkontrolle, die du in der Vergangenheit bei deinen Meditationen erworben hast, praktisch und positiv einsetzt.

Es kann auch sein, dass du dabei scheiterst, doch auch die Folgen, die sich daraus ergeben, werden letztlich für dich gut sein. In Wirklichkeit gibt es kein Scheitern. Du kannst der Vollkommenheit nicht entrinnen. Das Universum hat unendlich viel Zeit und Geduld. Alle Prüfungen, die jetzt nicht bestanden werden, kommen wieder. Es gibt immer eine neue Chance. Die kann sich allerdings auch erst nach deinem jetzigen Leben ergeben.“

Ich merkte, dass ich meine erregten Gefühle und Gedanken durch die starke Ausstrahlung und die ruhigen Worte meines Gegenübers langsam wieder unter Kontrolle brachte. Je länger ich mit *Apollon* sprach, desto stärker spürte ich, dass ich hier einem außergewöhnlichen Menschen begegnet war.

Schließlich fragte ich: „Wie soll ich mich also verhalten? Was soll ich sagen, wenn sie mich fragen, wieso ich hier bin und ob ich dich kenne?“
„Du hast nichts zu befürchten. Sag ihnen einfach die Wahrheit, dass du mich hier erstmalig kennen gelernt hast und dass du sonst nichts Näheres über mich weißt. Du weißt nicht, was ich tue, woher ich komme, wohin ich gehe und das ist gut so. Mit einer richtigen Antwort kannst du weder dir noch mir schaden! Allein dein Zorn und deine Angst können dir schaden.“

„Aber sie werden mir das nicht glauben!“
„Da magst du Recht haben. Doch mach dir darüber keine weiteren Sorgen. Denke an Vollkommenheit und bestärke dich immer wieder in der Überzeugung, diese Prüfung souverän zu meistern. Stell dir möglichst intensiv vor, wie du auf gute Art und Weise mit diesen Menschen zurecht kommst und wie sie dich schließlich wohlbehalten entlassen werden. Vor allem ist es für dich wichtig, dass du diesen Menschen mit positiven Gedanken begegnest. Gleichermaßen wie sie deine Angst verspüren, so werden sie auch deine Zorn- und Hassgefühle mitbekommen und dich dementsprechend behandeln. Hingegen werden sie auch spüren, wenn du zumindest Verständnis für sie empfindest“.

„Wie meinst du das? Ich soll diesen Militärleuten mit positiven Gedanken begegnen?“ fragte ich.
„Sie werden dich vielleicht roh und unfreundlich behan-

deln. Ich nehme an, dass sie dich zwingen, in ihre örtliche Kommandozentrale mitzukommen. Diese Menschen wissen nicht, was sie tun. Sie befolgen Befehle, sie haben ihre persönlichen Interessen, sie haben ihre Schwächen und Stärken. Doch im Grunde sind auch sie gute Menschen, so wie alle Menschen ganz in ihrem Inneren gut sind. Sie sind wie ich und du auf dem Weg. Wenn du deine Aufmerksamkeit nur auf das Gute in diesen Menschen richtest und den Verirrungen, in denen sie sich befinden, möglichst keine Beachtung schenkst, so wird dieses Gute in Erscheinung treten und sie werden dich unbeschadet ziehen lassen."

Nach diesen Worten erklärte *Apollon,* es sei jetzt höchste Zeit für ihn, fort zu gehen. Er strahlte mich an, gab mir noch einen festen Händedruck und sagte, er sei sicher, dass alles gut gehen werde. *Kumar,* mein Führer, hatte sich bald nach unserer Ankunft und schon vor meiner Unterhaltung mit *Apollon* verabschiedet. So verblieb ich allein mit dem Wirt in der Hütte. Nach einer kleinen Mahlzeit legte ich mich todmüde ins Bett, doch ich konnte lange nicht einschlafen. Es kam mir vor, als ob ich in einem Kino immer wieder denselben Film anschauen müsste. Einen Film, in dem sich Bilder von dem drohenden Unheil und die Worte des *Apollon* über Schönheit, Frieden und Vollkommenheit abwechselten.

Am Morgen weckten mich laute Stimmen und ein Poltern im Eingangsraum. Die Soldaten waren sozusagen pünktlich, wie vorhergesagt, eingetroffen. Es waren insgesamt drei Männer in Kampfanzügen. Zwei davon trugen ihre Maschinengewehre schussbereit im Anschlag, während der dritte die Aktion offenbar befehligte. Sie durchsuchten das Haus und diskutierten lautstark auf nepalesisch mit dem Wirt. Mangels Kenntnis der Sprache konnte ich nur erahnen, was sie wollten. Schließlich begann der Anfüh-

rer, er konnte halbwegs Englisch, mich zu befragen, woher ich komme, wie lange ich schon da sei und weshalb ich mich mit *Apollon* hier verabredet hätte. Als ich erklärte, dass ich den Mann erst am Vorabend zufällig hier kennen gelernt hatte, wurde der Soldat ziemlich zornig, beschimpfte mich als Lügner und drohte mir mit strenger Strafe, wenn ich nicht die Wahrheit sagte.

Obwohl es mir dabei nicht sehr gut ging und ich bemerkte, wie eine Welle von Angst und Unmut mich erfassen wollte, bemühte ich mich, freundlich zu bleiben und zugleich meinen Atem zu beobachten. Ich wiederholte möglichst ruhig meine Aussagen und versuchte die Soldaten nicht zu verurteilen, sondern sie als gute Menschen wahrzunehmen. Es gelang mir sogar, ein gewisses Mitgefühl für diese drei Männer zu empfinden, die diesen miesen Kriegsjob ausüben mussten.

Als die Soldaten erkannten, dass sie aus mir nicht die Aussagen herausholen konnten, die sie erhofft hatten, durchsuchten sie meinen Rucksack, nahmen mir meinen Reisepass ab und forderten mich auf, mit ihnen zu gehen. Einen ganzen Tag lang marschierten wir bergab, bergauf über steile, schwierige Pfade in Richtung Norden.

Von Zeit zu Zeit begegneten wir anderen Gruppen von Soldaten, die das Gelände, wie ich vermutete, auf der Suche nach *Apollon* durchstreiften. Ich war mir ziemlich sicher, dass sie ihn noch nicht gefasst hatten, denn die Soldaten standen untereinander mit Funk in Verbindung. Wenn meine drei Bewacher von einer Gefangennahme oder Tötung *Apollons* in Kenntnis gesetzt worden wären, so hätten sie mich das wahrscheinlich wissen lassen.

Den ganzen Tag über wiederholte ich innerlich immer wieder die Worte: „Das Schicksal macht keine Fehler! Es

wird alles gut ausgehen! Alles ist so vollkommen, wie es ist! Schau auf die Schönheiten, die auch dieser Tag dir zeigt!“

Im Verlauf der vielen Stunden, die wir marschierten, entfalteten diese Sätze in mir sogar ein eigenartiges, beglückendes Hochgefühl, das lange anhielt. Meine Ängste hatten sich irgendwie aufgelöst und ich konnte sogar darüber lächeln, welch unnötige Sorgen ich mir gemacht hatte.

Es war schon dunkel, als wir eine Straße erreichten. Hier erwartete uns ein Militär-LKW. Ich musste aufsteigen, es wurden mir die Hände gefesselt und die Augen verbunden. Offenbar sollte ich nicht erfahren, wo genau sich das Kommandoquartier befand. Das war natürlich ziemlich überflüssig, nachdem ich ohnedies schon lange die Orientierung darüber verloren hatte, wo wir uns fortbewegten. Nach ungefähr einer halben Stunde Fahrt kamen wir im Lager an.

Dort wurde ich in eine Art Gefängniszelle gesperrt. Als Bett gab es nur einen schmutzigen Teppich auf dem Boden. Ich war nach dem langen Marsch todmüde. In einer Art Gebet bedankte ich mich beim Universum für all das Gute, was ich bisher in meinem Leben erfahren durfte, für die vielen wunderbaren Begegnungen mit Menschen, für all die Schönheiten dieser Erde und schließlich dafür, dass auch dieses Abenteuer ein gutes Ende nehmen würde. In dieser Nacht konnte ich recht gut schlafen, obwohl mein Lager hart und kalt war.

Am späteren Morgen wurde ich dem Kommandanten der Truppe vorgeführt. Es war ein grobschlächtiger, dicker Mann mit einer ausgiebigen Glatze. Auch er konnte halbwegs Englisch. Schon am frühen Morgen hatte ich die Worte des *Apollon* mehrmals wiederholt:

„Das Schicksal macht keine Fehler! Alles ist vollkommen, wie es ist! Blick auf das Gute und auf die Geschenke des Augenblicks!“ Jetzt waren sie für mich schon wie ein gut bekanntes Gebet. Ich versuchte auch dem dicken Kommandanten gegenüber gute Gefühle zu haben und achtete zugleich auf meinen Atem.

Während des ganzen Verhörs hatte ich den Eindruck, dass ihn die ganze Sache mit *Apollon* wenig und dass ich ihn noch weniger interessierte. So war die Prozedur ziemlich rasch beendet. Der Dicke sagte zu mir schließlich, er werde mich in den nächsten größeren Ort bringen lassen und gab mir zum Abschluss wohlwollend den Rat, mich nur ja nicht in die politischen Angelegenheiten in Nepal einzumischen! Diese Empfehlung hätte mich fast erheitert. Ich hütete mich aber, auch nur ein Wort dazu zu sagen und beschränkte mich auf ein freundliches „good bye“ und vermied ein „see you again“. Sodann wurde ich mit einem Militärjeep nach *Musikot* gebracht und dort entlassen. Zuvor hatten die Soldaten mir wieder meinen Pass und meinen Rucksack ausgehändigt.

Erst zwei Jahre nach diesem Abenteuer in Nepal fand ich Zeit, um in Griechenland den *Peloponnes* zu besuchen. Meine Absicht war natürlich, mit *Apollon* Kontakt aufzunehmen. Ich hatte ihn in Nepal als Mensch mit einer außergewöhnlichen Ausstrahlung kennen gelernt und war sicher, dass eine weitere Begegnung und weitere Gespräche mit ihm für mich ein großes Geschenk wären.
Mein Verstand sagte mir, dass es höchst unwahrscheinlich war, ihn nur mit dem schwachen Anhaltspunkt „irgendwo beim *Lykeon*-Gebirge“ wirklich zu finden. Doch ich erinnerte mich an seine Gewissheit, dass ich ihn treffen würde und mir war auch klar, dass mein Unternehmen nur mit einer positiven Einstimmung gelingen konnte. Deshalb stellte ich mir am Beginn der Reise mehrmals bildhaft

und möglichst intensiv vor, wie ich *Apollon* tatsächlich begegne, wie wir uns dabei freuen und uns umarmen.

Ich fuhr also allein mit meinem Campingbus nach Venedig und von dort mit der Fähre der *Minoan Lines* nach *Patras,* der Hafenstadt im Nordwesten des *Peloponnes.* Von *Patras* führte mein Weg über *Pirgos* landeinwärts zum malerischen Städtchen *Andritsena* am Fuße des rund 1400 m hohen *Lykeon.* Gleich in der Nähe befindet sich der großartige *Apollon*-Tempel von *Vassae,* hoch über der Schlucht des *Neda*-Flusses gelegen.

Vom Gipfel des *Lykeon* bietet sich ein prachtvoller Ausblick über die karge Gebirgswelt Arkadiens. Auf diesen Berg verirrt sich kaum ein Tourist, obwohl dieser Ort in der Antike als wichtige Kultstätte große Bedeutung hatte. Heute finden sich hier nur die spärlichen Reste eines großen Altars, auf dem Zeus Opfer dargebracht wurden. Auf dem Plateau unterhalb des Gipfels sind die Reste eines Pan-Tempels und eines großen Stadions erkennbar, in dem die seinerzeit berühmten *Lykaion*-Spiele zu Ehren des Zeus abgehalten wurden.

Von meinem Freund *Apollon* war trotz eifriger Suche keine Spur zu finden. Ich hatte in allen Orten der Umgebung vergeblich nach ihm gefragt. So wollte ich hier auf dem *Lykeon* die Suche beenden. Es tröstete mich, bei dieser Suche ein wunderbares Stück Land kennen gelernt zu haben. Ich entschied, die Nacht in meinem Bus im antiken Stadion am *Lykeon* zu verbringen und am nächsten Tag zum Baden an die schönen Sandstrände bei *Pilos* an der Westküste zu fahren. Es war für mich eine unvergessliche Nacht auf diesem kahlen, einsamen Berggipfel unter sternklarem Himmel. Ich spürte, wie der Geist dieses besondern Ortes hier noch immer wirksam war und konnte mich dem tiefen Frieden und der Schönheit des Daseins hingeben. Am Tag darauf erlebte ich zeitig früh, allerdings bei eisiger Kälte, einen traumhaften Sonnenaufgang. Bald darauf war ich unterwegs hinunter zum Meer.

Bei *Pilos* kenne ich eine wunderbare, abgelegene Sandbucht, in der ich einige Tage verbringen wollte. Gleich in der ersten Nacht gab es ein heftiges Unwetter mit gewaltigen Blitzen und sintflutartigen Regenfällen. Am nächsten Morgen strahlte wieder die Sonne, als ob nichts gewesen wäre. Doch mein Bus stand nicht mehr am trockenen Sandstrand, sondern in Mitten eines kleinen Sees. Trotz Allradausrüstung scheiterten meine Versuche, den Bus mit eigener Kraft wieder flott zu kriegen. Meine Startversuche führten nur dazu, dass das Fahrzeug noch tiefer im weichen Sand versank. Also machte ich mich zu Fuß auf, um im nächsten Ort Hilfe zu holen.

Ich war noch nicht lange gegangen, als ein großer Pick-Up-Geländewagen neben mir anhielt. Und es war nicht zu fassen, am Steuer des Fahrzeuges saß freundlich grinsend *Apollon*. Das gab natürlich ein großes Hallo. Wir umarmten uns herzlich und es war mir unerklärlich, meinen Freund hier wieder zu finden. Als ich ihn fragte, wie er hierher käme, lächelte er nur und meinte, es sei ihm heute einfach danach gewesen, einen kleinen Ausflug ans Meer zu machen. Mit der Hilfe *Apollons* gelang es bald, meinen Bus wieder flott zu machen. Darauf verbrachten wir einen prächtigen Tag am Meer und hatten uns viel zu erzählen, was jeder seit unserer Trennung in Nepal erlebt hatte. Apollon lud mich sodann ein, gegen Abend mit ihm zu seinem Haus zu fahren, wo wir uns weiter unterhalten könnten.

Sein Haus befand sich tatsächlich irgendwo auf halber Höhe des *Lykeon,* doch so abgeschieden und schwer zugänglich, dass ich selbst mit der besten Wegbeschreibung

kaum allein hingefunden hätte. Ich hatte eine bescheidene Hütte erwartet und war überrascht, ein großes Haus mit Steinmauern und breit ausladendem Holzdach vorzufinden. Rund ums Haus war ein weitläufiger Garten mit üppiger Vegetation angelegt. Im Haus selbst gab es jeden Komfort und Solaranlagen sorgten für Heizung und Strom. *Apollon* lebte hier zwar allein, doch keineswegs als armer, isolierter Einsiedler, sondern war mit modernster Technik wie Satellitenempfang, Computer und Internet mit der Außenwelt verbunden. Er war offenbar auch eine Leseratte, denn überall im Hause gab es jede Menge interessanter Bücher.

Apollon ist in meinen Augen ein sehr weiser Mann. Er ist für mich eine Art moderner „Heiliger". Das heißt, er kann für Menschen, die sich dafür öffnen, „Heil" – seelische und damit auch physische Gesundheit – bringen. Er hat ein hohes Maß an Erkenntnis erlangt und liebt es, diese mit anderen zu teilen. Er hält nichts von Askese und Selbstkasteiung, nimmt jedoch auf möglichst gesunde und natürliche Ernährung Bedacht. Er isst wenig Fleisch, freut sich über Fische und Meeresfrüchte und liebt Obst, Gemüse und feine Kräuter. Er hält seinen Körper durch regelmäßiges Laufen, ausgedehnte Wanderungen und Radtouren fit.

Wie *Apollon* über Sexualität denkt, kommt insbesondere im Kapitel dieses Buches über Paulus und Artemis zur Sprache. Er selbst scheint eine sehr entspannte Einstellung zu seiner Sexualität zu haben. Ich konnte dazu nur erfahren, dass er diese Kraft lebt und genießt und dass er eine Freundin hat, die selbst ein eigenständiges, erfülltes Leben führt.

Gleich in der Nähe des Anwesens entspringt eine Quelle mit köstlichem Trinkwasser. Diese Quelle verbindet sich auf ihrem Weg ins Tal mit weiteren Quellen, wird immer stärker, wächst an zu einem munterem Bach und verlässt schließlich das *Lykeonmassiv* als kleiner Fluss. Dieser bahnt sich sodann unbeirrt von allen Hindernissen kraftvoll seinen Weg zum Meer, zum ewigen Ziel aller Flüsse. Diese Quelle ist für mich ein schönes Bild für die Lebenswege aller Menschen, die schließlich in der großen Einheit mit allem Leben, mit der Erde, mit dem Universum, mit Gott die Stillung ihrer Sehnsucht finden.

Der Bereich, wo dieser Bach die Schluchten des *Lykeon* durcheilt, wird von den Einheimischen „Lykonos" genannt. Da *Apollon* auch weiterhin ein möglichst freies und von der Öffentlichkeit unbehelligtes Leben führen will, werde ich, seinem Wunsch entsprechend, seinen wirklichen Namen nicht bekannt geben. Er wird auch von seinen anderen Freunden nach Außen hin nur *Apollon von Lykonos* genannt.

Soviel zu meiner Begegnung mit *Apollon.* Ich durfte mit ihm schon damals und in den folgenden Jahren längere Zeit zusammen sein. Wesentliche Inhalte unserer Gespräche habe ich mitgeschrieben. Weil ich selbst von der Sichtweise des *Apollon* begeistert bin, entstand bald die Idee, diese in Buchform weiter zu geben, womit sich Apollon einverstanden erklärte. Wie *Apollon* betont, sind seine Erkenntnisse und Weisheiten keineswegs neu, handelt es sich doch teilweise um uralte Lehren. Doch es sind Weisheiten, die nur wenige Menschen umsetzen, dass heißt mit Leib und Seele leben und verwirklichen.

In dieser spezifischen Form, wie sie von der Persönlichkeit des *Apollon* geformt und ausgesprochen sind, mögen sie den Leser anregen, die eigene Weisheit, die eigene Essenz in sich aufzufinden und damit ein glückliches und erfülltes Leben zu gestalten.

2 Artemis und die Essenz des Lebens

Vertraue dem, der die Wahrheit sucht –
Misstraue dem, der sie gefunden hat!

Der Mensch ist auf dieser Welt nicht nur, um da zu sein,
sondern um wahrhaft glücklich zu sein!

Der Mensch auf der Suche
Bernd Helge: Wenn ich dich nach deinem Beruf, nach deiner Mission frage, welche Antwort kannst du mir geben? Bist du ein Gelehrter, ein Guru, ein Missionar?
Apollon: Grundsätzlich habe ich keine Freude damit, in irgendeiner Weise etikettiert zu werden. In Indien ist ein **Guru** ein Weisheitslehrer. Der indischen Kultur entspricht es, einem *Guru* tiefe Verehrung zu bezeugen. Die Anhänger eines Gurus sind der Überzeugung, dass sie, wegen der starken Ausstrahlung des Meisters, schon davon wundersam profitieren, wenn sie sich in seiner Nähe aufhalten. Sie meinen zum Teil auch, dass Erleuchtung nur mit Hilfe und in der Gegenwart eines Meisters möglich sei.

Ähnliche Ansichten vertreten auch die christlichen Kirchen in Bezug auf Jesus. Sie gehen sogar noch weiter und lehren, dass unsere Seelen nur durch ein Bekenntnis zu Jesus gerettet werden können. Neben Jesus ist für die katholische Kirche der jeweilige **Papst** der höchste Guru. Er gilt als der „Stellvertreter" des Jesus auf der Erde.
Beim Ersten Vatikanischen Konzil (1869 – 1870) „erkannten" und „entschieden" die versammelten Kardinäle und hohen Würdenträger sogar, dass der Papst in Glaubensfragen „unfehlbar" sei. Da freuten sich die Engel im Himmel und sangen ein Extra-Halleluja!

Nicht nur der Papst ist „unfehlbar" in Glaubensfragen, sondern wir alle können glauben, was wir wollen und wie wir glauben, so wird es uns ergehen. Es ist sehr fraglich, ob es überhaupt eine objektive oder absolute Wahrheit gibt. Auf jeden Fall hat jeder Mensch für sich seine eigene Wahrheit. Je mehr diese mit den Wahrheiten anderer übereinstimmt, desto eher sind wir geneigt, sie als allgemein gültig anzusehen.

Unsere persönliche Wahrheit (unser Glaube) hat immer Gültigkeit und bestimmt maßgeblich unser Leben. Wenn jemand glaubt, er sei schwer krank, so wird er sich unwohl fühlen und Symptome einer Erkrankung, wie Schwäche, Appetitlosigkeit etc. zeigen, auch wenn er tatsächlich, zumindest vor dem Beginn seiner Einbildung, kerngesund war. Wie schon Jesus sagt: *„Gehe hin; dir geschehe, wie du geglaubt" (Mat. 8,13)*, oder *„O Weib, dein Glaube ist groß! Dir geschehe, wie du willst" (Mat. 15,26)*. Doch darüber werden wir uns noch ausführlicher unterhalten.

In meinen Augen ist es für alle Katholiken beleidigend, wenn sich ihr Führer anmaßt, für sie zu bestimmen, was der richtige Glaube und das richtige Verhalten sei. Der Papst entscheidet für sein „Volk", was es zu tun hat und übt damit eine Macht aus, die sich in vielen Bereichen als unheilvoll erweist. Als ein Beispiel sei nur die „Weisheit" erwähnt, dass die Verwendung von Kondomen zur Empfängnisverhütung unzulässig und sündhaft sei. Ohne Zweifel hat diese kirchliche Vorschrift maßgeblich zur mörderischen Verbreitung von Aids insbesondere in den afrikanischen Ländern beigetragen.

Jeder Glaube hat seine Wirkung und so fühlen sich Menschen in der Nähe ihres Gurus oder in ihrem Glauben an ihren Guru (mag er *Buddha, Jesus, Mohammed, Sai Baba, Babaji* oder sonst wie heißen) tatsächlich unterstützt und getragen. Nach meiner Meinung können wir von vielen Menschen lernen und es gibt viele, viele gute und kluge Lehrer. Es ist wunderbar, wie einfach wir insbesondere durch Bücher Zugriff auf Weisheiten anderer lebender oder schon verstorbener Menschen haben. Es ist mir ein ständiges Bedürfnis, mich intensiv mit den „Wahrheiten" und Ideen anderer auseinander zu setzen. Für mich ist es jedoch wichtig, dass ich letztlich in mir meine eigene Wahrheit finde. Dazu nütze ich gerne die wertvollen Anregungen, die mir andere geben. Ich will nicht blind der Autorität eines anderen folgen. Ich halte es da mit *Jiddu Krishnamurti*, der einmal sagte: *„Folgst du dem Licht eines anderen, so gehst du in die Finsternis!"*

Jesus war, wenn wir dem Neuen Testament glauben dürfen, jedenfalls ein großer „Guru" um den sich seine Jünger und Verehrer geschart haben. *Jesus* bekam den Beinahmen *„Christus"* oder griechisch *„Christos"*, was wörtlich übersetzt „der Gesalbte" bedeutet. Die Salbung war ein Symbol für eine bedeutende, ausgezeichnete und auserwählte Persönlichkeit. Wenn sich seine Anhänger ebenfalls „Christen" nennen, so sollte dies ein Aufruf sein, sich auch so zu fühlen und zu verhalten.

Doch viele dieser Anhänger sind nicht bereit, die eigene Wahrheit zu finden. Sie folgen wie die Schriftgelehrten und Pharisäer, die *Jesus* verurteilt hat, sklavisch den Glaubenssätzen, die in den Evangelien, in den Schriften des *Paulus* und in den Dogmen ihrer Kirche vorgegeben sind. Sie beachten nicht einmal, dass die Aussagen ihres *Gurus* „Jesus" sicher ungenau und teilweise verfälscht niedergeschrieben wurden. Blinden Gehorsam fördern die großen Kirchen, denn sie wollen keine Gläubigen, die über ihre Glaubensinhalte selbst entscheiden und für ihr Leben selbst Verantwortung tragen. Ein „unfehlbarer" Papst ist für dieses Anliegen natürlich sehr willkommen.

Missionieren

Bernd Helge: Was hältst du vom Missionieren?

Apollon: Für mich ist Missionieren der Ausdruck von Respektlosigkeit gegenüber einer anderen Person, gegenü-

ber anderen Denkweisen, anderen Kulturen und deren Glaubensvorstellungen. Manchmal ist es nicht einfach, zu unterscheiden, ob jemand missionieren will oder ob er nur seine Meinung kundtut. Schon wenn wir glauben, nur „gute Rat-Schläge" zu erteilen, wollen wir, meist ungefragt, anderen unsere Wahrheit aufdrängen. Für mich ist es herrlich, wenn Menschen, ohne sich gegenseitig Druck zu machen, ihre Überzeugungen austauschen und sich so gegenseitig bereichern. Doch Sinn macht nur, den anderen dabei zu unterstützen, dass er zu seiner authentischen Persönlichkeit und seiner individuellen Wahrheit gelangen möge.

Bernd Helge: Jetzt weiß ich noch immer nicht, wie du deine Aufgabe siehst.
Apollon: Wenn ich das definieren soll, so würde ich mich am liebsten als Glücksforscher bezeichnen. Die Menschen lernen in der Schule, bei ihrer weiteren Ausbildung oder auf der Universität viele brauchbare und unbrauchbare Dinge. Das Wichtigste wird jedoch in der Regel nicht gelehrt, nämlich die Antwort auf die Frage: Wie kann ich tiefe Freude und dauerhaftes Glück erlangen? Das ist für mich die Frage aller Fragen, weil sie unmittelbar mit dem Sinn des menschlichen Erdenlebens im Zusammenhang steht. Ob wir Freude, Liebe und inneren Frieden leben, entscheidet über die Qualität und den Erfolg aller Tätigkeiten des Menschen.

Glück und Wohlbefinden sind für uns Wegweiser für unser Erdendasein. Jedes Abweichen von unserem authentischen Weg führt zuerst zu Unlustgefühlen und schließlich zu seelischer und körperlicher Erkrankung. Im Grunde ist jeder Mensch „Glücksforscher". Jeder sucht nach seinem Glück. Doch nur wenige Menschen sind sich dieser Suche bewusst. Deshalb fehlt ihnen die entsprechende zielklare Ausrichtung und das erforderliche Wissen, um ihr Glück in der richtigen Weise und am richtigen Ort zu suchen und zu finden.

Glückssuche und Sucht

Bernd Helge: Das persönliche Glück ist für dich sozusagen das Maß aller Dinge?

Apollon: „Der Mensch ist auf dieser Welt nicht nur um da zu sein, sondern um wahrhaft glücklich zu sein!“. Die Mehrzahl der Menschen trottet im Alltag, was ihre Lebensziele anbelangt, planlos dahin. Die meisten Leute ergeben sich in ihre vermeintlichen täglichen Pflichten, wobei sie diese oft als unangenehme Last empfinden. Sie machen sich über dies und jenes Sorgen, ärgern sich über eigene Missgeschicke und kritisieren das Verhalten ihrer Mitmenschen. Ihr Glücksbedürfnis befriedigen sie vorwiegend durch Konsum oder durch die Ausübung diverser Freizeit-Beschäftigungen.

Damit wir uns richtig verstehen: Konsum ist gut, schön und wichtig und ebenso sind es die üblichen Freizeit-Beschäftigungen. Durch Konsum lebt die Wirtschaft. Konsum verschafft manche kleine Freude. Viele Dinge, die wir kaufen können, wie Autos, Waschmaschine, Handy, Fernsehgerät, Computer erleichtern das Leben, öffnen Möglichkeiten.

Was der Konsum allein, ohne geistiges Forschen, ohne spirituelle Erfahrung nicht bewirken kann, ist der Zugang zur eigenen Essenz. Jedoch nur diese Verbindung bietet ureigenes, anhaltendes, jederzeit zugängliches, befreiendes Glück. Jeder Mensch hat eine große Sehnsucht nach diesem Glück. Doch den meisten Menschen ist dieses fundamentale Ziel ihres Strebens nicht bewusst und so verlieren sie sich in Ersatzbefriedigungen.
Objekte der Ersatzbefriedigung können neben Konsum, Arbeit, verschiedene Hobbys, aber auch scheinbar selbst-

lose Dienste für eine Kirche, eine Partei, für andere Menschen sein. Das Problem ist dabei nicht der Konsum oder eine der genannten Tätigkeiten an sich, sondern die Unklarheit in Bezug auf das eigentliche Ziel des Daseins.

Weil Ersatzbefriedigungen unser Grundbedürfnis nach Verbindung zu unserer Essenz nicht erfüllen, wird versucht, durch immer „mehr“ Konsum, Arbeit, Freizeitaktivitäten etc. doch zu einer anhaltenden Erfüllung zu kommen. So entsteht die Sucht nach Konsum, so entwickeln sich Arbeitswut, Freizeitstress, Helfersyndrom oder religiöser Fanatismus.

Die Essenz des Lebens

Bernd Helge: Was verstehst du unter der „eigenen Essenz“?

Apollon: Alles Leben, und damit auch jeder Mensch, stammt aus einem universellen, geistigen Ursprung. Die Hindus nennen diesen *Brahman*, die Juden und Christen *Jehovah* oder *Gott*. Die *Muslime* nennen ihn *Allah*. Bei den *Buddhisten* heißt er *Buddha*.

Der Ursprung des Lebens ist schwer zu begreifen. Die Wissenschaft behilft sich mit dem Konstrukt eines Urknalls. Wir tun uns leichter, wenn wir die Eigenschaften dieser spirituellen Ursubstanz beschreiben. Sie besteht aus dem schöpferischen Denken, aus der Liebe, der Freude, aus Frieden und Vollkommenheit. Diese Aufzählung ist nicht vollständig, doch sie umfasst die wesentlichen Kräfte, die das Leben hervorrufen und bestimmen.

Diesen Ursprung, der noch heute alle wertvollen Lebenskräfte bestimmt, beschreibt auch treffend das Johannesevangelium mit den wohlbekannten Worten: *Im Anfang war das Wort, und das Wort war bei Gott, und Gott war das Wort. Alle Dinge sind durch dasselbe gemacht, und ohne dasselbe ist nichts gemacht, was gemacht ist. In ihm war das Leben, und das Leben war das Licht der Menschen (Joh. 1,1-27).*

Jeder Mensch hat diese Urkräfte in sich oder besser gesagt er „ist“ voll und ganz *Brahman, Jehovah, Allah, Christus* oder wie immer dieser Ursprung genannt wird. Gelehrte *Buddhisten* unterscheiden zwischen dem historischen *Buddha* und dem *„living Buddha“*. Der *living Buddha* ist der Gott, den jeder Mensch in sich trägt. So können wir auch zwischen einem historischen *Jesus* und einem *„living Jesus“*, dem Licht im Menschen unterscheiden. Von diesem höchstpersönlichen Licht und nicht von seiner eigenen physischen Erscheinung spricht Jesus, wenn er sagt: *„Ich bin das Brot des Lebens. Wer zu mir kommt, den wird nicht hungern; und wer an mich glaubt, den wird nimmermehr dürsten“ (Joh. 6,35).* Das erklärt er selbst mit den Worten: *„Wer an mich glaubt, der glaubt nicht an mich, sondern an den, der mich gesandt hat“ (Joh. 12,44).*

Jeder Mensch ist ein „Gesandter“ des Ursprungs der Welt. Jeder trägt das Licht, die Essenz des Lebens, in sich. In allen Menschen leuchtet Liebe, Freude, Schönheit, Kreativität, auch wenn diese Eigenschaften oft ein unterdrücktes und kaum wahrnehmbares Dasein fristen müssen.

Der Mensch ist eine individualisierte Erscheinung der Ursubstanz. Durch sein Leben, durch sein Denken, durch seine Gene, seinen Körper, durch all das, was in seinem Unterbewusstsein gespeichert ist, repräsentiert er die Essenz in individueller Weise.

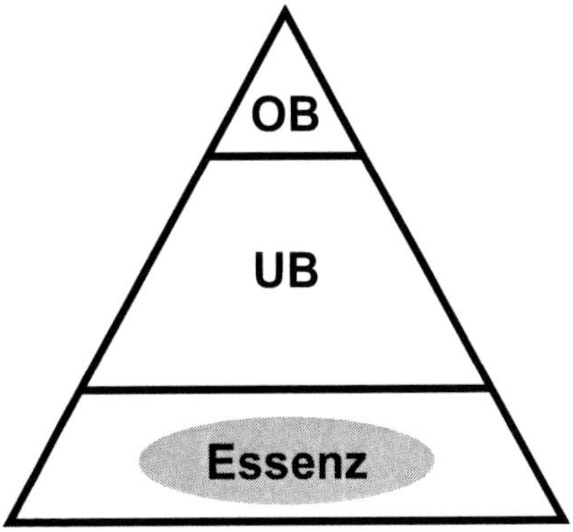

Grafisch können wir uns den Menschen wie einen Eisberg vorstellen. Von einem Eisberg ist gewöhnlich nur die aus dem Wasser ragende Spitze wahrnehmbar. Diese Spitze ist mit unserem Tages- (Ober-) Bewusstsein vergleichbar. Neun Zehntel eines Eisberges befinden sich unter Wasser und sind daher gar nicht oder nur schwer zu sehen. Diesem unsichtbaren Teil des Eisberges entspricht das mächtige Unterbewusstsein und als unterste Schicht die Essenz des Menschen.

Die Essenz ist die, zutiefst in jedem Wesen befindliche Basis seines Daseins. Wir können uns diese Essenz wie einen Diamanten im Herzen des Menschen vorstellen. Jedes Mal, wenn wir Freude, Liebe, Glückseligkeit, Flow (Hingabe an eine Aufgabe) oder Frieden erfahren, leuchtet die Essenz wie ein Lichtstrahl durch eine der geschliffenen Flächen des Diamanten in uns auf.

Dieser Diamant, diese Essenz ist das Ur-Geschenk des Lebens. Es ist hilfreich, wenn wir uns bewusst machen, dass wir Gefühle, wie Liebesempfinden, Freude, die Erfahrung von Schönheit und Frieden nicht „machen" können. Gefühle leuchten von selbst in uns auf, wenn die entsprechenden inneren und äußeren Voraussetzungen gegeben sind.

Die innere Essenz ist der Urgrund tiefer, erfüllender und beglückender Gefühle. Äußere Ereignisse können nur Anlass sein, dass wir mit den Qualitäten der Essenz in Berührung kommen. Je inniger wir uns mit der Essenz verbinden können, desto stärker empfinden wir Glückseligkeit. Unser Streben nach Glück entspricht unserem Bedürfnis, uns mit der Ursubstanz des Lebens zu verbinden.

Wenn wir ein kleines Kind betrachten, so können wir am besten diese von Geburt aus mitgegebene innere Glückseligkeit wahrnehmen. Deswegen erscheinen uns kleine Kinder oft wie Engel. Um als Erwachsener wieder mit dieser Glückseligkeit vereint zu sein, müssen wir nur die Hindernisse hinwegräumen, die sich zwischen unserem Bewusstsein, unserem Ich und der Essenz eingeschoben haben.

Bernd Helge: Was müssen wir konkret tun? Wie funktioniert dieses Wegräumen der Schranken zwischen unserem bewussten Ich und der Essenz?
Apollon: Die Schranken zu unserer Essenz werden in der Kindheit durch die uns umgebenden Menschen und später von uns selbst aufgebaut. Sie bestehen aus negativen Gedanken und Glaubenssätzen, die im Unterbewusstsein gespeichert sind und dort den Zugang unseres Bewusstseins zur Essenz behindern.

Solche negativen Glaubenssätze sind beispielsweise: „Ich bin nicht attraktiv genug! Ich schaffe mein Studium nicht! Ich bin nicht erfolgreich im Beruf! Ich könnte in finanzielle Not geraten! Ich fürchte mich vor dem Altwerden! Ich werde nicht geliebt!“ oder „Wir sind gefährdet durch wachsende Kriminalität! Die globale Erderwärmung be-

droht uns! Ansteckende Krankheiten wie die Vogelgrippe, lauern auf uns!“

Die Absonderung von der Essenz ist für jeden Menschen eine notwendige Entwicklungsphase auf seinem Weg zu einer eigenständigen, individuellen Persönlichkeit. Alle Religionen beschäftigen sich im Kern mit der Wiederverbindung zwischen der bewussten, individuellen Persönlichkeit und der göttlichen Essenz.

Bekanntlich stammt das Wort *„Religion“* vom lateinischen Wort *religare,* was soviel wie „verbinden“ bedeutet. Religion ist somit eine Art „Verbindung“. Gemeint ist die Verbindung mit dem Urgrund des Seins, welchen die Menschen gern als Gott bezeichnen. Von diesem Gott erwarten sich die Menschen instinktiv eine Befreiung von Sorgen und Mühsal und die Erlangung von Glückseligkeit.

Diese Hoffnung ist die Ursache, weshalb so viele Menschen in einer religiösen Gemeinschaft Zuflucht suchen. Manche Kirchen sind deshalb so reich und mächtig geworden, weil sie diese Suche geschickt ausnützen. Sie spielen sich zum Vermittler zwischen Gott und den Menschen auf, versprechen Sündenerlass und in ferner Zukunft eine Erlösung. Da negative Glaubensmuster in unserem Unterbewusstsein das Tor zu unserer Essenz blockieren, gilt es diese Muster zu verändern oder aufzulösen. Auch die alten griechischen Göttervorstellungen zeigen dem Menschen in ihrer Symbolik den Weg zur eigenen Essenz.
Ein wunderbares Beispiel dafür ist der Kult um die Göttin *Artemis.*

Artemis

Bernd Helge: Welche allgemeine Bedeutung haben die Gottvorstellungen der Menschen und welche Bedeutung hatte Artemis für die Religion der Griechen?

Apollon: Es ist verständlich, dass sich die Erdbewohner seit jeher ihre Götter so vorstellten, wie es ihrer eigenen Denkweise entsprach. So könnte man sagen, dass nicht nur Gott den Menschen nach seinem Ebenbild geschaffen hat, wie dies im Alten Testament *(Genesis)* steht, sondern dass auch der Mensch Gott bzw. seine Götter nach seinem Ebenbild „gezeugt" hat. Wie der griechische „Aufklärer", Dichter und Philosoph *Xenophanes* (ca. 570 – 470 v.Chr.) etwas ironisch sagt: *„Wenn die Pferde Götter hätten, würden sie wie Pferde aussehen!"*

Die Gottvorstellungen haben stets einen Symbolcharakter. Unter einem „Symbol" wird ein Sinnbild verstanden. Einfache, leicht zu definierende Sinnbilder sind beispielsweise Verkehrszeichen, wie eine Fahrverbotstafel.

Religiöse und mythische Symbole lassen sich nicht allein mit dem Verstand interpretieren. Mit dem Symbol „Gott" sind mannigfaltige Vorstellungen, Gefühle, Wünsche und Träume verbunden. Das Symbol der Gottheit weist auf eine über den menschlichen Intellekt hinausgehende besondere Kraft oder Wesenheit hin. Was unser Denken übersteigt, kann nur mehr intuitiv, gefühlsmäßig erfasst werden. Doch diese Annäherung ist dem Menschen in der Regel zu wenig „handgreiflich". Deshalb neigt er dazu, sich seinen Gott oder die Götter mit menschlichen Eigenschaften vorzustellen. Besonders deutlich kommt dies in dem altgriechischen Götterglauben zum Ausdruck.

Die Griechen glaubten, dass der *Olymp*, ein circa dreitausend Meter hoher Berg im Norden Griechenlands, dessen Gipfel zeitweilig bis in die Wolken ragt, der Wohnsitz ihrer Götter sei. Dort lebten die Götter zusammen wie in einer großen Familie. Diese Götter waren zwar unsterblich und mit magischen Kräften ausgestattet, doch sie hatten äußerst menschliche Eigenschaften. Sie liebten und

hassten und sie konnten auch gierig, eitel, neidisch und eifersüchtig sein.

Die Religion der antiken Griechen entstand aus einer Vermischung der Glaubensvorstellungen der eingewanderten Griechen und der vorgriechischen Bevölkerung in Kleinasien und Griechenland. Diese Entwicklung hat ungefähr um 2000 v. Chr. stattgefunden. Im Vergleich zu den großen monotheistischen Religionen ist das Fehlen einer Offenbarung, von einengenden Geboten und Verboten auffallend und macht diese Religion menschlich und sympathisch.

Artemis zählte bei den Griechen zu den zwölf großen olympischen Göttern. Sie stammte nach den alten Mythen aus einer Verbindung des *Zeus* mit der Titanentochter *Leto*. Sie galt als Göttin des Mondes, der Jagd und der Fruchtbarkeit. Außerdem wurde sie als Beschützerin der Frauen und Kinder verehrt.

Auch ihr Zwillingsbruder *Apollon* war als Gott des Lichtes, des Frühlings und der Künste hoch angesehen. *Artemis* soll der Sage nach schöner als die schaumgeborene *Aphrodite* gewesen sein. Die Statuen der *Artemis*, die in *Ephesus* aufgefunden wurden, zeigen eine eindrucksvolle Frau mit nacktem Oberkörper, der mit unzähligen Brüsten ausgestattet ist. Diese Brüste waren ein Symbol der ihr zugeordneten Fruchtbarkeit.

Die Göttin *Artemis,* wie sie von den Griechen gedacht und verehrt wurde, repräsentiert nach als Göttin des Mondes, der Jagd und der Fruchtbarkeit die wichtigsten Grundprinzipien des Lebens und wurde deswegen von den Griechen in Kleinasien vor allen anderen Göttern verehrt.
Bernd Helge: An welche Lebensprinzipien denkst du? Und wie hängen diese Prinzipien mit Mond, Jagd und Frucht-

barkeit zusammen?
Apollon: Ich möchte mit dir über diese Prinzipien später ausführlicher sprechen. Vorerst, zur Einleitung, versuche ich die Symbole des Mondes, der Jagd und der Fruchtbarkeit nur kurz zu erklären: Die Sonne, der Mond und andere am Himmel sichtbare Gestirne wurden in alten Kulturen als mystisch-göttliche Erscheinungen und nicht als materielle, wissenschaftlich erforschbare Sterne und Planeten verstanden. Deshalb wurden die Himmelskörper bestimmten Göttern zugeordnet.

Wahrscheinlich war es der griechische Philosoph *Xenophanes,* den ich zuvor erwähnte, der als Erster in Europa die Himmelskörper als physikalische Objekte beurteilte und damit von der mythologischen Betrachtung der Gestirne zur physikalisch-astronomischen Denkweise überleitete. Beide Betrachtungsweisen haben ihre Berechtigung. Die Sterne und Planeten kann man zweifellos als materielle Köper bezeichnen. Doch es stehen hinter ihnen geistige Ursachen und Prinzipien, die in den alten Mythen ihren Niederschlag fanden.

Der Mond wurde in archaischen Kulturen häufig als weibliche Gottheit vorgestellt. So entsprach der Mond bei den Ägyptern der *Isis,* bei den Griechen den Göttinnen *Selene* und *Artemis,* bei den Römern der *Luna* und der *Diana.* Der Mond galt einerseits als Symbol für die Zeit, für das rhythmische Werden und Vergehen und andererseits als Sinnbild des Empfangens und der darauf folgenden Erscheinung.

Die Mondgöttin *Artemis* erhält das Licht von der männlichen Sonnengottheit *Helios* (nach anderer Erzählung von *Apollon*). *Artemis* versinnbildlicht als Mondgöttin das weibliche Element der Empfängnis und der Geburt.

Die überall im unendlichen Universum wirksame Essenz, die Flamme des Lebens, der Liebe, der Freude, der Freiheit, der Kreativität und Fülle leuchtet auch in uns. Dies symbolisiert, kurz gesagt das **Mondprinzip**.
Als **Göttin der Jagd** war Artemis auch verantwortlich für das Lebensglück. Sie sollte dem Menschen beistehen, um seine Ziele bei der Jagd von wilden Tieren zu erreichen. Wir Menschen empfangen Körper, Geist und Seele mit unserer Zeugung und Geburt. Dananch sind wir aufgerufen, diesen Geburts- und Erscheinungsprozess fortzusetzen und uns selbst weiter zu einer authentischen Persönlichkeit zu entfalten. So symbolisiert Artemis auch die Suche nach dem persönlichen Glück. Das **Jagdprinzip** zeigt auf, dass wir selbst unser Schicksal durch unser Denken und Handeln bestimmen können.

Die Fruchtbarkeitsgöttin *Artemis* schenkt uns die Fülle des Lebens. Wenn wir uns mit dieser Göttin „verbinden" so erkennen und leben wir die unendliche Fülle, die Schönheit und Vollkommenheit unseres Universums. Auf Dauer können Menschen nur dann glücklich sein, wenn sie sich von ihren Sorgen und von ihrem „Mangel-Denken" befreien. Dieses Signal sendet uns **das Prinzip der Fruchtbarkeit.** Auf die Bedeutung dieser drei Lebensprinzipien der *Artemis* werde ich noch ausführlicher eingehen.

Die *Prinzipien der Artemis* sind Gedanken und Ideen, die jeder Mensch für sich nutzen kann. Es sind ungemein lebensbejahende und kraftspendende Vorstellungen. Sie haben die Griechen im klassischen Altertum zum Erfassen von Schönheit und der Fülle des Lebens inspiriert - und dieses Geschenk können sie auch dem heutigen Menschen bereiten. Jedenfalls möchte ich betonen, dass die „Artemis-Power" nur als „Aufhänger" und Anregung für eine Lebensphilosophie und nicht als neue oder aufgewärmte Religion gedacht ist.

Zusammenfassung:

1. Finde deine eigene Wahrheit! „Folgst du dem Licht eines anderen, gehst du in die Finsternis!“
2. Missionieren zeugt von Respektlosigkeit gegenüber anderen Denkweisen.
3. Wir sind auf dieser Welt nicht nur, um da zu sein, sondern um wahrhaft glücklich zu sein!
4. Die Essenz bildet den Wesenskern eines jeden Menschen. Die Essenz erleben wir als tiefe Freude, Liebe, Glückseligkeit, Schönheit und inneren Frieden.
5. In den Religionen sucht der Mensch nach der Verbindung zu seiner Essenz.
6. Die griechische Göttin Artemis repräsentiert das Prinzip des Mondes (das Licht in uns), der Jagd (sein Schicksal selbst bestimmen) und der Fruchtbarkeit (die Fülle des Lebens erkennen).

3 Das Mondprinzip - Das Licht in dir!

„Aus Glauben ist der Mensch gemacht und wie er glaubt, so ist er selbst!“ (Bhagavad Gita)

Jeder ist vollkommen, niemand ist perfekt.

Empfängnis und Geburt

Apollon: Im Glauben der alten Griechen vertritt *Artemis* in ihrer Eigenschaft als Göttin des Mondes die weibliche, gebärende Kraft. Der Mond gilt als ein Symbol für das Empfangen des **„Spirit“** (Geist, gedanklicher Ursprung) und für sein Entstehen und Leuchten in der sichtbaren Welt. Durch diese „Empfängnis“ trägt jeder Mensch die Essenz des Lebens in sich. Liebe, Frieden und Glück sind nur in uns selbst zu finden. Nur diese Flamme kann das äußere Leben erstrahlen lassen.

Wie ein Haus nicht gebaut werden kann ohne einen vorangehenden Plan, ohne eine geistige Idee, so steht hinter jeder Erscheinung auf dieser Welt der Spirit, das geistige „Vor-Bild“. Die Sonne gilt als Symbol für den Spirit. Die Göttin des Mondes empfängt das Licht und spiegelt es wider.

Jeder Mensch tritt, ausgestattet mit einem Körper, mit einer Seele und mit bestimmten individuellen Eigenschaften in die Welt. Wie er in Erscheinung tritt, entspricht seinem geistigen **„Vorbild“.**

Während die Entwicklung eines Tieres, beispielsweise einer Kuh, von Geburt an ziemlich klar vorgegeben ist, sind wir Menschen an unserer seelisch-geistigen Entfaltung mitschöpferisch beteiligt. Sogar unsere körperliche Gesundheit können wir durch Ernährung und Lebensstil wesentlich mitbestimmen. Wir sind nicht nur Geschöpf, sondern auch Schöpfer. Was aus uns und aus unserer

Umgebung wird, das entscheiden wir maßgeblich mit – gleichgültig, ob wir es bewusst tun und wollen oder nicht.

In der Kindheit sind es die Eltern und Erzieher, die uns bestimmen, später übernehmen wir selbst die Verantwortung für unsere Gesundheit und unsere geistig-seelische Ausbildung. Unsere Möglichkeiten, unsere Stärken und Talente werden uns durch die Gene mitgegeben, doch sie müssen sodann erst von uns entfaltet werden.

Das Mondprinzip fordert den Menschen auf, sich seiner Essenz bewusst zu werden. Seine Talente und Möglichkeiten stehen in einem engen Zusammenhang mit seinen Wünschen, Leidenschaften und Lebens-Träumen. Nur wer seinen Träumen Ausdruck verleiht, empfindet sein Leben als glücklich und erfüllend. Nur wer seine Einmaligkeit lebt, wer seiner Berufung folgt, wer authentisch lebt, fühlt sich auf Dauer wohl in seiner Haut. Authentisch zu leben verleiht uns Lebensfreude und Charisma.

Jedes Tier lebt entsprechend seinen Instinkten „authentisch“. Für den Menschen ist sein Lebensweg eine große, spannende Herausforderung, denn ohne seinen aktiven, hingebungsvollen Beitrag kann sein „Projekt Mensch“ nicht zur optimalen Ausgestaltung gelangen.

Bernd Helge: „Authentisch leben, seiner Berufung folgen“, das klingt sehr anspruchsvoll. Diese Aufforderung, etwas Besonderes zu sein und leisten zu wollen, kann leicht Stress auslösen.
Apollon: **Jeder Mensch ist ctwas Besonderes!** Die Einladung, diese Einzigartigkeit auch auszuleben löst nur bei jenen ein Stressgefühl aus, die ihre Einmaligkeit unterdrücken. Es gibt für uns nichts Schöneres, als das zu sein, das zu erfüllen, was unserer Wesenheit entspricht.

Seiner Berufung folgen, heißt nicht unbedingt, ein großer Filmstar, ein Bestseller-Autor, ein großer Erfinder oder Regierungschef eines Landes zu werden. Die „Berufung" kann eine ganz schlichte Sache sein. Beruflich gesehen, zum Beispiel die Arbeit eines Fabrikarbeiters, Raumpflegers, einer Mutter, eines Gärtners oder Beamten mit vollem Einsatz auszuüben. Auch geht es bei einem authentischen Leben nicht nur um den Beruf, sondern um viele kleine Details des täglichen Lebens. Es geht darum, wie wir wohnen, wie wir uns kleiden, wie wir unsere Freizeit nutzen, was wir lesen. Es geht um Achtsamkeit, um Liebe, um seelisch-geistige Entwicklung.

Ob wir unserer Berufung folgen, kann leicht geprüft werden indem wir darauf achten, ob wir uns wohl fühlen, ob wir mit Hingabe das tun, was wir tun.

Unperfekt und doch vollkommen!

Bernd Helge: Es scheint für uns gar nicht so einfach zu sein, ein authentisches Leben zu führen. Weshalb gehen wir dabei oft den falschen Weg?

Apollon: So, wie wir auf der Erde erscheinen, hat jeder viele Stärken, aber auch Schwächen. Wir gehen Irrwege, wir treffen Entscheidungen, die wir hinterher bereuen, wir machen viel Unsinn. Unsere Schwächen, die wir und andere gerne verurteilen, sind im Grunde eine wichtige und notwendige Sache. Sie erst geben uns den Spielraum für individuelle Entwicklung. Sie sind ein wichtiger Teil unserer Persönlichkeit.

Wären wir immer perfekt und fehlerlos, so wären wir dazu verdammt, so zu sein, wie es die Schöpfung vorgibt. Wir sind jedoch gerade deshalb vollkommen, weil wir unperfekt sind, denn nur so können wir uns relativ frei, nach unserem Geschmack entfalten. Schwächen zu haben,

Fehler machen zu „dürfen“ macht das Leben für uns zu einer spannenden Herausforderung.

Unsere „Unperfektheit“ ist somit eine kluge und notwendige Voraussetzung für unsere Einmaligkeit. Wir können daher sagen: Jeder Mensch ist, so wie er ist, trotz seiner Fehler und Schwächen vollkommen. Doch niemand ist perfekt, jeder ist auf einem Weg zu einer besonderen, authentischen Persönlichkeit. Jeder Mensch erscheint ebenso wie alle Tiere, wie alle Pflanzen und wie die unbelebte Natur als ein großartiges Wunder der Schöpfung. Der Mensch jedoch ist aufgerufen, selbst nach seinen Ideen und Vorstellungen am „Kunstwerk“ seines „ICH“ mitzuschaffen.

Der Mond als Symbol des Erscheinens

Bernd Helge: Weshalb gilt der Mond als Symbol des Erscheinens?

Apollon: Die Gottesbilder der alten Griechen hatten ebenso gleichnishaften Charakter wie die meisten Erzählungen im Alten und Neuen Testament. Der Mond war in alten Kulturen das Sinnbild der Weiblichkeit. Er empfängt das Licht der Sonne und strahlt dieses wieder.

Das Licht der Sonne ist so hell und stark, dass wir mit freiem Auge nicht längere Zeit hineinblicken können, ohne unsere Netzhaut zu schädigen. Die Sonne repräsentiert den unfassbaren, in sich ruhenden spirituellen Ursprung der Welt.

Die derzeitige mentale Kraft des Menschen ist noch zu schwach, um den Urgeist des Lebens „mit freiem Auge“ wahrzunehmen, ohne dabei Schaden zu erleiden. Unsere individuelle Entwicklung wäre durch die spirituelle Urkraft blockiert, wenn wir sie direkt anschauen könnten.

Diese Macht würde uns zwingen, ihr zu folgen, sodass wir nicht unseren eigenständigen Weg gehen könnten.

Deshalb ist es auch gut, dass wir über verschiedene Geheimnisse, wie zum Beispiel woher wir vor der Geburt kommen und wohin wir nach dem Tode gehen, nur ahnungsweise Bescheid wissen.

Wunderbar geschildert wird im *Kapitel XI der Bhagavad-Gita* (die bekannteste und beliebteste heilige Schrift im *Hinduismus*) wie *Ardschuna* (Anführer eines indischen Volksstammes) im Gespräch mit dem Gott *Krishna* (der ihm als Lenker seines Streitwagens erscheint) diesen bittet, sich in seiner wahren Gestalt zu zeigen. *Krishna* entspricht diesem Wunsch und so entfaltet sich vor *Ardschuna* ein unfassbares, gewaltiges, blendendes Bild, welches selbst für den großen Helden *Ardschuna* kaum zu ertragen ist. Deshalb bittet er nach kurzer Zeit angsterfüllt, dass der Gott sich wieder in seiner *Krishna*-Gestalt zeigen möge.

Erst wenn der Ursprung des Seins auf das weibliche Prinzip trifft, tritt Leben in Erscheinung. Leben entsteht auf dieser Welt, wenn die Ideen des Universums vom Weiblichen empfangen werden und hierauf eine Geburt stattfindet.

In der hinduistischen Religion repräsentiert in diesem Sinne *Brahman* den in sich ruhenden, ewigen Urgrund des Seins und *Krishna* (in manchen Erzählungen auch die Göttin *Kali* oder die Göttin *Maya*) das nach außen in Erscheinung tretende Werden und Vergehen.

In diesem Sinn wird im Christentum *Gott* als der Ursprung der Welt und *Jesus* als seine Verkörperung angesehen. Symbolisch empfängt *Jesus* den *Heiligen Geist* bei seiner

Taufe am *Jordan*. Somit repräsentiert *Jesus* ebenfalls das empfangende und erscheinende Prinzip.

Charisma

Bernd Helge: Viele Menschen sind begeistert von großen Persönlichkeiten. Sie bejubeln sie und bewundern deren besondere Ausstrahlung. Ihr eigenes „Erscheinen", ihre eigene Ausstrahlung beurteilen sie hingegen eher als unbedeutend, manchmal sogar als minderwertig. Worin liegt für dich der Unterschied zwischen charismatischen Menschen und den „gewöhnlichen" Leuten?

Apollon: Jeder Mensch hat Charisma! Der Unterschied zwischen Menschen mit charismatischer Ausstrahlung und anderen Leuten liegt darin, dass die einen intensiver leben und dadurch auch stärker mit ihrer Essenz verbunden sind als jene, die ihre inneren Schätze nicht zum Ausdruck bringen. Die Letzteren beten bei charismatischen Menschen das an, was zwar auch in ihnen steckt und aus ihnen heraus will, was aber aus verschiedenen Gründen gehemmt ist. So suchen sie sich ein Ventil, indem sie andere „Stars", also leuchtende Sterne, anbeten.

Oft sind diese Berühmtheiten gar nicht so außergewöhnlich wie wir es glauben. Musiker, Filmstars, gewisse Politiker, westliche Prediger wie *Billy Graham* oder östliche Gurus wie *Sathya Sai Baba*, aber auch der jeweilige *Papst*, werden durch geschickte Propaganda und Medien zu „Stars" gemacht. Wenn dann Tausende in ein Stadion oder auf den Petersplatz pilgern, um dort ihr Idol zu bewundern, so entsteht eine Massensuggestion, die dramatische Wirkung hat.

Den Zuschauern ist es dabei im Grunde egal, ob sie einen *Jesus, J.F. Kennedy,* die *Beatles,* den *Papst* oder *Robbie Williams* anhimmeln. Sie projizieren in diese Personen ihre eigenen Sehnsüchte, die sie jedoch nicht zu leben wagen und genießen die gemeinsame Welle der Begeisterung, von der sie sich getragen fühlen.

Bernd Helge: Was verstehst du unter Charisma? Wodurch haben manche eine besondere Ausstrahlung?
Apollon: Was einen charismatischen Menschen ausmacht, ist schwer zu definieren. Charismatische Persönlichkeiten lösen jedenfalls bei ihren Mitmenschen starke Gefühle aus. Fast alle Leute hungern nach starken Gefühlen. Denn sinnvoll zu leben bedeutet intensiv und leidenschaftlich zu leben.

Im Gefühlsbereich besonders ausgehungert sind jene, die sich jahraus, jahrein immer in derselben Lebensmühle dahin bewegen. Charismatische Menschen sind in der Regel mutige Menschen, die das leben, die sich für das einsetzen, was sie begeistert. Das verspüren die sie umgebenden Leute. Diese werden so, auch wenn sie selbst nicht fähig sind starke Gefühle aus sich heraus zu leben, wenigstens für kurze Zeit von der Begeisterung eines anderen mitgetragen.

Die drei Chariten
Apollon: Im griechischen Götterhimmel gab es drei wunderschöne Schwestern. Sie waren die außerehelichen Töchter des *Zeus*, welche er mit der Nymphe *Eurynome* zeugte. *Eurynome* war eine Tochter des Meeresgottes *Okeanos.*

„Nymphen“ waren für die alten Griechen Geister oder Kräfte, die mit besondern Orten verbunden waren. Zum Beispiel der Geist einer Moorlandschaft oder der Geist eines besonderen Berges, einer Quelle oder einer Höhle. Die Töchter des *Zeus* und der *Eurynome* - sie waren zugleich geboren, also Drillinge - wurden die *Chariten* ge-

nannt. Dieser Name ist wahrscheinlich vom griechischen Wort *chara* - „die Freude“ abgeleitet. Auf die *„Chariten“* geht wiederum unser Begriff *„Charisma“* zurück.

Die Namen der drei *Chariten* waren:
Agleia, was so viel wie „Anmut, Schönheit“ bedeutet; *Thalia,* was mit „Fülle, Überfluss“ übersetzt werden kann und *Euphrosia* gleichbedeutend mit: „Frohsinn“.
Anmutiges Erscheinen, Fülle erkennen statt Mangel denken und frohsinnig leben, diese drei Eigenschaften bilden die Besonderheiten charismatischer Menschen.
Den drei *Chariten* entsprechen in der römischen Mythologie die drei *Grazien.* Es lohnt sich übrigens, das großartige Gemälde des *Raffaelo Santi* mit der Darstellung der „drei Grazien“ anzuschauen.

Anmut und Liebe
Apollon: Anmutiges Erscheinen entspricht dem Mondprinzip. Anmut bringen Menschen zum Ausdruck, die in ihrem Denken, und damit auch in ihrem Auftreten, nicht hölzern, ungeschickt oder plump sind. Im Körper spiegelt sich das Denken der Menschen wider.

Agleia strahlt Leichtigkeit aus. Sie spricht und verhält sich anmutig. Sie geht mit Schwung durchs Leben, denn sie hat An–„Mut“. Wie das Wort schon sagt, hängt Anmut mit Mut zusammen. Mut schafft Leichtigkeit. Angst hingegen führt zu Erstarrung, Verkrampfung.

Wer An-Mut hat, spürt in sich eine Verbindung zur göttlichen, ewigen, unbegrenzten Kraft und hat deshalb keine Angst. Er sieht überall auf dieser Erde, in der Natur, in den Bäumen, Blumen, Wolken, im Licht, in den Tieren und schließlich auch in den Menschen Schönheit. Das heißt er liebt. **Denn „lieben“ bedeutet, Schönheit wahrzunehmen!**

Wenn Menschen frisch verliebt sind, so sehen sie nur die Schönheiten ihres Partners. Man sagt, sie haben eine rosa Brille auf oder: „Liebe macht blind!“ Diese Art der Wahrnehmung lässt oft mit zunehmender Dauer der Beziehung nach. Dann sehen wir immer deutlicher Eigenheiten des anderen, die uns nicht so sehr gefallen.
Und schließlich verlagert sich der Fokus der Wahrnehmung von dem, was anfänglich so schön und begehrenswert war, auf das, was uns stört, ärgert und was wir immer weniger dulden wollen.
Tatsächlich macht Liebe nicht blind, sondern **„Liebe macht sehend!“** Ob etwas schön, gut, begehrenswert ist, liegt am Auge des Betrachters. Je eher wir fähig sind, uns für Schönheit zu öffnen, desto mehr Schönheit empfinden wir und desto mehr lieben wir. Der eine ist begeistert von moderner Musik, der andere kann damit nichts anfangen. Der eine liebt Pferde, für den anderen sind Pferde große, gefährliche Tiere, zu denen man viel Abstand haben sollte. Der eine arbeitet leidenschaftlich gern im Garten, für den anderen ist das nur mühsam und uninteressant.
Wir können entscheiden, wie wir Dinge und Menschen betrachten - ob wir sie lieben oder ob wir sie verachten.

Wählen der eigenen Gesellschaft
Bernd Helge: Aber es gibt doch durchaus Eigenschaften von Menschen, die wir nur schwer ertragen können. Muss ich mit so einem Menschen auf Gedeih und Verderb zusammenleben?
Apollon: Nein, das heißt es keineswegs. Es ist nicht unsere Aufgabe, mit Leuten zusammen zu leben und zu arbeiten, die wir nur schwer ertragen können. Im Gegenteil, es ist unsere Pflicht, glücklich zu sein und für uns eine Umgebung zu wählen, die unserem Wesen entspricht.

Wir können auch schwierige Menschen respektieren. Ja, wenn wir ihre Stärken, die jeder Mensch hat, wahrneh-

men, so können wir sie auch schätzen und in gewisser Weise lieben. Doch heißt das nicht, dass wir ihre Gegenwart mehr als nötig ertragen sollten. Unsere Umgebung bestimmt maßgeblich den Boden, auf dem wir wachsen.

Jeder ist aufgerufen, sein Umfeld, seine Freunde, seinen Partner sorgfältig auszuwählen. Wer seinen authentischen Weg erkennt, wer das lebt, was für ihn wirklich richtig ist, was seiner Persönlichkeit entspricht, wird sich nach Möglichkeit nur mit dem verbinden, was für ihn stimmig ist. So wie Pflanzen nur in bestimmten Verhältnissen, Böden und Klimazonen gut gedeihen, die für sie angemessen sind, so ist es auch für uns wichtig, jene Umgebung auszuwählen, in der wir am besten gedeihen können.

Wir sollten die Gegenwart von Menschen suchen, die uns inspirieren, die positiv denken und sprechen, die bereit sind, Energie nicht nur aufzunehmen, sondern auch zu schenken. Sind solche Menschen für dich nicht greifbar, so ist es vielleicht für dich am besten, wenn du dafür sorgst, selbst auf deine Umgebung erfrischend und inspirierend zu wirken!

Wie wir uns schwierigen Menschen gegenüber verhalten, ist immer eine Gratwanderung. Oft hat es eine tiefere Bedeutung, weshalb wir gerade mit solchen Typen zu tun haben. Sind sie uns ein Spiegel? Können wir bei ihnen Geduld und Toleranz lernen? Können wir sie durch eine eigene positive Einstellung verändern?

Können wir unsympathischen Bürgern nicht ausweichen, so sollten wir ihnen besondere Aufmerksamkeit und Wertschätzung schenken. Das Schicksal weiß, weshalb es uns mit diesen Menschen zusammenführt. Sie werden uns die besten Lehrmeister auf dem Lebensweg sein. Wir dürfen lernen, gegenüber diesen Menschen von Herzen freundlich zu sein. Doch sollten wir uns keinesfalls zu viel gefallen lassen. Es ist wichtig, seine Grenzen wahrzunehmen, zu ihnen zu stehen und sie entsprechend zu verteidigen. Doch das wird kaum mehr nötig sein, wenn wir die richtige Einstellung zum Schicksal und zu unseren Mitmenschen gefunden haben.

Starke Gefühle leben

Bernd Helge: Du sagst, dass charismatische Persönlichkeiten starke Gefühle leben und erleben. Welche Bedeutung haben Gefühle für die Menschen?

Apollon: Alles Streben der Menschen ist darauf gerichtet, gute Gefühle zu erlangen und schlechte zu vermeiden. Jede Handlung ist darauf ausgerichtet. Jede Arbeit dient dazu. Selbst wenn jemand keine Freude an seiner Arbeit hat, so arbeitet er dafür, Geld zu bekommen, um auf dem Umweg über das Geld sich und seiner Familie Dinge zu kaufen, die gute Gefühle vermitteln. Auch wer völlig selbstlos handelt, tut dies, weil er sich wohl fühlt, wenn er für andere etwas Gutes bewirkt.

Je stärker die Gefühle sind, die wir erleben, desto mehr spüren wir uns, desto mehr haben wir das Empfinden, wirklich und intensiv zu leben. Leider ist die Fähigkeit, sich selbst und anderen gute starke Gefühle zu vermitteln, bei den meisten nicht gut ausgeprägt. Solche Gefühle erleben wir beispielsweise bei einem Sonnenuntergang am Meer, wenn wir mit anderen Menschen zusammen feiern, wenn wir uns ganz einer befriedigenden Arbeit hingeben, wenn wir eine schöne Reise machen oder wenn wir eine besondere Leistung durch volles Ausschöpfen unseres Potenzials erbringen.

Die Mehrzahl der Menschen ist zwar süchtig nach starken schönen Gefühlen, doch sie gibt sich ersatzweise mit starken negativen Gefühlen zufrieden. Diese werden vor

allem durch die Nachrichten der Medien über Katastrophen, Unfälle, Krieg, Mord, Skandale oder sonstige Sensationen jederzeit preisgünstig ins Haus geliefert. Auch Tratsch und Schimpfen über andere Leute oder angebliche Missstände befriedigen auf leichte Weise dieses Bedürfnis, ebenso tun es Horrorfilme, Bücher und Videospiele mit entsprechend grauslichen Geschichten.

Sorgsamer Umgang mit dem Körper

Bernd Helge: Was ist nun die praktische Bedeutung dieses Mondprinzips für den Menschen? Wie können wir das Mondprinzip verwirklichen? Wie können wir unsere Persönlichkeit mit all den Geschenken, wie Körper, Denkfähigkeit, Kreativität und Gefühle, die uns von Geburt aus mitgegeben sind, entfalten?

Apollon: Basis unserer Persönlichkeit ist das großartige Wunder des menschlichen Körpers. Wie schon gesagt, ist jedes Lebewesen eine vollkommene Schöpfung der Natur. Selbst Krankheit und Behinderung ändern nichts an dieser Vollkommenheit. Eine Störung der Gesundheit hat verschiedene, oft schwer durchschaubare Ursachen. In der Regel kann Erkrankung auf negatives Denken, das Ärger, Hass oder Stress auslöst, zurückgeführt werden. Falsche Ernährung und Bewegungsarmut besorgen den Rest.

Manche Erkrankungen gehen schon auf das Fehlverhalten der Vorfahren zurück. Hinter jeder Erkrankung steht eine Botschaft, eine Aufforderung, die eigene Denk- und Lebensweise zu verändern. Krankheit ist ebenso ein wichtiger Teil des vollkommenen Universums, wie die Möglichkeit, Irrwege zu gehen und Fehler zu machen.

Krankheiten sind Wegweiser. Wir erkranken, wenn wir den Prinzipien des Lebens nicht entsprechen. Wir erkranken, wenn die Verbindung zu unserer Essenz getrübt ist.

So gesehen ist jeder Mensch latent krank, denn niemand ist vollkommen in der Liebe, ist vollkommen eins mit seiner Essenz. Heilung bedeutet die *„religio"*, die Wiederverbindung mit unserem Ursprung.

Krankheit ist eine Herausforderung und eine Chance, die uns das Schicksal sendet.
Erkrankung ist die Folge von Unwissenheit. Doch das Schicksal will, das wir die Wahrheit erkennen. So schwer Krankheit und Behinderung zu ertragen sein mögen, sie sind wichtig und gut für den Entwicklungsweg, sowohl für den unmittelbar Betroffenen, als auch für seine Mitmenschen. **Das Schicksal macht keine Fehler!**

Jeder Körper, der lebt, ist gut, so wie er ist - ob groß oder klein, ob stark oder schwach, wie immer er gestaltet ist. Unser Körper ist eine wunderbare Leihgabe des Lebens. Nur mit seiner Hilfe können wir unsere Individualität entfalten.

Viele Menschen schenken diesem herrlichen Instrument zu wenig Aufmerksamkeit, zu wenig Liebe. Der Körper, seine Organe und insbesondere das Gehirn sind hochsensible Instrumente. Nur wenn diese Instrumente ordentlich „gewartet" werden, können sie ihren Dienst optimal erfüllen. Missbrauch des Körpers für kurzfristige kleine Freuden und Genüsse verhindert, dass wir mit unserer Essenz in intensive Verbindung treten können.

Zugleich beruht jede von uns fahrlässig verursachte Störung unserer Gesundheit auf einer mangelnden Verbindung zu unserer Essenz. Rauchen, übermäßiger Alkoholkonsum, Drogen, schlechte Ernährung, zu viel Essen usw. schaden nicht nur dem physischen Körper, sondern beeinträchtigen massiv die Fähigkeit, tiefe, dauerhafte Glücksgefühle zu erfahren. Nach derartigen schädlichen

Genüssen sind diejenigen süchtig, die darin unbewusst eine Ersatzbefriedigung für wahre Erfüllung suchen.

Rauchen zum Beispiel reduziert in besonderem Maß die Fähigkeit aller Zellen des Körpers genügend Sauerstoff aufzunehmen. Das schädigt nicht nur die Lunge und die Blutgefäße, sondern auch das Gehirn. Rauchen behindert das Denken, die Intuition und die Offenheit für tiefe Gefühle. Es wird in der Öffentlichkeit wohl auf die schädlichen Folgen des Rauches für den physischen Körper, jedoch viel zu wenig auf die seelischen Konsequenzen aufmerksam gemacht. So wie Alkoholiker zu Gereiztheit, Aggression und Depression neigen, so erstarren Raucher nach und nach in ihrem Gefühlsleben.

Sich und die Welt lieben

Bernd Helge: Weshalb kommen manche Menschen nur schwer mit sich und der Welt zurecht?

Apollon: Wie schon erwähnt, entspringt alles Sein einem geistigen Ursprung. Jeder Mensch lebt so, wie er über die Welt und sich denkt. So lesen wir auch in der *Bhagavad Gita: „Aus Glauben ist der Mensch gemacht und wie er glaubt, so ist er selbst!" (XVII, 3).* Wie wir die Welt sehen (denken), wie wir uns selbst betrachten (beurteilen), so fühlen wir uns und so handeln wir. Lieben wir uns und die Welt, so geht es uns gut. Machen wir uns Sorgen, kritisieren und verurteilen wir uns und unsere Umwelt, so machen wir uns krank und unglücklich. Wir können daher gar nicht sorgfältig und achtsam genug mit unseren Gedanken über uns selbst und über andere umgehen.

Oscar Wilde hat einmal gesagt: *„Sich selbst zu lieben, ist der Beginn einer lebenslangen Freundschaft."* Wie wir zu uns selbst stehen, hat entscheidende Bedeutung dafür, wie wir uns entwickeln, was wir leisten können, ob wir beliebt sind, wie es um unser Lebensglück bestellt ist. Wer

sich selbst nicht liebt, ist im Grunde auch nur beschränkt fähig, andere zu lieben.

Wenn du einem „Unsympathling“ begegnest, so kannst du mit ziemlicher Sicherheit annehmen, dass er mit sich selbst im Unreinen ist. Darauf achtet er gewöhnlich nicht. Doch seine Umgebung spürt es. Solche Menschen können nicht herzhaft lachen und fröhlich sein. Sie strahlen kein Glück aus, sie sind nicht eins mit sich, sie sind nicht authentisch. Er hat die Ausstrahlung eines Kämpfers oder eines „Losers“ (Verlierer), und solchen Menschen gehen wir lieber aus dem Weg. Daher fällt es uns schwer, jemanden zu schätzen und zu lieben, der sich selbst nicht mag.

Die Kämpfer sind oft unfreundlich, verbissen und eigensüchtig. Es gelingt ihnen zuweilen, materielle Reichtümer anzusammeln, doch es fehlt ihnen Zeit und Hingabe, um auch die Früchte zu genießen.

Verlierertypen denken negativ über sich und die Welt. Sie ziehen das Unglück magisch an, weil sie es erwarten und sich nichts anderes vorstellen können. Loser sind zuweilen Menschen mit dem sogenannten „Helfersyndrom“. Sie wissen sich in der Regel selbst nicht zu helfen und kompensieren diese Schwäche mit der Sucht anderen beizustehen.

Selbstliebe - Selbstbild

Bernd Helge: Wie kann jemand sich helfen, wenn er sich nicht mag?

Apollon: Wer sich selbst nicht richtig lieben kann, hat ein gestörtes Selbstbild. Wer sich schätzt und liebt, lenkt seinen Fokus auf seine Stärken, auf das Gute, was er getan hat und vertraut darauf, dass er ein großes Potenzial hat, das jederzeit aktiviert werden kann.

Viele Personen machen sich nicht bewusst, was sie täglich an guten, wertvollen Leistungen erbringen. Diese Leistungen sind für sie eine Gewohnheit und damit selbstverständlich.

In der Regel richten wir gerne den Fokus auf das, was wir nicht gut gemacht haben, wo uns ein Missgeschick passiert ist. Daran denken wir oft noch stunden- und tagelang. Wir machen uns deshalb Selbstvorwürfe, schämen uns, leiden darunter. Mit solchen Selbstverurteilungen wird unser Selbstbild ständig verschlechtert und **je schlechter unser Selbstbild ist, desto mehr Fehler machen wir**, desto schwächer werden unsere Leistungen und so weiter und so fort.

Die erfolgreichen Menschen wissen mit Niederlagen gut umzugehen. Machen sie einen Fehler, so bemühen sie sich, den Fehler nicht zu wiederholen. Doch sie schämen sich ihrer Schwächen und Fehler nicht, sie verlieren durch Misserfolge nicht an Selbstvertrauen. Sie wissen, dass Schwächen „normal“ sind und beurteilen Niederlagen nicht als persönliches Versagen.

Besonders im Spitzensport kann man gut beobachten wie sich „Siegertypen“ von mittelmäßigen Sportlern unterscheiden. Sieger sind vor allem mental stark, sie haben Vertrauen zu sich selbst und lassen sich durch Missgeschicke oder Niederlagen nicht verunsichern.

Ein schwaches Selbstbild oder mangelndes Selbstvertrauen wird oft schon den Kindern angezüchtet. Den Kindern wird gesagt: „Das machst du falsch!“ „Benimm dich doch!“ oder „Dafür bist du zu schwach, zu alt, zu jung, zu unerfahren!“ „Du bist ungeschickt!“ Das prägt manche Menschen für ihr ganzes Leben. In der Regel hören Kinder viel zu wenig anerkennende und motivierende Worte.

Erwachsene mit einem gestörten Selbstbild müssen erst lernen, wieder Vertrauen zu sich selbst zu gewinnen. Sie dürfen erkennen, dass sie in Wirklichkeit schlicht und einfach vollkommen sind, so wie sie sind. Gut, wir sind nicht perfekt, wir denken und handeln gelegentlich nicht optimal – Gott sei Dank!!! Wir sind nicht perfekt, sondern einmalige, großartige, liebenswerte Menschen, die auf dieser Erde ihre Erfahrungen machen und lernen dürfen.

Jeder kann sich selbst mehr Liebe und Anerkennung schenken und interessanterweise ist dann auch unsere Umgebung eher bereit, uns und unsere Leistungen anerkennend wahrzunehmen und dafür Lob zu spenden.

Gewöhnlich sind wir auch viel zu selten offen genug, um die Verdienste anderer zu beachten, anzuerkennen und diese Anerkennung auch verbal auszudrücken. Sich und anderen Lob und Anerkennung zu schenken ist eine der Grundvoraussetzungen für ein gutes Miteinander. Wer häufig Lob und Anerkennung schenkt, steigert damit die eigene Fähigkeit, den Wert und die Schönheiten der Menschen zu erkennen und gibt damit dem anderen das Gefühl, geschätzt und geliebt zu werden.

Lob und Anerkennung sind die größten Kraftspender und Motivatoren, die es gibt. Viele Menschen lechzen nach Anerkennung, weil wenige fähig und bereit sind diese zu schenken. Umso dankbarer sind sie jenen, die bereit sind auf sie einzugehen. Deshalb sind „Lobspender" sehr beliebt und immer gerne gesehen. Es lohnt sich daher sowohl für den Spender als auch für den Empfänger, Anerkennung auszusprechen.

Es ist natürlich problematisch, Lob und Anerkennung einzufordern. Doch was uns wohl zusteht und was wir nötigenfalls auch von unserer Umgebung verlangen sollten,

ist zumindest ein Echo auf unser Erscheinen und Verhalten. Jeder Mensch braucht Echo, braucht das Feedback seiner Umgebung. Das hilft ihm, sich in der Gemeinschaft zu definieren und zu orientieren.

Wir sollten daher keine Hemmungen haben, gelegentlich unseren Partner oder unseren Chef zu fragen: „Wie geht es dir mit mir?“ „Was gefällt dir, was stört dich an meinem Verhalten?“ „Wie sind Sie zufrieden mit meiner Arbeitsleistung? Was könnte ich verbessern?“ Solche Fragen wirken wie Wunder. Denn der Befragte reagiert in der Regel in der Form, dass er sich selbst fragt und bewusst macht: „Ja was bedeutet mir der andere, was schätze ich an ihm?“

Durch Gedankenlosigkeit unterlassen wir es gerne, Feedback und Anerkennung zu geben. Wenn wir lernen, mehr Feedback zu schenken und einzufordern, können wir in der Aktion zwischen den Menschen erstaunliche Ergebnisse bewirken.

Was hindert uns daran, authentisch zu leben?

Bernd Helge: Weshalb ist es für viele nicht so einfach, authentisch zu leben? Was hält uns davon ab?

Apollon: Es gibt ein Sprichwort, wonach sich Leute Dinge kaufen, die sie nicht brauchen um anderen zu imponieren, die sie nicht mögen. Das ist ein klassisches Beispiel für ein Verhalten, bei dem wir nicht das leben, was wir gerne tun, was uns begeistert, was uns entspricht.

Jemand baut sich beispielsweise um viel Geld einen Swimmingpool, weil der Nachbar auch so etwas hat. Zur Eröffnung gibt es eine große Party, zu der man tatsächliche Freunde und solche, die man für Geschäfte benötigt, einladet. Sodann wird das Schwimmbecken im ersten Jahr, in den wenigen Wochen, die warm genug sind, eifrig benützt. Das Becken macht viel Arbeit, es braucht Chemie gegen Algen und Bakterien, zusätzlich müssen Laub und sonstiger Schmutz entfernt werden, usw. Im nächsten Jahr lässt die Freude an dem Pool nach. Er wird immer seltener genutzt. Zuletzt wird er als Last empfunden, weil er ständig gepflegt werden muss und wenig gebraucht wird.

Um authentisch zu leben, benötigen wir vor allem den Mut, nicht das zu tun, was andere vielleicht von uns erwarten. Für viele ist es wichtig, nur ja nicht von dem abzuweichen, was „man“ tut. Sie wollen nicht als Außenseiter dastehen.

Wir benötigen weiters genügend Achtsamkeit, um zu erkennen, was wir wirklich im Leben erreichen wollen, was unserer Sehnsucht, unseren ureigenen Wünschen, unserem Wesen entspricht.
Das Universum ist so großartig und vollkommen eingerichtet, dass für jeden Menschen optimale Lebensbedingungen vorgesehen sind, wenn er nicht versucht, den Lebensstil anderer zu kopieren oder vor anderen gut dazustehen, sondern das lebt, was seinen Talenten und seiner Berufung gerecht wird.

Wir finden am besten zu einer befriedigenden Art zu leben, wenn wir niemals unsere wichtigen Ziele und großen Träume aus den Augen verlieren. Das sind jene Ziele, die uns schon am Weg zu ihnen Kraft und tiefe Freude schenken.

Über den Tod

Bernd Helge: Der Mond in seinen wechselnden Phasen gilt auch als Symbol des rhythmischen Werdens und Vergehens. Als Gleichnis für die Zeit und dafür, dass alles vergänglich ist.

Warum gibt es überhaupt den Tod? Wie lässt sich diese Einrichtung, dass wir alle sterben müssen, mit der angeblichen Vollkommenheit dieser Welt vereinbaren?
Apollon: Stell dir vor, in der Natur gäbe es keinen Tod! Die Pflanzen, die Bäume, die Tiere, die Menschen würden ewig leben. Es würde alles wachsen und sich vermehren, doch es gäbe kein Sterben.

Es wäre wie im Märchen der *Gebrüder Grimm* vom „Süßen Brei“. Es wäre ein Wachstum ohne Vergehen. Bald wäre kein Platz mehr für neues Leben. Der süße Brei würde die ganze Welt begraben. Schon nach kurzer Zeit würden sich die Menschen nach dem Zauberwort: „Töpfchen steh!“ oder in unserem Fall wieder nach dem Tod sehnen.

Viele Menschen leiden unter der Vorstellung, dass sie mit jeder vergangenen Stunde ihrem Tode einen Schritt näher kommen. Viele versuchen, diese Vorstellung zu verdrängen. Sie stecken den Kopf in den Sand und leiden trotzdem unter dieser Wahrheit, der sie dann oft durch Alkohol, Arbeitswut, Konsum oder sonst wie zu entfliehen hoffen.

Für mich gilt: **„Der Tod ist die Würze des Lebens!“** Würden wir ewig leben, so gäbe es wenig Anreiz, das Leben hier und jetzt intensiv auszukosten. Die Neigung des Menschen, alles was nicht so dringend ist, auf morgen zu verschieben, würde das menschliche Dasein in einen trägen, fauligen Fluss verwandeln. Auch müssten wir uns entscheiden: Will ich ewig ein Kind bleiben oder im Alter von 20 bis 30 verweilen, oder vielleicht ewig 40, 50 oder gar 60 Jahre alt bleiben? Eine schreckliche Vorstellung. Das Leben, so wie es ist, ist durchdrungen von göttlicher Weisheit. Das erfüllt mich mit großer Dankbarkeit.

Zusammenfassung:

1. Das Mondprinzip zeigt auf, dass die Essenz des Lebens, dass Liebe, Freude, Schönheit in unserem Inneren leuchten. Wir sind aufgerufen unsere äußere Welt mit diesem Licht zu durchdringen.
2. Das Mondprinzip fordert den Menschen auf, sich seine Stärken, seine Talente, seine Leidenschaften, seine Träume bewusst zu machen und sie zu leben.
3. Authentisch leben verleiht Charisma.
4. Jeder ist vollkommen, niemand ist perfekt!
5. Auch das Vollkommene entwickelt sich. Leben ist Veränderung; Stillstand ist Tod!
6. Alles Streben der Menschen ist darauf gerichtet, gute Gefühle zu erlangen und schlechte zu vermeiden.
7. Jeder Mensch hat Charisma!
   Charismatische Menschen leben starke Gefühle und entfachen damit Begeisterung bei anderen.
8. Die drei *Chariten* zeigen den Weg zum Charisma:
   An-„mutig“ und authentisch leben; Schönheit wahrnehmen; Fülle statt Mangel denken; Freude empfinden; Freude zeigen.
9. Unser Körper ist ein wertvolles Geschenk.
   Je gesünder der Körper desto leichter empfangen wir tiefe Gefühle.
10. Wer sich nicht liebt, hat es sehr schwer, andere zu lieben. Achte auf dein Selbstbild!
11. Der Tod ist die Würze des Lebens!

4 Das Jagdprinzip - Sein Schicksal bestimmen

Es gibt keine Probleme ohne Lösungen.

Leben ist Veränderung, Stillstand ist Tod.

Die Jagdgöttin

Bernd Helge: Artemis wurde auch als Göttin der Jagd verehrt. Ich nehme an, dass die Jagd von wild lebenden Tieren in der altgriechischen Zeit noch eine erhebliche Bedeutung für die Nahrungsbeschaffung hatte. Die Jagdgöttin sollte sicher zum Glück bei der Jagd verhelfen. Hat das Symbol der Jagd auch eine tiefere, gleichnishafte Bedeutung, ähnlich wie das Symbol des Mondes?
Apollon: Sicherlich! *Artemis* und ihr römisches Ebenbild *Diana* wurden als Göttinnen der Jagd meist mit Pfeil und Bogen ausgerüstet dargestellt. Um mit diesen Waffen wilde Tiere zu erlegen, bedurfte es nicht nur der typisch männlichen, körperlichen Eigenschaften von Kraft und Schnelligkeit, sondern vor allem der Fähigkeit, zielklar, klug und ausdauernd zu handeln. Auffallend ist, dass diese Fähigkeiten für die Griechen und Römer weibliche Göttinnen repräsentierten.

Das bestätigt die Wertschätzung der Frauen im alten griechischen Kulturkreis. Für Juden und Christen wäre eine weibliche Gottheit undenkbar. Denn für sie waren Frauen stets Menschen zweiter Klasse. Sie hatten die Lasten der Haus- und Feldarbeit zu tragen, waren jedoch, was ihre Rechte anbelangt gegenüber den Männern erheblich benachteiligt. Im Judentum durften die Frauen in der Synagoge nur in einem abgegrenzten Bereich hinter Gittern oder hinter einem Vorhang am Gottesdienst teilnehmen. Von der Ausübung geistlicher Ämter waren sie ausgeschlossen.

Erst mit Beginn des 20. Jahrhunderts kam es auch bei den Juden allmählich zu einer Emanzipation *(lat. eman-*

zipare – einen Sklaven in die Freiheit entlassen) der Frau. Nach und nach wurde den jüdischen Frauen auch das *Thora*- und *Talmud*studium erlaubt. Ähnlich war die Stellung der Frau in den christlichen Kirchen. Noch heute werden sie in der orthodoxen und katholischen Kirche als ungeeignet für das Priesteramt angesehen.

Dass einer weiblichen Gottheit die oberste Herrschaft über die Jagd zugeordnet wurde, kann wohl auch damit erklärt werden, dass diese in erster Linie als Beschützerin der Tiere angesehen wurde.

Nach den Mythen galt das berg- und waldreiche *Arkadien* (am *Peloponnes*) als das liebste Revier der *Artemis*. Dort hatte sie geweihte Jagdbezirke und heilige Tiere. Ebenso wie sie die Fruchtbarkeit von Wald und Feld fördert, sorgt sie auch für das Gedeihen des Wildes. Selbst die Viehzucht (Ziegen, Rinder, Pferde), stand unter ihrer Obhut. *Artemis* wurde auch als Schicksalsgöttin verehrt. Sie galt als Lebens-Spenderin und Behüterin, zugleich war sie verantwortlich für den ausgleichenden Tod.

Zielklares Handeln, wie es die Jagd erfordert, bestimmt unser persönliches Schicksal. Daraus lässt sich der Bezug zwischen der Jagd- und der Schicksalsgottheit ableiten. Als Schicksalsgöttin wurden der *Artemis* Hunde als Begleiter zugedacht. Hunde sind traditionelle Wächter des Tores zur Unterwelt. Deswegen wurde *Artemis* auch als Hüterin der Schwelle zur jenseitigen Welt betrachtet.

Karma – Ursache und Wirkung

Apollon: Der Mensch hat die Möglichkeit, durch seine Entscheidungen und Handlungen sein Leben und sein Schicksal in verschiedene Richtungen zu lenken. Diese Fähigkeit entspricht dem Jagdprinzip. Im *Buddhismus* und *Hinduismus* wird dieses Prinzip **„Karma“** genannt.

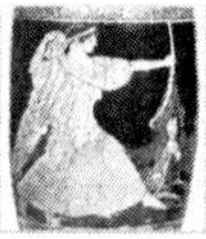

Karma bedeutet wörtlich übersetzt „Tat, Wirken“. Jede Handlung hat ihre Folgen. Das erkennen wir schon bei einfachen Handlungen oder Unterlassungen: Wenn ich Feuer entzünde, so verbrennt etwas und es wird warm. Wenn ich meine Aufgaben nicht verrichte, so entsteht ein Problem. Dieses Prinzip gilt ebenso für Taten eines Menschen, die sein weiteres Schicksal mehr oder minder dramatisch beeinflussen. Es ist immer so: Wie ich heute denke und handle, so bestimme ich mein Leben von morgen.

Oder anders gesagt: Jeder Mensch ist seines Glückes Schmied. Alles, was er ist und erlebt, entspricht einer irgendwann (vielleicht nicht in diesem Leben) getroffenen und im Unterbewusstsein gespeicherten Entscheidung. Dieses Faktum mag unangenehm für den einen und kraftspendend für den anderen sein: **Wir sind stets in radikaler Weise für all unser Wohlergehen und ebenso für unser Unglück verantwortlich.**

Die Frage ist lediglich, ob jemand mit Freude bereit ist, diese Verantwortlichkeit zu übernehmen und damit die Zügel seines Schicksals in die eigene Hand zu nehmen oder ob er sich in der Opferrolle wohlfühlt, sich bedauert und anderen Dingen und Personen Schuld für seine Lebenssituation oder seine Probleme zuweist.

Verantwortlich sein, hat nichts mit „Schuld“ oder „Sünde“ zu tun. Verantwortlich sein, heißt sein Schicksal annehmen, dem was „ist“ mutig ins Angesicht schauen und zu tun, was das Leben im Augenblick erfordert. Verantwortung trägt, wer sein Leben, das ihm geschenkt wurde, mitgestaltet und zur Entfaltung bringt.

Während das Schicksal des Menschen nach der christlichen Religion letztlich durch Gottes Gnade oder Strafe bestimmt ist, geht die Idee des Karmas von einer gesetz-

mäßigen Ordnung im Universum aus, die wir ignorieren oder nützen können. Dieses Gesetz ist vergleichbar mit dem physikalischen Gesetz von Ursache und Wirkung. Jedoch hat Karma die spezielle Eigenheit, dass der Mensch in einem gewissen Sinne für alles Verantwortung trägt, was ihn und sogar was seine Mitmenschen trifft. Denn wir sind keine isolierten, völlig unabhängig von unserer Umgebung existierenden Wesen, sondern Teil einer großen Weltgemeinschaft.

Alles Leben ist miteinander vernetzt. Kein Lebewesen kann unabhängig von anderen zur Welt kommen und existieren. Besonders deutlich sehen wir dies im Tierreich, zum Beispiel in einem Bienenvolk. Man spricht im Tierreich von einer Gruppenseele, die gleichartige Tiere miteinander verbindet.

Es gibt Schicksale, die wir mit den Angehörigen der Familie, einer Stadt, einer Rasse, einer Volksgruppe oder mit allen Bewohnern dieser Erde teilen müssen oder dürfen. Auch Handlungen anderer Menschen, Zufälle oder Naturereignisse, ob sie mich oder meine Umgebung betreffen, wurden letztlich auch von mir als Teil einer kleinen und großen Gemeinschaft zumindest mitverursacht. Durch eine kaum mit dem Verstand fassbare, hochintelligente spirituelle Fügung fällt alles, was wir allein oder gemeinsam verursachen, auch wieder auf uns zurück.
Es ist schwer zu begreifen, doch wir bekommen das Schicksal sicher weisheitsvoll zugeordnet.

Verantwortung und Karma

Bernd Helge: Wie kann ein kleines Kind für ein hartes Schicksal, für Hunger, Krankheit, Missbrauch, Behinderung verantwortlich sein?
Apollon: Das ist eine gute Frage und ein heikles Thema. Vorweg möchte ich sagen, dass natürlich jedes Leid, das

Menschen ertragen müssen, bedauerlich ist. Jeder ist aufgerufen, nach seinen Möglichkeiten und Kräften anderen Menschen beizustehen, um Leid und Not zu mindern. Es ist eine Gratwanderung, der wir ausgesetzt sind, einerseits aktiv mitzuwirken, dass es weniger Not und Leid auf unserer Erde gibt und nicht wegzuschauen, wo es zu helfen gilt. Andererseits sollten wir nicht zu sehr unseren Fokus auf das Negative richten und uns dadurch unnötig entmutigen lassen. Milliarden Kinder wachsen auf dieser Erde geliebt, behütet und glücklich auf.

Wenn viele Kinder zum Beispiel in Kriegsgebieten leiden müssen oder durch Aids ihre Eltern verlieren, so ist das traurig, doch wir sollten die Relationen nicht aus den Augen verlieren. Wenn wir nur die Medienberichte wahrnehmen, so wird uns ein falsches Bild dieser Welt aufgedrängt, denn Zeitungen, Radio und Fernsehsender berichten vorwiegend über negative Dinge und nicht über die vielen Schönheiten der Welt, über wirkliche Liebe, die überall statt findet, oder über alltägliche, von vielen Menschen gelebte Freude.

Zu bedenken ist auch, dass Glückseligkeit von innen kommt und nur zweitrangig mit äußeren Umständen zusammen hängt. Ich bin auf meinen Reisen in Ländern der „dritten Welt“ vielen Kindern begegnet, die für unsere westlichen Augen in bitterer Armut und unter schwierigsten äußeren Bedingungen leben und dennoch waren sie großteils viel fröhlicher, unbekümmerter und glücklicher als Kinder in den westlichen Wohlstandsländern.
Wir projizieren gerne unsere Denkmuster, unsere Werte in andere Menschen hinein und denken beispielsweise, dass arme Leute unglücklich sein müssen.

Selbst wenn nur ein Kind auf dieser Erde übermäßig leiden muss, so ist schon dieses Leid, aus der menschlichen

Perspektive gesehen, zu viel! Wie du richtig sagst, gibt es dennoch dieses Leid auf dieser großartigen, wundersamen Welt. Wie können wir das verstehen?

Die Frage nach dem geheimnisvollen Wirken des Schicksals hat die Menschen seit Urzeiten bewegt. Sie wurde eng mit der Frage nach der Einflussnahme der Götter auf das Erdengeschehen verbunden. Die Wege der Götter sind verschlungen und für uns Menschen nicht einfach zu durchschauen. Was wir erkennen können, ist einerseits die Weisheit und Ordnung, von der alles Leben durchdrungen ist. Andererseits müssen wir in gewissen Bereichen auch Chaos, Elend, Krankheit und Not wahrnehmen.
Wohl eine der interessantesten Auseinandersetzungen mit dem Thema der göttlichen Gerechtigkeit finden wir im *Alten Testament* im *Buch Hiob* (auch *Ijob* genannt).

Das Buch Hiob

Apollon: In diesem Buch geht es um die Frage, wie Gott es zulassen kann, dass ein untadeliger, rechtschaffener und gottesfürchtiger Mensch, namens *Hiob* sein ganzes Vermögen durch Räuber verliert, dass seine Kinder durch einen Sturmwind zu Tode kommen und er selbst von schwerer Krankheit geschlagen wird.

Im Prolog der Geschichte lobt Gott im Himmel vor seinen versammelten Söhnen, wozu auch der *Satan* gehört, den braven *Hiob*. *Satan* entgegnet ihm, dass *Hiob* nur so lange gottesfürchtig sei, man könnte auch sagen: „dem Schicksal vertraue“, solange es ihm gut geht und solange Gott sein Haus und all seine Güter beschützt.

Hierauf stellt Gott dem *Satan* frei, zu prüfen, ob *Hiob* die Weisheit und Gerechtigkeit Gottes auch dann noch anerkenne, wenn große Not über ihn hereinbricht. Dazu gibt Gott dem Teufel die Erlaubnis, *Hiob* mit Elend und Krank-

heit zu prüfen, was dieser sofort zur Ausführung bringt. Nachdem Hiob seiner Kinder und seiner Güter beraubt ist und von Kopf bis Fuß unter Aussatz leidet, kommt es zu einem Gespräch zwischen dem aufs Schlimmste getroffenen *Hiob* und vier seiner Freunde.

Drei dieser Freunde vermeinen, dass jedes Leiden schlicht und einfach die Folge persönlicher Schuld sei. Daher könne Hiob nicht so unschuldig sein, wie er es sich einbilde. Das Leid sei eine Strafe und diene dazu, den Menschen zur Besserung zu führen. Nach ihrer Ansicht ist also Leid immer mit persönlicher Schuld verbunden.

Sodann ergreift der vierte Freund, namens *Elihu* das Wort und sagt, dass wir Gott weder schaden noch nützen, wenn wir sündigen oder Gutes tun. Gott habe keinen Grund, uns zu verurteilen, doch er sorge dennoch dafür, dass der Frevler und der Gerechte ihren Lohn erhalten.

Elihu preist Gott, der diese phantastische Welt geschaffen hat: Gott selbst ist, nach seiner Ansicht unermesslich und nicht zu begreifen. *„Gott dröhnt mit seiner Stimme, wunderbar, er schafft große Dinge, doch wir verstehen sie nicht!“ „Wer will ihm weisen seinen Weg? Wer kann ihm sagen: Du tust unrecht?“ Elihu* meint, dass Gott *„den Geplagten rettet durch seine Plage“*. Somit ist das Leid eine Hilfe um *„aus dem Rachen der Bedrängnis“* befreit zu werden.

Hiob verteidigt seine Sache vor den Freunden. Er beklagt sich, dass er leiden müsse, obwohl er unschuldig sei. *Hiob* hadert zwar mit seinem Schicksal, doch er bleibt letztlich geduldig und gottergeben.
Selbst als ihn seine Frau auffordert, diesen Gott, der so etwas zulässt, zu verfluchen, bleibt *Hiob* bei seiner gottesfürchtigen Einstellung: *„Nehmen wir das Gute an von Gott, sollen wir dann nicht auch das Böse annehmen?“*

Zum Schluss der Erzählung erscheint Gott selbst dem *Hiob* in einem Wettersturm. Gott verteidigt nicht seine Handlungsweise und gibt auch keinerlei Erklärung ab weshalb er *Hiob* leiden ließ. Er tadelt *Hiob* mit den Worten: *„Wer ist es, der den Ratschluss verdunkelt mit Gerede ohne Einsicht?“*, und er fragt ihn provozierend: *„Wo warst du denn, als ich die Erde gegründet? Sag es mir, wenn du Bescheid weißt!“*

Sodann beschränkt er sich darauf, die Wunder der Schöpfung wie in einer großartigen Schau darzustellen. Das Buch schließt damit, dass der Herr das Schicksal des *Hiob* wieder wendet, er segnet seine weitere Lebenszeit, schenkt ihm wieder Kinder und erhöht seine vorigen Besitztümer auf das Doppelte.

Das *Buch Hiob* diente als Anregung für *Goethes* Lebenswerk *„Faust, der Tragödie erster und zweiter Teil“*. Mit der Arbeit an diesem Drama hat *Goethe* im Alter von 21 Jahren begonnen und es in seinem 82ten Lebensjahr vollendet. Man kann sagen, dass *Goethe* fast sein ganzes Leben lang mit dem unerschöpflichem Thema Schicksal und Lebensweg gerungen hat.

Was können wir aus dem *Buch Hiob* ableiten? Der Teufel, ist auch ein „Sohn“ Gottes. Gott wirkt nicht nur im Bereich des Guten, Gerechten und der Liebe, seine Macht und Weisheit ist auch in den ungerechten, bösen und chaotischen Mächten. Gott lässt dem Satan einen gewissen Freiraum, denn nur in einer polaren Welt, in der auch Leid und Krankheit möglich sind, kann der Mensch sich entfalten, ist freie Entwicklung möglich.

In der *Hiob*-Geschichte wird die Grundüberzeugung des altorientalischen Glaubens vom Zusammenhang zwischen unserem Tun und unserem Wohlergehen aufrecht

erhalten. Doch es zeigt sich auch, dass Leid nicht unbedingt die Folge einer unrechten Tat sein muss. *Hiob* kommt zum Schluss, dass sich die Weisheit Gottes und seiner Schöpfung dem menschlichen Einsichts- und Urteilsvermögen entzieht. Doch aus der Wahrnehmung der wunderbaren Größe und Genialität des Universums können wir auf einen Sinn und eine Gerechtigkeit schließen, die höher sind, als wir sie begreifen können.

Wir Menschen neigen zu Pauschalierungen und dazu, andere in Freund und Feind, in Gute und Böse einzuteilen. Das *Karmagesetz* lautet: *„Gutes tun bringt gute Folgen, Übles tun bringt üble Folgen!“ oder „Was wir säen, das ernten wir!“* Doch kann daraus nicht der Umkehrschluss abgeleitet werden, dass arme oder kranke Menschen schlecht sind und dass reiche, gesunde Menschen gut sein müssen. Ebenso kann nicht gesagt werden, dass reiche Menschen schlechte Menschen sind und daher, wie aus den Reden des *Jesus* abgeleitet wird, nicht in den Himmel kommen.

Am Ende des Leidensweges darf *Hiob* Gott erfahren. Gott erscheint ihm und spricht zu ihm. Wir können daher aus dieser Parabel ableiten, dass leidvolles, schwieriges Schicksal oft der beste und direkte Weg ist, um uns mit Gott, oder anders gesagt, mit unserer Essenz in Verbindung zu bringen.

Aug um Aug

Bernd Helge: Inwieweit wirkt das karmische Gesetz von Ursache und Wirkung, das Gesetz wonach alles Tun seine Folgen hat, die früher oder später von uns getragen werden müssen? Sind wir dem Gesetz von Ursache und Wirkung unentrinnbar ausgesetzt?

Apollon: Der Philosoph, Mathematiker und Physiker *Blaise Pascal* erklärte das Gesetz des *Karma* mit den einfachen

Worten: *„Die Menschen sind Sklaven ihrer Vergangenheit und Herren ihrer Zukunft!“* So gesehen wirkt der Karmagedanke für mich enorm tröstlich und ermutigend. Was gestern war, was ich gestern getan habe, ist geschehen und ich kann es nicht mehr ändern. Doch ich kann seine Wirkung für die Zukunft ändern, indem ich heute denke und lebe, wie ich es für schön und richtig halte und so wird es sich erfüllen.

Wir sollten uns *Karma* nicht gemäß dem Motto: *„Aug um Aug, Zahn um Zahn!“* oder wie eine streng buchhalterische Abrechnung vorstellen. *Karma* ist ein Wegbereiter, ein Wegweiser und Wegbegleiter. Wir können uns jederzeit aus schwierigem *Karma* befreien.

Die *Bhagavad Gita* bringt das ungemein befreiend so zum Ausdruck: *„Bist du auch am tiefsten gefallen und erkennst die Wahrheit, so gelangst du gefahrlos über das Meer der Schuld!“ (Gita IV, 36)*

Die Erlösung, das Licht, Freude, Liebe und Schönheit ist immer in dir. Wer sein Herz dafür öffnen kann, erlebt augenblicklich den Zauber von Freiheit, Frieden und Glückseligkeit.

Zielklar denken, zielklar handeln

Bernd Helge: Wie können wir unser *Karma* am besten verändern?

Apollon: Wie schon erwähnt, symbolisieren Pfeil und Bogen, die Jagdwerkzeuge der Artemis, Zielklarheit im Denken und Handeln. Unser Unterbewusstsein ist bestrebt, alle unsere Gedanken in die äußere Wirklichkeit umzusetzen. Deshalb ist es für den Menschen, wenn er etwas erreichen will, besonders wichtig, sich sein Ziel so klar wie möglich bewusst zu machen. Denn schwammige Wünsche werden schwammig erfüllt.

Artemis symbolisiert unsere Möglichkeit, schöpferisch tätig zu sein. Unsere Vorstellungskraft schafft unser Umfeld. Doch nur, wer sein Denken eindeutig auf seine Ziele ausrichtet, wer weiß, was er will, der erreicht im Leben die Ergebnisse, die er sich tatsächlich erträumt.

Durch Zielklarheit formen wir unser Leben selbst und befreien uns aus vorgegebenen Bahnen. Durch zielklares Denken werden unsere Wünsche so erfüllt, dass wir in der Folge auch glücklich sind. Durch zielklares Denken kann sich unsere Schöpferkraft entfalten und verwirklichen.

Den meisten Menschen sind ihre großen Ziele, ihre Berufung nicht bewusst. Sie machen sich auch keine Gedanken darüber. Wenn sie gefragt werden, was sie wollen, was ihre Leidenschaft ist, wofür sie wahrhaft begeistert sind, so können sie darauf keine entsprechende Antwort geben. Sie wissen jedoch sehr wohl, was sie stört, was sie nicht haben wollen, worunter sie leiden. Darauf haben sie vorwiegend ihren Fokus gerichtet. Davon wird ihr Denken und Fühlen oft beherrscht. Kein Wunder, wenn solche Menschen nicht Glück und tiefe Freude finden, denn sie schenken vorwiegend inneren Bildern Kraft und Energie, denen sie eigentlich entrinnen wollen.

Entscheidungen treffen

Apollon: Mensch sein heißt, laufend Entscheidungen zu treffen. In diesem Punkt unterscheiden wir uns vom Tier. Das Tier hat es leichter, denn es folgt, ohne nachzudenken, seinen Instinkten. Diese Instinkte sind beim Menschen nur mehr rudimentär vorhanden. Wir treffen täglich von früh bis spät unzählige Entscheidungen.

Das beginnt mit der Frage: Wann stehe ich auf? Was ziehe ich heute an? Was trinke ich heute zum Frühstück und so weiter und so fort. Viele Entscheidungen sind zu Lebens-

gewohnheiten geworden, über die wir nicht lange nachdenken, zum Beispiel die Art und Weise, wie wir unsere Zähne putzen, ob wir mit dem Privatauto oder mit einem öffentlichen Verkehrsmittel in die Arbeit fahren.

Naturgemäß weniger entspannt begegnen wir schwierigeren Entscheidungen wie: Soll ich mir ein neues Auto kaufen, wenn Ja – welches? Sollen wir uns auf das Abenteuer „Hausbauen“ einlassen? Soll ich meinen sicheren, aber langweiligen Arbeitsplatz aufgeben? Soll ich jemanden heiraten? Soll ich mich scheiden lassen?

Die Menschen befinden sich seit dem Zeitalter der Aufklärung in einem Prozess, der ihnen immer mehr Freiheiten einräumt und, damit verbunden, immer mehr Entscheidungszwänge auferlegt. Vor der industriellen Revolution musste kaum jemand darüber nachdenken, welchen Bildungs- oder Berufsweg er geht. Die Söhne übernahmen die Berufe ihrer Väter, die Frauen brachten Kinder zur Welt und sorgten für den Haushalt. Das soziale Gefüge war durch Kirche und Tradition bestimmt. Es gab keine Ehe-Scheidungen. Die Menschen waren wenig mobil. Sie verbrachten meist ihr ganzes Leben in jenem Gebiet, in dem sie geboren wurden.

Vor allem in den letzten 150 Jahren haben sich die sozialen und wirtschaftlichen Strukturen und Möglichkeiten radikal verändert. Zugleich zerbröselten die traditionellen Ratgeber früherer Zeiten.
Alte Werte und Normen, kirchliche Traditionen, erfahrene Familienmitglieder haben längst ihre bestimmende und wegweisende Funktion verloren. Natürlich können wir uns mit anderen austauschen und wir haben einen bisher nie gekannten Zugang zu Informationen. Doch auch der Entscheidungsdruck hat für jeden Einzelnen ungeheuer zugenommen.

Probleme mit der Entscheidungsfreiheit gibt es vor allem dann, wenn wir zu lange in alten Geleisen fahren, obwohl schon längst eine Veränderung ansteht. **Leben ist Veränderung, Stillstand ist Tod.** Wer nicht bereit ist, Veränderung mitzumachen, sei es aus Bequemlichkeit, aus mangelnder Achtsamkeit oder aus Angst vor ungewisser Zukunft, der gerät unweigerlich in Schwierigkeiten.

Es gibt viele Menschen, die im Alter in ihrem Denken und Handeln immer einseitiger und einfallsloser werden. Sie legen immer dieselbe Denkschallplatte auf, und die Nadel ihres Plattenspielers gräbt sich tiefer und tiefer in die gleichen Rillen ein, so dass die Chance, diese Rillen zu verlassen, immer geringer wird. Solche Menschen erstarren bei lebendigem Leib. Sie sterben bereits vor ihrem körperlichen Tod.

Verstand oder Gefühl?

Apollon: Wenn du einen Esel zwischen zwei gleich große Heuhaufen stellst, so müsste er eigentlich verhungern, weil er sich nicht entscheiden kann, welchen er zuerst fressen soll.

Ein solches Problem kann allerdings nur ein Mensch haben. Angenommen er entscheidet sich für einen neuen Arbeitsplatz und verzichtet damit auf einen anderen. Kaum gibt es in seiner neuen Firma ein kleines Problem, denkt er: „Hätte ich mich doch anders entschieden!" Und auf einmal schmeckt ihm seine neue Arbeit gar nicht mehr.
Die Frage stellt sich, wie treffen wir gute Entscheidungen?

Gute Entscheidungen zu treffen erfordert Mut, mentale Stärke und vor allem Klarheit über die angestrebten Ziele. Nur dann, wenn ich möglichst genau weiß, was ich will, kann ich eine gute Entscheidung für den Weg finden. So-

wohl Einzelpersonen als auch Unternehmen suchen oft Problemlösungen ohne das Problem genau erfasst zu haben.

Der normale Weg zu einer Entscheidungsfindung verläuft in drei Schritten:

1. Problemanalyse (Was ist das Problem, was will ich?);
2. Klärung: Was sind die Fakten, Welche Möglichkeiten gibt es? Analyse der Konsequenzen.
3. Entscheidung unter Einbezug der Intuition, des sogenannten „Bauchgefühls“.

Bernd Helge: Was verstehst du unter **Intuition**? Woher kommt sie? Wie können wir sie bewusst einsetzen?
Apollon: Unter Intuition versteht man eine von innen kommende „Eingebung“. Wie schon das Wort Eingebung sagt, wird uns aus der Weisheit des Unterbewusstseins oder aus dem universellen Spirit etwas gegeben. Letztlich ist unser ganzes phantastisches Denkvermögen ein riesiges Geschenk, von dem wir nicht wissen, woher es stammt. Das Schöne ist, wir können es nutzen und uns so mit diesem *Spirit* in Verbindung setzen.

Für jedes Problem, für jede Herausforderung gibt es eine weisheitsvolle Lösung. Das zeigt uns die gesamte Evolution. Für jede Frage, die wir stellen, gibt es eine Antwort. Die Kunst besteht darin, diese Antwort zuzulassen, sie zu hören. Unser Verstand macht oft zu viel Lärm, um Eingebungen wahrzunehmen. Es gibt tausend Antworten und Lösungen für Fragen und Probleme, die für uns noch gar kein Thema sind. **Doch es gibt auf dieser Erde kein Problem ohne Lösung.**

Wie einem Komponisten, einem Schriftsteller, einem Kunstmaler die Ideen zufliegen, wenn er sich für die Eingebung öffnet, so kann jeder Mensch die Antworten auf seine Fragen leicht erhalten, wenn er sich nur mit den

„Musen“ in Verbindung setzt. Für die alten Griechen waren die neun *Musen* Töchter des *Zeus*. Auch *Thalia*, eine der drei *Chariten,* zählt zu diesen Schutzgöttinnen der künstlerischen Inspiration.

Ich komme zurück auf die *Chariten*. Sie zeigen, wie durch Anmut *(Agleia)*, Vertrauen in die Fülle und in den Lebenswitz (*Thalia*) und Frohsinn (*Euphrosine*) wir uns am besten für die Intuition öffnen können.
Die richtige Inspiration benötigt Achtsamkeit auf die innere Stimme und eine gewisse Seelenhaltung, wie sie die Chariten repräsentieren. Künstler müssen in Stimmung sein, um kreativ arbeiten zu können. Die beste Vorbereitung für eine gute Intuition ist die intensive Beschäftigung mit der anstehenden Aufgabe oder dem Problem. Danach folgt die Eingebung, wenn wir genügend entspannt und vertrauensvoll die Intuition zulassen.

Dieses Zulassen bedeutet zugleich ein **„Loslassen“**, denn Intuition lässt sich nicht erzwingen. Intuition erscheint im rechten Augenblick. Loslassen bedeutet auch, von unseren Vorurteilen und Denkschablonen sowie von unseren Wunschlösungen Abstand zu gewinnen. Denn gerade diese stehen oft der Intuition im Wege.

Eine gute Methode, um Antwort zu empfangen, besteht darin, sich vor dem Einschlafen nochmals ruhig mit dem Thema zu beschäftigen, ohne eine Lösung erzwingen zu wollen. Wenn wir dann im Vertrauen auf die Lösung einschlafen, können wir ziemlich sicher sein eine entsprechende Antwort oft schon am nächsten Morgen oder zumindest im Verlauf der nächsten Tage zu bekommen.

Freies Handeln
Bernd Helge: Wie weiß ich bei einer Entscheidung, dass es die richtige ist? Wie du sagst kommen uns gerne Zweifel,

nachdem wir uns endlich zu einem Entschluss durchgerungen haben.

Apollon: Bloß mit der Vernunft perfekte Entscheidungen zu treffen, ist praktisch unmöglich. Denn Entscheidungen beziehen sich immer auf die Zukunft und auf nicht vorhersehbare Umfeldentwicklungen.
Außerdem können wir bei einem schwierigen Problem unendlich viel Zeit aufwenden, um unendlich viele Fakten zu sammeln und Berechnungen anzustellen. So kommen wir nie zu einem Ende.

Die meisten Leute sind bei ihren Entscheidungen viel weniger frei, als sie selbst annehmen.
Ergebnisse der Gehirnforschung zeigen, wie sehr der Mensch bei seinen Handlungen von seinem Gefühlszentrum im Gehirn, dem *limbischen System*, vorherbestimmt ist. Das deckt sich mit meiner Ansicht, wonach wir oft vermeinen, frei zu handeln, in Wirklichkeit jedoch von unserem Unterbewusstsein, von unserem Charakter, von unserem *Karma* weisheitsvoll gesteuert werden.

Wenn wir beispielsweise entscheiden wollen, ob wir eine Person heiraten sollen oder nicht, so können wir eine Liste der Eigenschaften aufstellen, die für diese Ehe und eine für die Eigenschaften, die gegen diese Ehe sprechen. Diese nüchterne Analyse mag ein eindeutiges Ergebnis bringen, das dringend von einer Partnerschaft abrät. Selbst wenn uns Familienangehörige und Freunde händeringend anflehen, die Finger von unserem „Traumpartner“ zu lassen, werden wir dennoch in der Regel nicht dem Verstand, sondern der Leidenschaft folgen. Auch eine Entscheidung mit schmerzhaften Folgen ist letztlich vollkommen, denn offenbar benötigen wir diese für unsere Entwicklung.

Bernd Helge: Gibt es freie und weniger freie Entscheidungen? Wodurch unterscheiden sich diese? Was macht den Menschen frei?
Apollon: Durch erhöhte Achtsamkeit auf unsere Gedanken und Gefühle ist es möglich, sich von emotional gesteuerten Verhaltensmustern loszulösen. Gefühle von Angst, Wut, Zorn, Eifersucht, Neid können wir uns bewusst machen, indem wir sie beobachten. Dadurch verlieren sie an Einfluss auf unser Denken und Handeln. Meditationsübungen und Beobachtung des eigenen Atems sind dafür hilfreiche „Trainingsmethoden".

Wichtig für Fortschritte bei dieser Selbstbeobachtung ist es, sich jeder Verurteilung von Gedanken und Gefühlen, die auftauchen, zu enthalten. Gedanken und Gefühle sind wie sie sind. Sie sind uns angeboren, anerzogen, angelernt. Gefühle aller Art sind wichtige Kräfte. Es gilt nicht, sie zu verurteilen oder zu unterdrücken, sondern sie durch Achtsamkeit in die gewünschte Richtung zu lenken.

Die Kunst zu scheitern
Bernd Helge: Wenn ich dich richtig verstanden habe, so geht es darum, sein Potenzial, die vom Universum geschenkten Fähigkeiten und die wunderbaren Möglichkeiten auf dieser Erde voll auszuschöpfen. Wer so lebt, erfährt intensive Hochgefühle. Das kann ich aus meiner Erfahrung bestätigen. Weshalb schrecken viele Menschen vor dieser Chance zurück?
Apollon: Häufig ist es Angst, zu versagen, es nicht zu schaffen, vor den anderen nicht gut dazustehen, was Menschen veranlasst, nur ein mittelmäßiges oder gar lausiges Leben zu führen.

Jeder hat in seinem Leben die Erfahrung gemacht, dass ihm etwas misslingt, dass er bei einer Aufgabe scheitert, dass er sich – oft nur nach eigenem Urteil – „unsterb-

lich blamiert". Derartige Erfahrungen sind wichtig und gut. Wenn uns alles gelingen würde, so könnten wir nicht besondere Qualitäten wie Ausdauer, Mut, Durchhaltevermögen und Willenskraft entfalten. Wenn alles gelingt, sind wir schon wieder zum Glück verdammt. Gerade das sollte nicht sein.

Hin und wieder zu scheitern macht Herausforderungen erst interessant und aufregend. Doch viele kümmern sich zu sehr darum, was andere sagen, wie andere urteilen und ob sie wohl vor den Augen der Umgebung gut dastehen. Wer unter **Versagensängsten** leidet, bewertet es als große Schande und Schmach, einen Misserfolg zu haben. Er erkennt und schätzt zu wenig seine eigenen Fähigkeiten und Stärken und leidet so unter Minderwertigkeitsgefühlen.
Gerne vergleicht er sich mit anderen und vermeint, dass ihm diese überlegen seien. Häufig ist er besorgt, welche Meinung andere von ihm haben könnten. In Wirklichkeit sind alle Menschen viel zu sehr mit sich selbst beschäftigt, um sich viel um die „Blamage" oder „Schande" eines anderen zu kümmern.

Es mag sein, dass manche Schadenfreude genießen oder es lieben, über andere zu tratschen und „sie durch den Kakao (Trinkschokolade) zu ziehen". Doch gerade diese Menschen sind keineswegs ernsthaft am Schicksal anderer interessiert und wenden sich gleich darauf wieder ihren eigenen Interessen und Problemen zu. So wird ein Missgeschick, unter dem die betroffene Person vielleicht jahrelang leidet, von den Mitmenschen oft gar nicht wahrgenommen oder gleich im nächsten Augenblick wieder vergessen.

Charaktervolle Menschen haben für die Schwächen anderer Personen Verständnis und können rasch verzeihen.

Die Meinung anderer, die sich vielleicht an unserer Panne erfreuen, sollten uns wirklich nicht zu sehr bekümmern.

Mensch sein bedeutet auch Fehler zu machen. Sich zu irren gehört zu den notwendigen Lernprozessen im Leben. Aus Fehlern und Niederlagen lernen wir viel, viel mehr als wenn alles immer wie geschmiert geht. Wer Fehler macht, hat deshalb nicht als ganzer Mensch versagt. Es ist ein Zeichen des fortgeschrittenen Menschen, nicht fehlerlos zu sein, sondern mit den eigenen und fremden Fehlern und Schwächen gut umgehen zu können.

Schamgefühle und Versagensängste können sich vor allem Kindern dann tief einbrennen, wenn ihnen nicht eine natürliche Einstellung zu Fehlern beigebracht wird. Es ist gelegentlich gut und notwendig, sie auf Fehler hinzuweisen. Zugleich aber sollte ihnen deutlich gezeigt werden, dass Fehlermachen nicht den Wert einer Person mindert und dass sie von uns unabhängig von ihren Schwächen geschätzt und geliebt werden. Keine Gelegenheit sollte versäumt werden, durch Lob und Anerkennung ihr Selbstwertgefühl zu fördern. Schulmeisterliches Hinweisen auf ihre Fehler führt oft zu dauerhafter Mutlosigkeit und Entscheidungsschwäche.

Eine falsche Einstellung zu Fehlern blockiert uns. So werden wir leicht zum **„Fehler-Vermeider“.** Solche Menschen wollen nichts riskieren. Sie wagen nichts mehr und vergeben so alle Gewinnchancen. *Wayne Gretzky,* einer der berühmtesten Eishockeyspieler der Welt sagte einmal: *„Man vergibt 100% der Schüsse, die man nicht abfeuert!“*

Viel besser als ein „Fehler-Vermeider“ ist es ein **„Chancen-Nützer“** zu sein. Ein Chancen-Nützer lenkt seine Aufmerksamkeit, sein Denken nicht auf das, was schief gehen oder fehlerhaft sein könnte, sondern er öffnet sich

für den Erfolg, der überall darauf wartet, dass Menschen ihre Arme öffnen, um ihn zu empfangen.

Entscheidungen mit Kraft
Apollon: Jemand hat einmal gesagt: **Es gibt keine richtigen und falschen Entscheidungen. Es gibt nur Entscheidungen mit und ohne Kraft.** Was heißt das? Bleiben wir bei dem Beispiel einer Eheschließung. Du bist verliebt über beide Ohren. Dein Traum ist eine prächtige Hochzeit mit Kirche, Priester und allem drum und dran. Dein Partner hat denselben Traum und so kommt es zur Eheschließung. Kaum lernst du die ersten wirklich störenden Schwächen des Partners kennen, kommen dir ernste Bedenken, ob deine Heiratsentscheidung richtig war. Jede Neuentdeckung von Schwächen deines Partners lässt dein Lust- und Energieniveau immer mehr absinken. Die ursprüngliche heiße Liebe erkaltet immer mehr, stattdessen wachsen die Frustgefühle. Schließlich kommt es zur Scheidung. Deine ursprüngliche Entscheidung hat sich offenbar als falsch erwiesen.

Bei einer Entscheidung mit Kraft lässt du dich nicht bei den ersten auftauchenden Problemen oder Widerständen beirren oder aus der Fassung bringen. Du stehst 100 % ig zu deiner Entscheidung, und was vor allem wichtig ist: du investierst laufend Energie in dein Projekt.

Bei unserem Beispiel schenkst du deiner Frau Blumen, gute Gedanken, lenkst den Fokus auf ihre Schönheiten, widmest ihr Zeit. Du machst dir immer wieder bewusst, welches Geschenk dir mit deiner Partnerschaft gegeben wurde und bedankst dich beim Partner und beim Universum dafür. Du besinnst dich auf deine eigenen Stärken und machst dir auch bewusst, welche eigenen Schwächen die Beziehung belasten. So fließt laufend neue Dynamik und Lebenskraft in eure Beziehung.

Ob eine Entscheidung gut ist, hängt vor allem davon ab, welche geistige Energie in der Folge in das Projekt investiert wird. Jeder Zweifel, alle negativen Gedanken verursachen einen Energieabfall und führen schließlich zum Scheitern. Jede Energiezufuhr durch positive Gedanken sorgt für das Gelingen.

Ein Vorbild wie Leidenschaft, Selbstvertrauen und Hartnäckigkeit zum Erfolg führen war und ist der große Erfinder *Thomas Edison.* Er investierte fast sein ganzes Vermögen in die Erfindung der Glühlampe, testete unermüdlich und lange Zeit ohne Erfolg unendlich viele Substanzen auf ihre Eignung als Glühfaden, bis ihm endlich mit dem Faden einer verkohlten Bambusfaser der entscheidende Durchbruch gelang. Er sagte über sich: *„Ich habe 10 000 Fehlversuche hinter mir, aber ich habe niemals aufgegeben."* Als seine Idee, in New York ganze Stadtteile mit Glühlampen nächtlich zu erhellen, vor der Verwirklichung stand, wurde er als Lügner, Angeber und Dummkopf beschimpft. Doch sein Traum war stärker als alle Widerstände.

Es gibt keinen großen Traum im Leben, der sich von selbst verwirklicht. Wertvolle Ziele benötigen viel Geduld und Kraft. Hindernisse und Rückschläge auf dem Weg sind dabei ganz natürlich. Erst ihre Überwindung macht uns stark, schenkt uns Selbstvertrauen und gibt dem Erfolg besondere Qualität.

Seine Einmaligkeit leben

Apollon: Reichtum und Erfolg sind jedem Menschen in die Wiege gelegt. Das gilt nicht nur für Kinder reicher Eltern. Doch viele Leute verlassen die Wiege und unterlassen es, dieses Geburtsrecht, dieses Geschenk mitzunehmen oder besser gesagt, sie verabsäumen es, Reichtum und Erfolg in ihren Leben in Erscheinung treten zu lassen. Das Universum ist auf verschwenderische Fülle angelegt.

Jeder Mensch hat besondere, einmalige Talente und Fähigkeiten. Dadurch zeichnet sich das Individuum Mensch aus. Doch nur wer bereit ist, seine Einmaligkeit, sein authentisches Sein zum Ausdruck zu bringen, den belohnt das Leben mit Erfolg. Hingegen „bestraft" es diejenigen Menschen, die mutlos, lustlos, einfallslos ihre Bestimmung nicht erspüren und verwirklichen.

Viele glauben, nur durch harte Arbeit Erfolg zu erlangen. Sie glauben, nur wenn sie sich abschinden, können sie ihre Ziele erreichen. Die tatsächlichen Folgen dieser Einstellung sind gestörte Beziehungen, Freudlosigkeit, Verhärtung im Gemüt, Burnout, Herzinfarkt und sonstige gesundheitliche Schäden. Sie erreichen das Gegenteil von dem, was sie anstreben. Sie werden dadurch selten reich und keinesfalls glücklich. **Nur wer sich selbst, seine Einmaligkeit lebt, kann die Fülle des Lebens genießen.** Die Schöpfung hat uns einmalig und vollkommen (nicht perfekt!) geschaffen, damit wir diese unsere Einmaligkeit auch ausleben. Doch dafür haben die meisten Menschen zu wenig Mut, zu wenig Vertrauen, zu wenig Begeisterung, zu wenig Leidenschaft.

Leicht und glücklich leben diejenigen, die ihrer Bestimmung folgen. Erforsche, welche Tätigkeit dir wirklich Freude macht, was dir leicht von der Hand geht, wofür du Talent hast, und du wirst erfolgreich sein. Geh unbeirrt deinen Weg, auch wenn alle anderen dich mit guten Zusprüchen wie: „Das kann nicht gehen!" „Sei doch vernünftig!" „Das haben schon viele versucht!" „Was sollen diese Träumereien?" „Dafür bist du zu arm, zu schwach, zu jung, zu alt!" zu „motivieren" versuchen.

Versuche dabei nicht, perfekt zu sein. Das macht alt, starr, ängstlich und stresst dich. Weil Vollkommenes noch weiter wachsen kann, fühlen sich viele unvollkommen. Du bist in jeder Entwicklungsphase vollkommen. Bleib gelassen, lass die Dinge und dich selbst so sein wie die Dinge sind und du selbst bist.

Vollkommen zu sein, ist keine Einladung zur Passivität. Wer nicht täglich bereit ist, sich für Neues zu öffnen, sich weiter zu entfalten, der bekommt echte Probleme. **Vollendung ohne Zukunft ist gestorben.** Alles Leben ist Veränderung, wer da nicht mitmacht und nicht Veränderung genießen kann, der altert unglaublich schnell und macht sich unglücklich.

Wenn du dich zwingst, etwas zu tun, was dir widerspricht, so wird es anstrengend. Es ist mühsam, sich zu einer Arbeit zu zwingen, die keine Freude macht! Du gibst dabei Gas, doch dein Unterbewusstsein steht zugleich auf der Bremse. Wer hingegen seine Arbeit liebt, muss nie wieder arbeiten! Denn Arbeit wird für ihn zum Ausdruck seiner Seele. Erkenne deine Talente, erkenne, was „deins“ ist, lebe und arbeite, das was du bist!

Zusammenfassung:

1. Das Mondprinzip zeigt auf, dass wir die Essenz des Lebens und alle unsere individuellen Fähigkeiten in uns tragen. Das Jagdprinzip ladet uns ein durch zielklares Handeln unsere Träume umzusetzen.
2. Übernimm die Verantwortung für dein Unglück und dein Wohlergehen!
3. Wir sind Sklaven der Vergangenheit und Herren der Zukunft!
4. Mensch sein heißt laufend Entscheidungen zu treffen.
5. Es gibt viele Lösungen ohne ein Problem, aber kein Problem ohne Lösung!
6. Loslassen öffnet uns für die Intuition. Die Intuition kommt immer im rechten Augenblick!
7. Es gibt keine richtigen und falschen Entscheidungen. Es gibt nur Entscheidungen mit und ohne Kraft.
8. Wer Erfolg haben will, muss seine Einzigartigkeit leben!
9. Wer seine Arbeit liebt, muss nie wieder arbeiten!

5 Das Fruchtbarkeitsprinzip - Fülle statt Mangel denken

„Erst das Unvollkommene macht die Musik perfekt!"
(Midori Goto)

Denke an Fülle und die Fülle
wird sich unaufhaltsam einstellen.

Prinzip der Fruchtbarkeit
Bernd Helge: Wie ist die Eigenschaft der *Artemis* als Fruchtbarkeitsgöttin zu verstehen?
Welche Anregungen können wir daraus für unser Leben ableiten?
Apollon: Mit der Fähigkeit zu empfangen und zu gebären (Mondprinzip) korrespondiert die Funktion der *Artemis* als Göttin der Fülle und Fruchtbarkeit. Wie schon gesagt, wurden in *Ephesus*, dem Zentrum der *Artemis*verehrung, die Statuen der *Artemis* mit unzähligen Brüsten als Zeichen der Fruchtbarkeit dargestellt.

Das Universum, so wie wir es vorfinden, schenkt Fülle und zeigt Vollkommenheit. Damit wird *Artemis* zur Gegenspielerin der Idee von Mangel, Leid und dem notwendigen „Kampf" ums Überleben. Viele Menschen leiden unter tatsächlichem oder auch nur eingebildetem Mangel. Seelisch gesehen läuft das auf das Gleiche hinaus.

Das Gefühl des Mangels ist in erster Linie ein psychologisches Phänomen. Oft entsteht dieses Gefühl nur aus dem Vergleich mit anderen Personen. Jemand sieht ein anscheinend verliebtes Paar. Er möchte auch glücklich verliebt sein. Erinnerungen an Zweisamkeit, Vertrauen, Intimität kommen hoch. Er projiziert diese Gefühle in das Paar, das er beobachtet, ohne zu wissen, wie es diesen beiden Menschen wirklich geht, welche Ängste, Sorgen und Probleme diese haben und wie lang deren Beziehung halten wird. Er vergleicht sich mit diesem Paar, das er in seinem Geist idealisiert und beneidet die beiden.

Ähnlich geht es vielen Menschen, die vielleicht aus Zeitschriften sehen, wie reich, schön und glücklich Prominente sind. So entstehen völlig unrealistische Mangelgefühle. Begegnet eine solche Person dann ihrer „Liebe", ist sie oft nicht fähig, diese Liebe auch zu leben. Anfangs gelingt es ihr, die eigenen Idealbilder in den Partner hinein zu projizieren. Wenn sich dann herausstellt, dass diese Bilder nicht mit der Realität übereinstimmen, so tritt Enttäuschung, also das Ende der Täuschung, ein. Die Täuschung bleibt jedoch aufrecht, denn nicht der Partner, sondern unsere Lebens-Einstellung war und ist das Problem.

Die Kunst im Leben besteht darin, zu sehen was ist, den Wert und die Schönheit dessen wahrzunehmen, was ist. Die Schwierigkeit ist dabei, durch die eigenen Bilder und Vorurteile zum Sein hindurchzudringen.

Wir leben in Mitteleuropa, in den reichsten und sichersten Ländern der Erde. Niemand muss hungern oder Durst leiden. Die meisten Menschen haben einen extremen Lebenskomfort, mit Fließwasser, elektrischem Strom, Fernsehgeräten, Auto usw. Dennoch leiden bei uns mehr Menschen unter Mangelgefühlen, als die Bewohner in armen Ländern dieser Erde. Es sind in Europa viel mehr Menschen seelisch krank und depressiv als zur Zeit des zweiten Weltkrieges. Es ist paradox aber wahr, die Menschen leiden subjektiv an Mangelgefühlen und objektiv an Dickleibigkeit, übermäßigem Alkohol- und Zigarettenkonsum, an Diabetes und sonstigen Wohlstandskrankheiten.

Bernd Helge: Aber es gibt doch wirklich auch Menschen, die schwierige Lebensverhältnisse haben, wenig verdienen oder arbeitslos sind!
Apollon: So hart es klingen mag, die Menschen „denken an Mangel" und haben deshalb Mangel. Sie verursachen

durch die schöpferische Kraft ihres Denkens Mangel und Unvollkommenheit. Wenn wir uns über die Wirkungsweise des Unterbewusstseins unterhalten, werde ich das genauer erklären. In Wirklichkeit bietet uns das Leben eine unglaubliche Fülle und Fruchtbarkeit. Die Welt ist unfassbar schön und vollkommen. Nur wer die überall vorhandene Fülle mit Dankbarkeit wahrnehmen kann, lebt in dieser Fülle. **Wer „Fülle denkt", lebt in der Fülle!**

Die Vollkommenheit der Welt

Bernd Helge: Mit der Aussage, die Welt sei „vollkommen", haben viele Leute Schwierigkeiten, denn objektiv gesehen ist sie ja wirklich nicht vollkommen. Um das festzustellen genügt es, die Nachrichten in Radio oder Fernsehen anzuhören.

Apollon: Die Behauptung: **„Die Welt ist vollkommen, so wie sie ist!"** löst bei den meisten Menschen spontanen Widerspruch aus. Verseucht durch tägliche Nachrichten über globale Erderwärmung, Tschernobyl, Krieg, Hunger, Selbstmordattentate, Vogelgrippe, protestiert jeder halbwegs „normale" Mensch gegen so eine Behauptung. Für die meisten genügen schon ihre täglichen Probleme und Sorgen, die Erfahrung von Krankheit und Tod, um die Idee der Vollkommenheit als Hirngespinst abzutun.

So will ich behutsam versuchen, doch ein Plädoyer für Vollkommenheit aufzubauen. Betrachten wir nur die Fülle der Blüten im Frühjahr, die Schönheit und das Wunder einer jeden Blume, die Entwicklung eines winzigen Samens zu einem mächtigen Baum, die Intelligenz und Vielfalt der Tierwelt, den Zauber von Schneekristallen.

Selbst in der Wüste gibt es Fülle und Vollkommenheit. Der berühmte *Walt Disney*-Film „Die Wüste lebt" *(„The living desert"* von *James Algar, 1953*) zeigt in großartigen Bildern, wie sich Pflanzen und Tiere an unerträgliche Hitze am Tage, an eisige Kälte in der Nacht, an wochenlange Trockenheit und tropische Regengüsse anzupassen wissen. Große Nadelbäume bringen jedes Jahr Hunderte Zapfen mit tausenden Samen hervor, die von Milliarden von Staubkörnern der Blüten anderer Bäume befruchtet werden. Und aus jedem Samen kann wieder ein fruchtbarer Baum werden.

Machen wir uns die phantastischen Möglichkeiten eines menschlichen Gehirns, die Fähigkeiten unseres Körpers, die Möglichkeiten des Wollen, Fühlens, Liebens bewusst! Bestaunen wir die technischen Erfindungen der Menschen, wie Flugzeuge, Autos, Fernsehen, Satelliten! Denken wir daran, wie unglaublich intelligent jede Köperzelle aufgebaut ist und funktioniert. Achten wir auf die präzise Bewegung der Gestirne! Unsere Erde würde verglühen oder zur Gänze in Eis erstarren, wenn sich ihre geniale Umlaufbahn um die Sonne nur um wenige Millimeter verändert. Leben auf der Erde wäre nicht möglich, wenn es nicht Wasser, Sauerstoff, Sonne, Pflanzen, Früchte und Tiere in ausreichender Menge gäbe.

Blicken wir hinaus in die unendlichen Dimensionen des Weltraums mit Milliarden Galaxien und unfassbar vielen Sonnen. Betrachten wir den lebensspendenden, wundersamen Kreislauf des Wassers, vom Meer zu den Wolken, von den Wolken aufs Land, in die Erde, in Bäche und Flüsse und wieder in den großen Schoß der Meere. Man könnte sagen das Universum, unsere Erde und das Leben darauf ist eine einzige Ansammlung von perfekt gemachten Wundern. Wir benötigen kein Fernrohr, kein Mikroskop, keine besonderen Fähigkeiten, keine besondere Intelligenz, um die Wunder, die stets rings um uns vorhanden sind, wahrzunehmen. Und dennoch sehen wir sie nicht. Die meisten Leute sind zwar süchtig nach Wundern, doch sie übersehen all die Wunder, welche die Schöpfung verschwenderisch rund um uns ausgebreitet hat.

Fehlerscanner Gehirn

Bernd Helge: Du sagst, durch die Nachrichten in Radio und Fernsehen und durch unsere eigenen Sorgen und Probleme ergibt sich für uns der Eindruck die Welt sei unvollkommen. Sind also Unvollkommenheiten nur eine Einbildung? Denken und machen somit wir selbst die Welt unvollkommen?

Apollon: Wo wir hinblicken ins Leben sehen wir Fülle über Fülle, Schönheit über Schönheit. Doch für die meisten Menschen sind das alles unbeachtliche Selbstverständlichkeiten. **Das Gehirn des Menschen ist ein Fehlerscanner.** Was schön und gut ist, wird als „normal“ nicht weiter beachtet. Doch kaum gibt es irgendwo einen Mangel, eine Schwierigkeit, einen Fehler, so herrschen Aufregung, Sorge, Problemdenken.

Zur Vollkommenheit alles Daseins gehört die sogenannte „Unvollkommenheit“ als ein notwendiger reizvoller Kontrast, eine spannende Herausforderung. Ohne die Unvollkommenheit wäre die Vollkommenheit weitaus weniger vollkommen. Ebenso ist Mangel ein notwendiger Bestandteil von Fülle. Wir könnten die Fülle gar nicht begreifen, gäbe es keinen Mangel.

Die großartige japanische Geigerin *Midori Goto* sagte einmal: *„Erst das Unvollkommene macht die Musik perfekt!“* Musik fehlerlos von einem Computer, von einer Maschine gespielt, wäre steril und letztlich langweilig. Das Besondere an einem Live-Konzert sind die Musiker mit ihren Leidenschaften, ihrem Können, ihrem Herangehen an und über die Grenzen ihrer Möglichkeiten und die Gratwanderung zwischen göttlicher Vollkommenheit und menschlichen „Schwächen“.

Ob Mangel besteht, ob es in dieser Welt Unvollkommenheit gibt, ist eine Frage der Bewertung. Es gibt weder „objektive“ Vollkommenheit, noch eine „objektive“ Unvollkom-

menheit. Wir, unser Denken und unser Urteil, machen die Welt sorgenvoll, schwierig und unvollkommen. Wenn wir unseren Fokus auf die zweifellos vorhandene Fülle und auf die Schönheiten des Lebens richten, so „machen“ wir für uns die Welt zum Paradies. So einfach entsteht Glückseligkeit.

Vollkommenheit und Entwicklung

Bernd Helge: Wenn alles vollkommen ist, so haben wir eigentlich keine Aufgaben mehr. So gesehen kann sich unser Dasein auf eine Zuschauerrolle beschränken!

Apollon: Vollkommenheit bedeutet nicht das Ende einer Entwicklung. Das Universum selbst entfaltet sich laufend weiter, ebenso wie jeder Mensch sich auf einem ständigen Entwicklungsweg befindet. Alles Leben auf dieser Erde schreitet ständig von einer Vollkommenheit zu einer neuen Vollkommenheit. Wir selbst entscheiden mit unserem Denken und Handeln laufend über die Weiterbildung unserer einmaligen Persönlichkeit.

Was heute vollkommen ist, wäre morgen eine Behinderung und schließlich eine Qual, wenn wir nicht bereit sind, an der Entwicklung der Erde und vor allem an der Entfaltung unserer Persönlichkeit mitzuwirken. Vollkommenheit steht nicht im Widerspruch mit leidenschaftlicher Hingabe an Aufgaben und Herausforderungen.

Wir sehen in der Natur viele Entwicklungsstufen. Die Raupe ist vollkommen, doch sie bleibt nicht stehen und wird zum Schmetterling. Die Mücke ebenso wie der Frosch sind auf ihre Art vollkommen. Doch es gibt höher entwickelte Lebewesen und es ist wunderbar, dass Entwicklung stattfinden darf. Jeder Mensch darf sich selbst immer weiter entfalten, sich selbst erschaffen, so wie er in Zukunft sein will. Aber natürlich hat er auch die Freiheit, einfach so vollkommen zu bleiben, wie er gerade jetzt ist. Er hat die

Wahl. Doch es gilt stets: **Leben ist Veränderung! Stillstand ist Tod!** Und jeder Tod ist wiederum ein Neubeginn.

Mangel-Denken ergibt Mangel

Bernd Helge: Aber es gibt doch zweifellos Mangel und Not auf dieser Erde!

Apollon: Dennoch ist Mangel nur ein Ausfluss unseres „mangelhaften Denkens". In Wirklichkeit, also spirituell oder von einer höheren Ebene aus gesehen, gibt es keine Einschränkung von Fülle, Überfluss und Vollkommenheit. Wie wir das vermeintlich „Böse" wahrnehmen, so nehmen wir auch scheinbaren Mangel war. Doch er ist nur die äußere Manifestation von einem Denken in der Kategorie „Mangel". Menschen, die denken: „Ich hab nicht genug, ich könnte Not leiden", erleben Mangel, weil ihr Unterbewusstsein die Not anzieht. Das entspricht dem universalen Gesetz, wonach jeder Gedanke die Tendenz hat, sich zu verwirklichen.

Es erfordert einerseits eine ziemliche Kraft, sich aus dem suggestiven Denken von Mangel und Unvollkommenheit zu befreien. Andererseits empfindet derjenige, dem diese Befreiung gelingt, diesen Wandel als das Einfachste auf der Welt. Es benötigt keinerlei Anstrengung. Es ist wie das Betätigen eines Lichtschalters im Gehirn. „Klick!" und schon sehen, riechen, fühlen, tanzen, leben wir Fülle, Schönheit, Überfluss, Vollkommenheit. Und plötzlich wird das Leben zu einem Rausch, einem Fest, weil wir mit dem verbunden sind, was die Essenz des Seins, was unser göttlicher Ursprung ist.

Angst und Sorgen

Bernd Helge: All diese Pracht und Fülle ist doch sehr empfindlich. Ist der Mensch nicht dabei, durch Gier und Raubbau dieses Paradies auf Erden zu zerstören?

Apollon: Das Leben ist Fülle. Alles ist uns im Überfluss gegeben, wenn wir nur unsere Angst vor Not und Mangel „vergessen" können. Auch *Jesus* spricht über diese unbegründete Angst der Menschen, Not leiden zu müssen: *„Seid nicht ängstlich besorgt für euer Leben, was ihr essen und trinken sollt, noch für euren Leib, was ihr anziehen sollt." „Betrachtet die Vögel des Himmels! Sie säen nicht, sie ernten nicht, sie sammeln nicht in Scheunen; Doch euer himmlischer Vater ernährt sie. Seid ihr nicht mehr wert als sie?" (Mat. 6, 25)*

Der Ein-Schalter in unserem Gehirn zur Erleuchtung und Glückseligkeit funktioniert ganz einfach: **„Vergiss deine Sorgen! Denke an Fülle und die Fülle wird sich unaufhaltsam einstellen."** Wie der Mensch denkt, so geschieht ihm. Die Welt außerhalb seines Denkens, Fühlens und Wollens kann nicht anders aussehen als seine innere Welt. Wer von Vertrauen, Begeisterung und Freude erfüllt ist, und wer sich nicht durch Besserwisser und Miesmacher irritieren lässt, dem werden alle Wünsche in Erfüllung gehen. Er wird zwangsläufig Erfolg haben und die Fülle genießen.

Umgekehrt muss ein Schwarzseher scheitern und Dunkelheit erfahren. Wer be-„geistert" ist, der trägt den göttlichen *Spirit* in sich. Er ist erfüllt von kraftvoller Leidenschaft und wird von der Weisheit seines Unterbewusstseins zur Fülle und Schönheit des Lebens geführt.

Mangel kommt nur durch Unkenntnis der Lebensgesetze. So wie du denkst, so bist du und so wird dir geschehen. Denkst du in eine „falsche" Richtung, so bekommst du auch die Früchte aus dieser Richtung. Wer nicht versteht, dass er sich die Knochen brechen kann, wenn er durch ein Fenster vom ersten Stock eines Hauses springt, der erntet die Frucht seines Unverstandes. Dabei ist weder

das Fenster im ersten Stock, noch das Gesetz der Schwerkraft ungerecht, böse oder unvollkommen.

Wer sich vor Verlust fürchtet, wird Verlust erleiden. Wer denkt, er kann nicht wohlhabend werden, dem wird so geschehen. Das Prinzip der Vollkommenheit lässt die Freiheit zu, selbst über die eigene Zukunft zu entscheiden. Frei werden wir erst dann, wenn wir die Wahrheit erkennen. Die Liebe zum Dasein, die Erkenntnis der Schönheit und Vollkommenheit des Daseins macht frei.

Das Wunder der Heilung

Bernd Helge: Für dich sind alle Erscheinungen im Universum ein Wunder. Doch allgemein spricht man nur dann von einem „Wunder", wenn etwas gegen die Gesetze der Natur geschieht.

Apollon: Betrachten wir zum Beispiel die berühmten Wunder von *Lourdes*. Alljährlich pilgern rund 5 Millionen Menschen nach *Lourdes*, weil dort das Mädchen *Bernadette Soubirous* im Jahr 1858 an einem nebeligen, regnerischen Tag eine Vision hatte. Sie sah, nach ihrer Schilderung, neben einer Quelle ein wunderschön weiß gekleidetes Mädchen. *Bernadette* griff bei diesem Anblick zu ihrem Rosenkranz und begann zu beten. Sie sah wie auch das weiß gekleidete Mädchen die Perlen eines Rosenkranzes durch ihre Finger gleiten ließ. In den folgenden Tagen hatte *Bernadette* weitere ähnliche Erscheinungen, bei denen sie erneut dem Mädchen in Weiß begegnete.

Als *Bernadette* von ihren Wahrnehmungen erzählte, wurde ihr zuerst nicht geglaubt. Sie wurde verhört, bedroht und für verrückt erklärt. Mit im Bunde bei diesen Verhören war natürlich der zuständige Pfarrer. Zur Zeit der Inquisition hätte man sie sicher als Hexe verbrannt. Doch die Geschichte der *Bernadette* erlangte nach und nach eine gewisse Berühmtheit und es kamen immer mehr Leute,

um sie zu besuchen. Daraufhin hat sich die katholische Kirche der Sache ausführlicher und mit geänderter Einstellung angenommen. Sie vermeint ja in Sachen Wunder die einzig zuständige und autorisierte Behörde zu sein. Am 18. Jänner 1862 wurden die Erscheinungen, welche *Bernadette* erlebte, vom zuständigen Bischof als „echt" anerkannt! Denn der musste ja wohl wissen, was wirklich geschah!

Nach *Lourdes* reisen viele kranke Menschen, um an diesem „heiligen Ort" Besserung und Genesung zu erlangen. Unter den Millionen Pilgern kommt es angeblich immer wieder zu Wunderheilungen. Bislang gibt es, wie verlautbart, „67 kirchlich anerkannte Wunderheilungen". Für mich bestätigen die außergewöhnlichen Heilungen die Wirkung des menschlichen Denkens und Glaubens sowie die Kraft der Programmierung des Unterbewusstseins. Durch die ansteckende Massensuggestion, die von tausenden Pilgern und Gläubigen ausgeht, wird diese Wirkung natürlich ungemein gesteigert.

Jede Heilung ist für mich ein Wunder. Kein Arzt hat jemals einen Kranken geheilt. Ein Arzt kann Knochen zusammenschrauben, er kann kranke Zellen entfernen und Organe austauschen, er kann Krebszellen durch Chemie und Strahlen abtöten. Er kann durch Medikamente die Selbstheilungskräfte des Körpers anregen.

Es ist großartig – und natürlich ebenfalls ein „Wunder" - was ärztliche Kunst vermag. Wirklich heilen kann jedoch nur die Intelligenz der Heilungskräfte im Körper. Diese Kräfte können Wunden schließen, Knochen zusammenwachsen lassen, kranke Zellen durch gesunde ersetzen oder die Abwehrkräfte gegen Bazillen aktivieren. Diese Heil-Kräfte sind jedem Lebewesen auf unvorstellbar intelligente Weise von der Natur mitgegeben.

Wie genügend wissenschaftliche Untersuchungen zeigen, spielt die Psyche des Menschen für seinen Heilungsprozess eine überragende Rolle. Das zeigt sich vor allem bei der Heilwirkung von neutralen, chemisch unwirksamen Medikamenten, den sogenannten Placebos.

Vor kurzem wurde eine Studie veröffentlicht, bei der zwei Gruppen von Menschen mit gleichen Erkrankungen mit dem Setzen von Akupunkturnadeln behandelt wurden. Bei der einen Gruppe wurden die Nadeln exakt nach den Regeln der chinesischen Akupunkturlehre gesetzt, bei der anderen Gruppe wurden die Nadeln an beliebigen Punkten des Körpers in die Haut gesteckt. Bei beiden Gruppen wurden dieselben Heilerfolge erzielt. Auch diese Untersuchung zeigt die Kraft des Denkens und der Psyche des Menschen.

Seelische Erschütterung

Apollon: Besonders wundersame Heilungen geschehen, wenn sich die Seele stark mit ihrer Essenz verbindet und dadurch eine Art Erleuchtung, eine starke, positive Erschütterung erfährt. Das bestätigt beispielsweise die Heilung des *Jean-Pierre Bély,* eines Krankenpflegers aus *Angoulême* in Frankreich. Er wurde von einer multiplen Sklerose anlässlich einer Rosenkranz-Wallfahrt 1987 nach *Lourdes* geheilt.

Bély schildert seine Heilung mit diesen Worten: *"Ich wurde zunächst im Herzen und dann erst am Körper geheilt. In der Früh bei der Krankensalbung wurde mir eine solche Kraft inneren Friedens zuteil, dass ich seit 13 Jahren von ihr lebe. Erst am Nachmittag spürte ich ein starkes Kältegefühl und dann eine Woge sanfter Wärme, intensiv und alles erfassend... Ich hatte den Eindruck, dass sich diese Kraft in jeder meiner Zellen entfaltete. Noch bevor ich mich bewegen konnte, wusste ich, dass ich geheilt war."*

Niemand benötigt eine Wahlfahrt nach *Lourdes*, um geheilt zu werden, denn die besondere Macht der Essenz ist immer in uns. Je intensiver wir uns mit ihr verbinden, desto stärker wirken die körperlichen Heilungskräfte. Die Umstände einer Pilgerreise machen Menschen eher bereit, sich für die Herrlichkeit und Vollkommenheit des Daseins zu öffnen. Sie sind dabei aus dem Alltag gerissen, denken viel an Gott, hören und lesen von Wundern und werden vom Glauben anderer Menschen angesteckt. So ist es nicht erstaunlich, dass eine Reise zu besondern Orten in Menschen positive Prozesse auslösen kann.

Krankheit

Bernd Helge: Wozu gibt es überhaupt Krankheit in einer „vollkommenen" Welt?

Apollon: Krankheit hat wie alle anderen schwierigen Schicksalsereignisse eine wichtige Aufgabe im Leben der Menschen. Krankheit ist ein Wachrüttler. Krankheit zeigt auf, dass wir mit unserer Seele nicht richtig umgehen und damit im Zusammenhang auch unseren Körper vernachlässigen. Krankheit ist ein Indiz dafür, dass wir nicht genügend glücklich sind, dass wir nicht das tun, was uns wahrhaft erfüllt, was unserer Berufung entspricht. Krankheit ist ein Wegweiser.

Dass wir den Weg zur Fülle, zur Begeisterung, zur Liebe, zur Schönheit - zu unserer Essenz - gehen, ist dem Universum wichtiger, als dass unser vergänglicher Körper mehr oder weniger Schaden nimmt. Schwere Krankheit oder der Anblick des herannahenden Todes kann der Auslöser sein, dass wir uns auf das Wesentliche im Leben besinnen und so zu uns selbst, zum „Reich Gottes in uns" zurückkehren.

Die Art der Erkrankung sagt viel über die Psyche des Menschen aus. Wer die Krankheit zu „lesen" vermag, der erkennt auch in welchem Bereich der Mensch eine Fehlhaltung in seinem Denken hat und wo er den Hebel für eine dauerhafte Heilung ansetzen kann.

Merkwürdige Zufälle

Bernd Helge: Wie erklärst du dir, dass wir uns zufällig bei *Pilos* wieder getroffen haben. Mit meinem Verstand kann ich das nicht begreifen.

Apollon: Der große griechische Philosoph *Pythagoras* war angeblich der erste, der die Welt als „Kosmos" bezeichnete. Das griechische Wort *„Kosmos"* können wir mit „Ordnung" oder „Weltordnung" übersetzen. Schon zweitausend Jahre vor *Kopernikus* lehrte *Pythagoras,* dass die Erde ein Stern unter vielen anderen Sternen ist. Er erkannte die Kugelgestalt und die Achsendrehung der Erde und erklärte die Gesetze der Sonnen- und Mondesfinsternisse. Für ihn war die Erde nicht ein willkürliches Zufallsprodukt, sondern ein Ausdruck vollendeter Ordnung. Er sagte, dass alles bestimmten Regeln folgt und voll tiefer Bedeutung ist.

Uns Menschen kommt es so vor, als ob vieles was geschieht, was wir erleben, sich völlig planlos nur „zufällig" ereignet. Wir denken, es fällt uns ein Missgeschick ohne geistige Ursache, ohne eine dahinter wirkende Fügung zu. Es geschieht ein Unfall. Ich fahre bei Grünlicht mit dem Auto in eine Kreuzung ein. Im Querverkehr übersieht ein Autofahrer das Rotlicht, er kracht in mein Fahrzeug, wobei ich schwere Verletzungen erleide. Oder durch einen Sturm fällt ein Baum um und trifft mein geparktes Fahrzeug. In so einem Fall sprechen wir von „Unglück", „Pech gehabt" und sehen nicht die Ursache, warum gerade heute und gerade mir dieses Unglück passiert.

Die Welt funktioniert bis ins letzte Detail nach hochintelligenten Gesetzen. Es gibt keinen „zufälligen Zufall", sondern alles, was jemandem „zu-fällt", beruht auf dem Ge-

setz von Ursache und Wirkung. Wie *Jesus* sagt: *„Fürchtet euch nicht! Bei Gott sind alle Haare des Hauptes gezählt!“ (Mat. 10, 30)*

Wir anerkennen in vielen Bereichen die Gesetze der Natur, glauben jedoch gleichzeitig, dass vieles wahllos und chaotisch geschieht. Diese Denkweise ist schizophren! Es herrschen nicht zugleich „Kosmos“ und „Chaos“ in diesem Universum. Es herrscht, aus der richtigen Perspektive betrachtet, nur Ordnung. Dieser Gedanke mag für manchen Menschen sogar bedrückend wirken. Sie denken an Zwang, starre Regeln, an unveränderliches und unentrinnbares Schicksal. Doch die Ordnung und Vollkommenheit der Welt beschränkt uns nicht in der Möglichkeit, diese unsere Welt frei und schöpferisch mitzugestalten. Vielleicht hilft uns der Vergleich des Lebens mit einem hochintelligenten, unglaublich vielfältigen, abwechslungsreichen Spiel. Jedes Spiel braucht Regeln. Innerhalb dieser Regeln kann jeder Spieler sich frei entfalten. Ein Tennisspieler muss die Regeln beachten, doch es steht ihm frei, den Ball auf diese oder jene Seite des gegnerischen Feldes zu platzieren, mit Slice oder Topspin zu schlagen, einen Stop zu spielen oder ans Netz zu laufen.

Damit sich Freiheit entfalten kann, sind Regeln notwendig. Die Regeln des Universums spiegeln sich in den Lebensprinzipien wider. Sie sind die Basis für individuelle Entfaltung. So wie die Regeln im Straßenverkehr beachtet werden müssen, damit freie Fahrt möglich ist, so gilt es die Prinzipien der geistigen Welt zu beachten, um erfolgreich durchs Leben zu steuern.

Die frohe Botschaft lautet: Das Universum ist weder chaotisch noch wird es durch starre Regeln zu einem Gefängnis. Wir sind geborgen in einer wunderbaren Ordnung und können uns zugleich frei in dieser Ordnung bewegen und ihre Geschenke genießen. Voraussetzung dafür ist allerdings, dass wir die Gesetze dieser Ordnung erkennen. Denn wer die Prinzipien des Lebens nicht kennt und nicht beachtet, schafft sich unnötige Schwierigkeiten. Wir befinden uns in einem phantastischen, großartigen Spiel, in dem wir mit jedem Gedanken und jeder Handlung schöpferisch und voll Freude dabei sein können.

Euphrosine

Apollon: Euphrosine, eine der drei *Chariten*, war den Griechen das Sinnbild für Fröhlichkeit, Ausgelassenheit, Heiterkeit und Humor. Das Gegenteil von Frohsinn ist für mich die Qualität der Angst. Furcht bedeutet Unwissenheit über die Fakten und Gesetze des Universums. Im ersten Brief des *Johannes* heißt es: *„Die vollkommene Liebe vertreibt die Furcht. Furcht schafft Qual. Wer noch Furcht hat, ist in der Liebe nicht vollkommen!“ (1.Joh. 4,18)*
Liebe bedeutet Schönheit erkennen. Wer noch zu wenig sein Auge für Schönheit und Fülle des Seins und der Menschen öffnen kann, der sieht Unvollkommenheit. Und Unvollkommenheit kann Angst machen. Wie sehr werden Menschen geplagt von Ängsten wie: „Ich könnte meinen Arbeitsplatz verlieren; Die allgemeine Teuerung bedroht mich; Ich werde nicht genug geliebt; Eine Naturkatastrophe könnte mich treffen; Ein Atomreaktor könnte explodieren; Ich könnte krank werden; Ich könnte sterben.“ Wenn wir an charismatische Menschen denken, so verbinden wir ihren Charakter mit Mut und Lebensbejahung. Furchtsamkeit oder Ängstlichkeit lassen sich nicht mit Charisma vereinbaren.

Thalia

Apollon: Von den drei *Chariten* vertritt *Thalia* das Prinzip der Fülle. Ihr Name bedeutet auf griechisch „die Blühende“. Sie galt als die Muse der komischen Dichtung und fröhlichen Unterhaltung. Später wurde sie als Beschütze-

rin aller Theaterspielstätten angesehen. Wie schon beim „Mondprinzip" besprochen, versinnbildlicht ihre Schwester *Agleia* Schönheit und Anmut, während der dritten Schwester *Euphrosine* besonderer Frohsinn nachgesagt wird.
Die drei *Chariten Agleia, Euphrosine* und *Thalia* sind für mich ebenso wie *Artemis* eine „himmlische" Einladung, dankbar die vielen Geschenke des Lebens anzunehmen und sich keine Sorgen zu machen.
Charismatische Menschen denken und leben die Fülle. Sie kümmern sich nicht um das was fehlt, was nicht geht, was unvollkommen sein könnte, sondern blicken mit viel Zuversicht und Vertrauen in die Zukunft und erfreuen sich der Fülle, die sie ringsum erkennen.

Fülle denken, Fülle leben

Bernd Helge: Was verstehst du unter „Fülle denken – Fülle leben!"
Apollon: Wer das Symbol der Göttin *Thalia* erkennt, der weiß, dass eines der Grundprinzipien der Schöpfung Fülle und Überfluss ist. Wo wir hinausschauen in die Natur erblicken wir Fülle und Überfluss. Denken wir an die Fruchtbarkeit der Pflanzen, der Tiere und der Menschen. Denken wir an die Kraft und Wärme der Sonne. An das Geschenk des Wassers, an die Weite der Meere. Denken wir an die Schätze der Erde, an die unendlichen Dimensionen des Universums. Wie unglaublich sind die Möglichkeiten unseres Gehirns! Wie großartig und schön sind Gestalt und Leben der Blumen, Bäume, Tiere und Menschen! Manche können die Fülle des Lebens wahrnehmen und leben deshalb in der Fülle. Für andere Menschen ist das Leben hauptsächlich eine Kette von Mühsal und Problemen.

Dimensionen des Makrokosmos

Apollon: Was mich immer wieder in Staunen und Begeisterung versetzt und mich erschauern lässt vor der Groß-

artigkeit und Vollkommenheit des Universums, ist ein Blick in den Makrokosmos.
Hier ein Beispiel für den Reichtum des Universums:

> Unsere Sonne lebt in einer Gemeinschaft mit ca. 100 Milliarden anderen Sternen in unserer Galaxis. Wenn du in einer sehr dunklen, klaren Nacht auf den Himmel blickst, so kannst du in die Milchstraße blicken. Diese milchig nebelhafte Straße ist ein kleiner Ausschnitt der unendlichen Anzahl an Sternen unserer Galaxis. Wie unzählige andere Galaxien des Weltalls sieht auch unsere Galaxis von weit weg beobachtet, aus wie eine Diskusscheibe. Diese Scheibe besteht aus lauter größeren und kleineren Sonnen. Selbst durch mächtige Teleskope betrachtet, erscheinen diese Sonnen, von denen manche viel, viel größer sind als unsere „Haus-Sonne", wie winzige Pünktchen oder wie Nebelstaub.
>
> Diese Galaxis dreht sich wie ein Teller mit hoher Geschwindigkeit um ihren Mittelpunkt. Unsere Sonne mit ihren Planeten, wozu auch unsere Erde zählt, kreist mit einem Tempo von ca. 1 Million Kilometer pro Stunde um den Mittelpunkt dieser Galaxis. Unsere Erde ist also, das kann man ruhig sagen, ganz schön flott unterwegs! Dennoch braucht unsere Sonne samt ihren Planeten 250 Millionen Jahre, um nur einmal ihren Kreis auf ihrer Bahn um den Kern der Galaxis zu vollenden. So gewaltig groß ist diese Galaxis.
>
> Unsere Sonne ist ordentlich heiß. Sie hat im Zentrum ungefähr 15 Milliarden Grad Celsius. Diese Hitze entsteht dadurch, dass die Sonne genau dasselbe tut, was die Menschen in ihren Kernkraftwerken nachahmen. Die Sonne ist ein riesiges Kernkraftwerk, welches 4 Millionen Tonnen Materie pro Sekunde aufspaltet und verbrennt. Die Sonne verliert so 100 Tausend Milliarden Tonnen an Gewicht pro Jahr. Doch keine Sorge!

Die Sonnenmasse reicht noch für viele Milliarden Jahre – so groß ist unsere Sonne und dennoch ist sie im Vergleich zum ganzen Weltall nur ein winziges Staubkorn.

Unsere Galaxie ist zwar unvorstellbar groß, doch auch sie ist nur ein Pünktchen im Universum, in dem es Milliarden andere Galaxien gibt. Der Radius unserer Galaxie beträgt 40 tausend Lichtjahre. Das sind 4 000 000 000 000 000 000 (4 Trillionen) km. Die entferntesten Galaxien, die Wissenschafter mit modernsten Geräten bislang erblicken und fotografieren können, befinden sich 12 Milliarden Lichtjahre von der Erde. Das heißt bis ihr Bild mit Lichtgeschwindigkeit (300.000 km/sec!) zur Erde gelangt, sind bereits 12 Milliarden Jahre vergangen und so wissen wir gar nicht, ob sie heute, wenn wir sie erblicken, noch existieren. Noch weniger wissen wir, wie weit sich das Weltall hinter dieser Dimension erstreckt. Gibt es da ein Ende und was kommt dann?

Trotz großartiger Leistungen der Forschung wissen wir erstaunlich wenig von unserem phantastischen Kosmos. Der Ausspruch des *Sokrates: „Ich weiß, dass ich nichts weiß!“*, in dem er die Ergebnisse seines Strebens nach Erkenntnis zusammenfasste, ist heute noch für alle Menschen aktuell. Je mehr wir erkennen, desto mehr wird unser Nichtwissen offenbar und desto mehr Ehrfurcht vor der Schöpfung kann sich einstellen.

Es mag für manche erschreckend sein, wie wenig wir über Gott und die Welt tatsächlich wissen. Für mich ist es ungemein schön, sich in einer riesigen, von ungeheurer Weisheit durchdrungenen Welt geborgen zu fühlen.

Zusammenfassung:

1. Das Universum kennt nur Fülle und Vollkommenheit. Mangel entsteht im Kopf der Menschen.
2. Wer Mangel denkt, hat Mangel. Wer die Fülle wahrnimmt, lebt im Überfluss!
3. Jedes Wesen ist Zeuge der Vollkommenheit. Die Welt ist vollkommen, so wie sie ist.
4. Das Gehirn des Menschen ist ein Fehlerscanner. Es sieht vor allem, was nicht funktioniert und ist fast blind gegenüber den Schönheiten und Wundern dieser Erde.
5. Das Unvollkommene ist wesentlicher Bestandteil der Vollkommenheit.
6. Dreh den Lichtschalter im Gehirn auf „Fülle", und schon kannst du Schönheit, Überfluss, Vollkommenheit sehen, riechen, fühlen, tanzen und leben.
7. Ängstliche Sorge schafft Mangel. Lenke deinen Fokus auf die Fülle und die Fülle wird sich unaufhaltsam einstellen!
8. Liebe bedeutet Schönheit erkennen.
9. Krankheit ist ein Wachrüttler. Die wundersame Kraft der Heilung ist in dir. Öffne dich für die Herrlichkeit und Vollkommenheit des Daseins.
10. Fürchtet euch nicht! Bei Gott sind alle Haare des Hauptes gezählt!
11. Das Leben ist ein hochintelligentes Spiel. Nur wer die Regeln dieses Spieles beachtet, hat Freude an diesem Spiel. Damit Freiheit sich entfalten kann, sind Regeln notwendig.

6 Paulus bekämpft die Artemis

Nur wer sich frei macht von allen Gottesvorstellungen,
kann Gott erfahren.

Es gibt keine Schuld,
sondern nur Ursachen und Wirkung.

Glaubensinhalte und Glückseligkeit

Bernd Helge: Du sagst, das Glück eines jeden Menschen wird durch seine Glaubenssätze bestimmt. Meinst du mit „Glaubenssätze" das religiöse Bekenntnis einer Person?

Apollon: Jeder Mensch hat ein ganz spezielles Glaubensgebäude von sich und der Welt mitbekommen oder selbst aufgebaut. Sonst würden alle Menschen dasselbe Schicksal haben. Denn die Summe aller **„Beliefs"** (Glaubensinhalte, Denkgewohnheiten) entscheidet darüber, wie jemand vom Universum beziehungsweise von seinem Unterbewusstsein durchs Leben geführt wird. Prinzipien des Universums, wie zum Beispiel das Gesetz von Ursache und Wirkung, bestimmen die Rahmenbedingungen für das Leben der Menschen. Wie das Leben des einzelnen Menschen abläuft und insbesondere, inwieweit er das allgemeine Ziel der Glückseligkeit erreicht, entscheiden seine individuellen Glaubensinhalte. Zu diesen Glaubensinhalten, die sein Leben bestimmen, gehören auch ganz banale, individuelle Überzeugungen, wie etwa: „Ich bin beruflich ein Versager!" oder „Ich werde meine Ziele sicher erreichen!" - „Ich werde ungerecht behandelt!" oder „Niemand hat mich lieb!" Alle diese Überzeugungen bestimmen sowohl die äußeren Lebensumstände als auch das innere Wohlbefinden eines Menschen.

Kurz gesagt: **Der Mensch ist und wird zu dem, was er glaubt!**

Neben den individuellen *Beliefs* gibt es Glaubensinhalte die größere Gruppen von Menschen, ganze Völker und

Staaten miteinander teilen. Dazu gehören auch moderne kulturelle Erscheinungen, wie zum Beispiel die Ideale der Konsumgesellschaft, die uns vor allem von der Industrie und ihrer Werbung suggeriert werden. Sie vermitteln den Glauben: „Je mehr wir konsumieren, je mehr äußeren Luxus wir haben, desto besser geht es uns, desto glücklicher sind wir!"

Ganz besonders werden die Menschen von den religiösen Vorstellungen beeinflusst. Es macht einen gewaltigen Unterschied, ob jemand geprägt ist von der *buddhistischen* oder *hinduistischen* Denkweise oder ob er unter dem Einfluss des *kirchlich-christlichen* Glaubens steht.
So fördern *Buddhismus, Hinduismus* aber auch der *Islam* eine eher gelassene und zum Teil fatalistische Lebenseinstellung. Das hängt zusammen mit dem Glauben an Vorherbestimmung und Wiedergeburt. In Indien bestimmt das Kastenwesen in einem hohen Maße das soziale Gefüge. Die *Kaste*, in die ein Inder hineingeboren wird, bestimmt auch in der heutigen Zeit noch, wie er von anderen beurteilt wird und welches Bild er von sich selbst hat. Sie wirkt oft als ein Glaubenselement, das sein Leben vorzeichnet, ihn fesselt und eine unüberwindbare Barriere darstellt.

Die Einteilung der Menschen durch Religion und Gesellschaft in höher wertige, weniger wertvolle und unwürdige zeigt besonders deutlich, wie unsere gedanklichen Vorstellungen, unsere Glaubensvorstellungen dramatisch die Beziehungen der Menschen und das Schicksal des Einzelnen bestimmen. Grauenhafte Folgen derartiger *Beliefs* kennen wir aus der Bewertung der Juden in der NS-Zeit.

Für die Hierarchie zwischen den verschiedenen indischen Kasten spielen die Vorstellungen von Reinheit und Unreinheit eine große Rolle. Als besonders „rein", im Sinne von geistig-seelisch, aber auch körperlich rein, gelten die Angehörigen der Priesterkaste, die *Brahmanen.* Als besonders „unrein“ werden hingegen Menschen einer Kaste angesehen, die „unreine“ Berufe ausüben, wie zum Beispiel die Friseure, Wäscher und Müllentsorger.

Es ist pervers und paradox, dass gerade diejenigen, die beruflich für Reinlichkeit sorgen, als besonders unrein angesehen werden. Die reinen Kasten sind bestrebt, möglichst Abstand von den unreinen Kasten einzuhalten. In extremen Fällen gilt schon der Anblick oder der Schatten eines Kastenlosen als verunreinigend.

In den letzten Jahrzehnten wurde von staatlicher Seite mit unterschiedlichem Erfolg versucht, Benachteiligungen von Angehörigen niedriger Kasten aufzuheben oder einzuschränken. Laut indischer Verfassung sind alle Bürger unabhängig von ihrer Herkunft gleichgestellt. Dennoch sind nach wie vor, die „Kastenlosen“ sozial und wirtschaftlich benachteiligt. Sie werden traditionell als Arbeitssklaven, Tagelöhner und Lastenträger eingesetzt. Die Kastenlosen, auch „Unberührbare“ genannt, müssen vielfach räumlich getrennt in Siedlungen außerhalb der Dörfer leben. Sie werden, wenn auch nach indischer Gesetzgebung illegal, am Betreten von Tempeln oder an der Benutzung von Brunnen gehindert.

Die erhaben lächelnden *Buddha*-Statuen spiegeln die Seelenhaltung der *Buddhisten* wider. *Buddha* verspricht eine Befreiung, die hier und jetzt möglich ist. Nach dem Glauben der *Buddhisten* sind wir nicht auf die Gnade eines Gottes und die Vermittlung von Priestern angewiesen, um Glückseligkeit zu erlangen.

Gautama Buddha selbst hat nie über einen Gott gesprochen. Nach seiner Lehre liegt es in der Hand jedes Ein-

zelnen, durch rechtes Denken und Handeln Erleuchtung zu erlangen. Dennoch sehen wir auch in der allgemeinen religiösen Praxis der *Buddhisten*, wie stark das Bedürfnis der Menschen ist, irgendeine Gottheit anzubeten und von ihr Hilfe zu erwarten.

Symbole des Glaubens

Apollon: Die Glaubens-Inhalte und -Symbole der einzelnen Religionsgemeinschaften haben einen gewaltigen Einfluss auf die Psyche und Lebenshaltung der Menschen in dem betreffenden Kulturkreis. Es macht einen bedeutenden Unterschied, in welcher Form die göttlichen Gestalten einer Glaubensrichtung dargestellt und verehrt werden.

Die *Buddhisten* beten vor erhabenen, in sich ruhenden und zufrieden lächelnden *Buddha*-Statuen. Im *Hinduismus* finden wir, ebenso wie im *hellenistischen* Glauben eine bunte lebensfrohe Götterwelt. Die *Hindus* verehren viele Götter beziehungsweise ihre Symbole.

Besonders beliebt ist *Ganesha*, der Gott der Wissenschaft und Künste, abgebildet mit vier Armen und einem Elefantenkopf. Sie huldigen auch dem Gott *Shiva,* der für sie das Prinzip des Werdens und Vergehens verkörpert. Shiva wird oft in der Form eines *Lingam* dargestellt. Der *Lingam* ist ein Stein mit phallusähnlicher Form, der als Symbol der Zeugungskraft des *Shiva* und als Ausdruck des „In-Sich-Ruhens“ und des kraftvollen „Für-Sich-Alleinstehens“ gilt.

Für die Griechen gab es unzählige Götter, Halbgötter, Geister und Fabelwesen, denen sie verschiedenste Symbole zuordneten. Ich möchte nur einige überirdische Gestalten und ihre Symbole erwähnen: Den Göttervater *Zeus* mit Blitz und Adler; *Hermes* mit Flügelschuhen und Hermesstab; *Artemis* mit Mondsichel, Pfeil und silbernem Bogen;

Hydra, das neunköpfige Ungeheuer; die *Kentauren*, vorgestellt als Mischwesen von Mensch und Pferd; die *Zyklopen*, Riesen mit nur einem Auge auf der Stirn usf.

Im *Christentum* ist seltsamerweise das zentrale, beherrschende Symbol des Glaubens kein Sinnbild einer Weisheit, Kraft oder einer besonderen Fähigkeit, wie in anderen Religionen, sondern der geschundene und ans Kreuz genagelte *Christus*. **Die Christen beten das Leiden an, das Kreuz und den Tod.**

Solche Symbole fördern Schuldbewusstsein, Angst vor Strafe und begünstigen eine depressive Stimmungslage. Auch in der heutigen Zeit, in der sich viele Leute mehr oder weniger vom Diktat der Kirche befreit haben, üben diese fundamentalen Symbole und Glaubensinhalte, die sich durch viele Jahrhunderte in die Seelen der Menschen eingegraben haben, noch eine starke Wirkung auf Psyche und Denkgewohnheiten aus.

Das Jüngste Gericht

Bernd Helge: Wie unterscheidet sich die Denkweise der alten Griechen von unserer vorwiegend christlich-abendländischen?

Apollon: Der Glaube der Griechen war geprägt von Lebensfreude, von Freude an Sexualität, von Freude an Schönheit. Die Griechen verehrten sowohl männliche als auch weibliche Götter.

Die griechischen Götter hatten durchaus menschliche Wesenszüge. Denken wir nur an die Vorliebe des *Zeus* für das weibliche Geschlecht, an Eifersucht und Rivalitäten zwischen den Göttern. Die *Griechen* hatten somit zu menschlichen Eigenschaften, die im westlichen Kulturkreis als Schwächen und Sünde verurteilt werden, eine sehr entspannte und positive Einstellung.

Der christliche Glaube ist stark von dem Glauben an *Sünde*, an die Notwendigkeit von *Beichte* und *Buße* und an ein *„Jüngstes Gericht“* bestimmt. Einen maßgeblichen Beitrag dazu hat der sogenannte *„Apostel“ Paulus* (er war kein Jünger des *Jesus* und ist ihm auch nie zu seinen Lebzeiten begegnet) geleistet. Schon als *Pharisäer*, aber auch später als christlicher *„Apostel“* bekämpfte er die freizügigen und lebensbejahenden Glaubensvorstellungen der *Hellenen.*

Die *Pharisäer* waren eine religiöse Bewegung im alten Judentum. Das Wort *„Pharisäer“* bedeutet die „Abgesonderten“. Diesen Namen bekamen sie wahrscheinlich, weil sie versuchten, sich und das *jüdische* Volk möglichst von jeder „Unreinheit“ fern zu halten. Sie waren bestrebt, die in der *Thora* (Altes Testament) und in der *Mischna* (als heilig angesehene Sammlung religiöser Vorschriften) enthaltenen Regeln möglichst rein und streng einzuhalten. Deshalb versuchten sie auch, den liberalen Einfluss der *hellenistischen* Kultur auf das Judentum zu unterbinden.

Paulus konnte auf Grund seiner, vom *Pharisäer*tum geprägten Einstellung die Lebenslust der Griechen nicht verstehen, geschweige denn gut heißen. Studiert man das Leben des *Paulus* und seine Briefe an die christlichen Urgemeinden, so begegnen wir wahrlich keiner „Frohbotschaft“, wie sie zumindest teilweise in den *Evangelien* sichtbar wird, sondern wir lesen vorwiegend von Sünde, vom Bösen, von Unzucht, von den bösen Trieben des Fleisches, von den „Leiden der Zeit“. *Paulus* schreibt: *„Gott hat seinen eigenen Sohn in der Gestalt des sündigen Fleisches und um der Sünde willen gesandt und die Sünde an seinem Fleische verurteilt!“ (Röm. 8,3).*

Die Erlösung, die Befreiung aus der Knechtschaft der Vergänglichkeit wird als Hoffnung für ein Leben im Jenseits dargestellt. Nicht hier und jetzt können wir frei und glücklich sein. So spricht *Paulus: „Wir wissen ja, durch die ganze Schöpfung zieht sich ein Seufzen." (Röm. 8,22). „Die Leiden der Zeit, sind nicht zu vergleichen mit der künftigen Herrlichkeit, die uns offenbar werden soll!" (Röm. 8,18).*

Die „frohe" Botschaft

Bernd Helge: Wir finden in den Evangelien viele positive Aussagen des *Jesus*, die den Menschen Hoffnung machen können, aber auch viele unerfreuliche und Angst machende Erzählungen. Wie können wir uns das erklären? Da ist vom Feuer der Hölle und vom Jüngsten Gericht die Rede. Was hat sich Gott dabei gedacht, als er zuließ oder sogar einplante, dass sein Sohn *Jesus* verfolgt, geschlagen und gekreuzigt wurde? Das sind doch äußerst negative und deprimierende Geschichten?
Apollon: Man kann sich ironisch fragen, weshalb die katholische Kirche nicht auch die *Bibel* auf ihren Index der verbotenen Bücher (*Index Librorum Prohibitorum)* gesetzt hat. Denn viele Botschaften der *Bibel* haben wenig mit Verständnis, Liebe und Freude am Leben zu tun, sondern sind eher geeignet, den Menschen klein zu machen und sein Selbstwertgefühl zu untergraben.

Tatsächlich hatte die Kirche aus verschiedenen Gründen Jahrhunderte lang gar kein Interesse daran, dass die *Bibel* von Laien gelesen wurde. Aus diesem Grunde wehrte sie sich auch gegen die Übersetzung der Bibel vom Lateinischen in die verschiedenen Volkssprachen. Das setzte erstmals der Revoluzzer *Martin Luther* durch, dessen Schriften in der Folge feierlich am 12. Juni 1521 in Rom verbrannt wurden.
Dabei wurde symbolisch, oder wie es in der Kirchensprache heißt *„in effigie"*, *Luther* selbst gleich mitverbrannt.

Zum Bedauern der kirchlichen Würdenträger blieb es bei diesem symbolischen Akt. Sie konnten nämlich *Luther* nicht vor ihr Tribunal zerren, weil *Kurfürst Friedrich der Weise* ihm auf der *Wartburg* bei *Eisenach* Schutz und Unterkunft gewährte.

Das Interesse der Kirche bestand allerdings nicht darin, das Volk vor manchen Inhalten der *Bibel* zu schützen, sondern die Geheimhaltung ihrer Inhalte stärkte ihre Macht. Nur die geweihten Priester und in höchster Instanz die Päpste sollten über die heilige Schrift direkten Zugang zu Gott haben.

Macht und Obrigkeit
Apollon: Wie gesagt, wurden und werden die „heiligen Schriften" von den Kirchenleuten gerne als Instrument der Macht missbraucht. Für das Christentum war *Paulus* auch ein hervorragender Machtstratege. So lesen wir im *Römerbrief* eine Predigt über „Gehorsam gegen die Obrigkeit": *„Ein jeder soll sich der obrigkeitlichen Gewalt unterordnen. Denn es gibt keine Gewalt, die nicht von Gott stammt. Wer sich daher gegen die Gewalt auflehnt, lehnt sich gegen die Anordnung Gottes auf; wer sich aber gegen diese auflehnt, zieht sich das Gericht zu." (Röm. 13,1).*

Nach diesem paulinischen Denken über Obrigkeit und Machtausübung haben sowohl kirchliche als auch weltliche Machthaber, wie Päpste, Kaiser, Eroberer, Diktatoren durch Jahrhunderte hindurch gehandelt und tun es heute noch.

Paulus, der große Missionar
Bernd Helge: Du erwähnst *Paulus* als Bekämpfer des klassischen Griechentums. Welche historische Rolle hat *Paulus* für den Untergang der altgriechischen Kultur und für die Verbreitung des Christentums gespielt?

Apollon: Von der Missionstätigkeit und den Schriften des *Saulus,* oder auch *Paulus* genannt, ist der entscheidende Einfluss auf die Entwicklung der christlichen Kirche ausgegangen. Nicht *Jesus*, sondern der selbsternannte „Apostel" *Paulus* kann als der eigentliche Begründer der *römisch-katholischen* Kirche angesehen werden. *Paulus* war maßgeblich beim Aufbau der ersten christlichen Gemeinden beteiligt. Er war es, der mit unermüdlichem Eifer, unerschrocken und jeder Gefahr trotzend, den neuen Glauben vorerst in *Kleinasien* und *Griechenland* und schließlich bis nach *Rom*, dem damaligen Macht-Zentrum der Welt verbreitete.

Anfänglich war *Paulus* berühmt und berüchtigt als blindwütiger Verfechter des Glaubens der *jüdischen Pharisäer (Apg. 9,1; 26,4).* Er klagt sich später selbst an, die *Christen* mit maßloser Wut verfolgt zu haben. Er ließ sie in Kerker werfen und in den Synagogen geißeln. Als mächtiger *Pharisäer* stimmte er zu, dass viele von ihnen wegen ihres Glaubens hingerichtet wurden.

Auf einer seiner verbissenen Verfolgungsreisen, die ihn nach *Damaskus* führen sollte, hatte *Paulus* nach seinen eigenen Angaben ein dramatisches Erlebnis. Er stürzte zu Boden und erblindete vorübergehend. Dabei hatte er, nach seiner Schilderung eine *Christus*-Vision, die ihn veranlasste, nicht mehr die *Christen* zu verfolgen, sondern sich sogar zu ihrem Glauben zu bekennen und sich taufen zu lassen.

Nun begann er mit der selben fanatischen Leidenschaft, mit der er zuvor die *Christen* gejagt hatte, den Glauben zu verbreiten, dass *Jesus Christus* der im *Alten Testament* angekündigte *Messias* sei. *Paulus* predigte nach seinem Gesinnungswandel leidenschaftlich die Botschaft: *„Juden und Heiden sind alle der Sünde verfallen" (Röm. 3,9).* Die

Heiden waren für ihn vor allem die Griechen mit ihrem Götterglauben. Nur wer sich zu *Jesus Christus* bekannte und sich in seinem Namen taufen ließ, konnte, so vermeinte *Paulus*, von seinen Sünden erlöst und am Tage des Jüngsten Gerichts, welches in Kürze erwartet wurde, gerettet werden.

Paulus entzündete mit unglaublicher Energie eine neue religiöse Bewegung, die zuerst das damalige *römische Reich* und in den folgenden Jahrhunderten die ganze westliche Welt erobern sollte. Die Vorgangsweise blieb bis in die Neuzeit immer die gleiche. Die althergebrachten Religionen der Stämme und Völker, wie der *griechische Götterglaube, die germanischen, keltischen und slawischen* Gottesvorstellungen, die Kulte der *Indianer* in Nord- und Südamerika wurden als Götzendienst verteufelt und nötigenfalls mit brutaler Härte ausgerottet.

Die Angst vor dem Jüngsten Gericht und die Drohung mit ewigen Höllenqualen wurde erfolgreich als psychologisches Druckmittel eingesetzt. Dabei will ich gar nicht näher auf die sonstigen verwendeten Mittel von physischem Zwang, Inquisition, Verfolgung, Hinrichtung, Scheiterhaufen, Krieg und so weiter eingehen.

Zwei Jahrtausende hindurch trägt die Missions- und Macht-Politik der *katholischen* Kirche und später auch der *anglikanischen* und *protestantischen* Gemeinschaften die klar erkennbare Handschrift des *Paulus.*

Typisch für *Paulus* und seine Nachfolger ist auch die Art, wie sie den Glauben anders denkender Menschen mit negativer Propaganda bekämpften. So wurde im Mittelalter die Ansicht verbreitet, dass *Diana* - diesen Namen hatte *Artemis* unter den *Römern* - die Göttin der Hexen und damit die weibliche Seite des Teufels sei. *Diana* soll, so wur-

de erzählt, in der Walpurgisnacht auf dem Blocksberg mit dem Teufel Unzucht getrieben haben.

Schuld und Sünde

Bernd Helge: So war eigentlich der heilige *Paulus* selbst ein großer „Sünder"?

Apollon: Das Wort „Paulus" entstammt dem altgriechischen Wort *Paulos,* was wörtlich „der Kleine" bedeutet. Ein Sprichwort sagt: *„Nomen est omen!"* (der Name ist ein Zeichen). Ich weiß nicht, ob *Paulus* tatsächlich klein gewachsen war. Auf jeden Fall war er in seinem Denken fanatisch und engstirnig. Seine Briefe an die urchristlichen Gemeinden lassen jegliche Leichtigkeit, Lebensfreude und jeden Lebenswitz vermissen. Die Folgen seiner Taten waren zweifellos wirkungsvoller und nachhaltiger als diejenigen seines ebenfalls kleingewachsenen und über alle Maßen ehrgeizigen Kollegen, des französischen Kaisers und Eroberers *Napoleon Bonaparte.*

Wie schon gesagt, spricht *Paulus* immer wieder von Sünde und Schuld. Es mag sein, dass er selbst unter Schuldgefühlen litt, weil er als *Pharisäer* die *Christen* so unerbittlich und grausam bekämpft hat. Der Wahn von „Schuld" und „Sünde" geistert noch heute in den westlichen Kulturen und verseucht schon in der Jugend die Psyche der Menschen. Das Gefühl schuldig zu sein, lähmt vielen das Selbstvertrauen und raubt ihnen unnötig ihre Energie.

Obwohl ich deutlich die Einstellung des *Paulus* und seine Auswirkungen bis in unsere Zeit aufzeige, geht es mir nicht darum, ihn zu verurteilen. Er ist genauso wenig „sündig" wie andere Menschen. Die einzige „Sünde" besteht darin, an Sünde zu glauben.

Gerade in diese Falle sind *Paulus* und viele seiner Nachfolger gegangen. Oft sind sie zuerst einen einseitigen Weg gegangen, bekamen sodann eine Sinnkrise, entwickelten

dabei Schuldgefühle. In der Gegenbewegung verurteilen sie sich und andere und verursachen dadurch unnötiges Leid.
Ein besonders gutes Beispiel dafür ist der „heilige" *Augustinus von Hippo (354 bis 430 n.Chr.).* In seinen Schriften berichtet er von jugendlichen Ausschweifungen während seiner Studentenzeit. Die *Bibel* war für ihn enttäuschend. Insbesondere das *Alte Testament* stieß ihn ab. Auch das widersprüchliche Herkunftsregister Christi in den Evangelien befremdete ihn. Er ging früh eine uneheliche Verbindung ein, die 15 Jahre lang dauern sollte. Seine Lebensgefährtin gebar ihm einen Sohn, der den Namen *Adeodatus* („Gottesgabe") erhielt.

Auch *Augustinus* wandelte sich vom „Saulus zum Paulus". Nach einer intellektuellen, psychischen und körperlichen Krise hatte auch er ein „Bekehrungserlebnis". In der Folge beschloss er, keinen Beischlaf mehr zu praktizieren und auf Ehe und Beruf zu verzichten. *Augustinus* wurde Priester, Bischof und Ordensgründer. Er predigte die heilsame Autorität der Kirche, bekämpfte und verfolgte Andersgläubige und vertrat die Ansicht, dass alle, die nicht seinem Glauben folgen, in einer Hölle endlose Qualen leiden müssen.

Meine Kritik an *Paulus* und anderen kirchlichen Autoritäten soll helfen, zu erkennen, wie sich die Menschen das Leben durch unkluge *Beliefs* unnötig schwer machen und welche Auswirkungen negative Glaubenssätze haben.

Paulus war der Meinung, für den einzig richtigen Glauben zu kämpfen und das Übel vernichten zu müssen. Dass er dabei versuchte, den Teufel mit dem *Beelzebub* auszutreiben, war ihm nicht bewusst. Sein Mut, seine Leidenschaft, seine Beharrlichkeit sind zu bewundern. Doch leider war er in vielen seiner Worte und Taten nicht, so wie

er glaubte, vom heiligen Geist, sondern von unsinnigen Vorstellungen wie Sünde, von einem zornigen rächenden Gott, von edlem Märtyrertum und vielen anderen zwanghaften Glaubensvorstellungen besessen.

Perfektionsstreben behindert Entwicklung

Bernd Helge: Wie stehst du zu Angst vor Fehlern und zu Schuldgefühlen, wenn wir etwas falsch gemacht haben?

Apollon: Schuldgefühle und Selbstvorwürfe sind geistige Verirrungen. Mancher hat vielleicht irgendwann einen Fehler gemacht. Jemand hat im Zorn einen anderen verbal oder handgreiflich verletzt. Jemand hat einen anderen betrogen. Eine Frau hat ihr Kind abgetrieben. Doch in Wirklichkeit gibt es keine Sünde. Es gibt Fehler und Lernprozesse. Das Universum hat den Menschen so geschaffen, dass er Fehler machen kann und nicht unfehlbar oder perfekt sein muss! Deshalb sollten wir uns keinesfalls schlecht, sündig oder minderwertig fühlen.

Es gibt Leute, die können es schwer ertragen, nicht perfekt zu handeln und zu sein. Gerade deshalb machen sie sich bei ihren Aufgaben übermäßige Mühe, kommen dadurch schwer vom Fleck, sind ängstlich und machen so noch mehr Fehler.

Irrwege

Apollon: Das Universum lässt es um der Freiheit der Menschen willen zu, dass sie dabei irren und Umwege gehen. Doch es gibt dabei keine Schuld. Es gibt nur Ursache und Wirkung. Wir ernten, was wir säen. Der Bauer der Unkraut sät, wird Unkraut ernten. Das hat jedoch nichts mit Schuld oder Sünde zu tun. Viele Menschen leiden sinnlos darunter, dass sie mehr oder minder große Fehler gemacht haben. Doch in Wirklichkeit findet nichts im Universum außerhalb der allumfassenden göttlichen Vollkommenheit statt.

Verwirrungen des Geistes, der Glaube an Gut und Böse sind notwendige Entwicklungsschritte auf dem Weg zur individuellen Freiheit und höherer Vollkommenheit. Statt „Schuld" sollten wir lieber das Wort „Schule" verwenden. Jede Verirrung, jeder Fehler, den wir begehen, ist eine Chance zu lernen und der Wahrheit näher zu kommen.

Auch die römisch-katholische Kirche und ihre Vertreter trifft für das, was sie im Laufe ihrer Geschichte an Üblem angerichtet haben, keine „Schuld". Denn ich wiederhole: **„Es gibt keine Schuld, sondern nur Ursachen und Wirkung!"** Was diese Vertreter von Kindheit an gelernt haben, was ihnen als Glaube und Überzeugung eingeflößt wurde, ihre Werte und Moralvorstellungen, das haben sie in die Welt gesetzt. Wie jeder Mensch, so geht auch jede Gemeinschaft durch manche Verwirrung ihren Weg. Zudem sollten wir bei all den heftig ins Auge springenden negativen Erscheinungen, nicht übersehen, was viele Millionen an christlich gläubigen Menschen an Gutem, Schönem, lebensbejahenden Werten gedacht, gesprochen und umgesetzt haben.
Im übrigen ist das Universum so überaus intelligent gestaltet, dass all das Negative und Leidvolle, was wir auf unserer Erde vorfinden, Sinn und Platz hat in der Vollkommenheit des Daseins. Darauf werde ich später noch ausführlicher eingehen.

Das Artemision

Bernd Helge: Du hast erzählt, dass Paulus gegen die Verehrung der Göttin Artemis aufgetreten ist. Was hat sich da zugetragen?

Apollon: Eine wichtige Station auf vielen Missionsreisen des Paulus war die Stadt *Ephesus.* Sie war bereits zur Zeit der Herrschaft der *Griechen* eine große, blühende Hafenstadt in Kleinasien. 133 vor unserer Zeitrechnung wurde diese Stadt dem römischen Reich einverleibt und war sodann eine der bedeutendsten und größten Städte dieses Reiches. Schon Jahrhunderte zuvor war *Ephesus* ein Zentrum der Verehrung der Göttin *Artemis.* Im 6. Jh. v. Chr. wurde hier ein riesiger, prachtvoller Tempel zu Ehren der *Artemis,* das sogenannte *Artemision* errichtet. Er galt als eines der sieben Weltwunder. Sein Bau zog sich über 120 Jahre hin. 127 prachtvoll verzierte Marmorsäulen trugen die mächtigen Querbalken. Die zwei Meter hohe *Artemis*-Statue in der *Cella* war aus Weinrebholz gefertigt und mit Gold und Silber verkleidet. Am 21. Juli 356 v. Chr. wurde der Tempel durch Brandstiftung vernichtet. In der selben Nacht wurde *Alexander der Große* geboren. Der griechische Schriftsteller *Plutarch (ca. 45 bis 125 n.Chr.)* bemerkte dazu, dass *Artemis* offenbar so sehr mit der Entbindung Alexanders beschäftigt war, dass sie keine Zeit hatte, den Brand zu verhindern.

Paulus flieht aus Ephesus

Apollon: Paulus verweilte auf seinen Missionsreisen ca. 2 Jahre in *Ephesus,* dem damaligen Zentrum der *Artemis*-Verehrung.

Seine Missionstätigkeit in *Ephesus* war offenbar recht erfolgreich. Als *Paulus* begann, die Verehrung der *Artemis* immer schärfer anzugreifen und den Kult rund um diese Göttin als *„heidnischen Götzendienst"* anzuprangern entstand ein offener Konflikt. Dem eifrigen *Paulus* war insbesondere der blühende Handel mit religiösen Gegenständen, wie er heute besonders in christlichen Wallfahrtsorten üblich ist, ein Dorn im Auge. Als er dagegen vorging, legte er sich, wie wir in der Apostelgeschichte lesen, mit jenen örtlichen Silberschmieden an, die silberne *Artemis*-Tempelchen herstellten. *(Apg. 19, 23)*

Es kam unter der Führung eines Silberschmiedes mit Namen *Demetrius* zu einem großen Aufruhr unter der vorwiegend griechisch-gläubigen Bevölkerung von Ephesus,

der sich gegen die neue intolerante christliche Bewegung des *Paulus* richtete. Die Geschichte endete damit, dass *Paulus,* um dem Zorn der Griechen zu entgehen, die Stadt verlassen musste.
Die Denkweise der Griechen, die in ihrer Göttin *Artemis* die Fruchtbarkeit, Schönheit und Fülle des Lebens verehrten, stand im diametralen Gegensatz zur Glaubensbotschaft des fanatischen *Paulus.* Kein Wunder, dass damit die Spannungen zwischen den beiden Glaubenslagern vorprogrammiert waren. Im Vordergrund des hellenistischen Glaubens stand Lebenslust und das Vertrauen in die Fülle des Lebens. Im Vordergrund des neuen christlichen Glaubens stand der Kampf des „Guten" gegen die ringsum herrschende „Sünde".

Es gab zu dieser Zeit viele sogenannte „Wunderheiler", die im Land umherzogen und in guter oder weniger guter Absicht ihre Wundertaten vollbrachten. Auch *Paulus* hat sich als ein Heiler hervorgetan. Davon wird in der Apostelgeschichte ausführlich erzählt. Es wird angenommen, dass die Apostelgeschichte von *Lukas,* einem treuen Anhänger und Begleiter des *Paulus,* geschrieben wurde. Dementsprechend hat er die Taten des *Paulus* als außergewöhnliche, durch Gott bewirkte Wunder gepriesen, während er ähnliche Unternehmungen von *jüdischen* „Teufelsbeschwörern", wie sie *Lukas* nennt, naturgemäß scharf verurteilt.

Artemis und der Marienkult

Bernd Helge: Letztlich ist es den Christen doch gelungen, den alten Götterglauben der Griechen auszulöschen.
Apollon: Der christlichen Kirche waren stets alle Mittel recht, um ihren Einfluss auszubauen. Für das Konzil von 431 wurde mit kluger Strategie das ursprüngliche Zentrum des *Artemis*kultes, *Ephesus,* als Konzilsort gewählt. Bei dieser Versammlung der Kirchengranden ging es in

einem haarspalterischen Streit zwischen den Patriarchen von *Konstantinopel* und *Alexandrien um die Frage,* ob *Jesus* ein Gott oder nur Gottes Sohn war. In diesem Zusammenhang wurde beschlossen, *Maria* zur „Gottesmutter“ (*griech. Theotokos = Gottesgebärerin*) zu ernennen. Damit wurde zugleich ein Gegengewicht zur Verehrung der vor allem in Kleinasien noch immer beliebten *Artemis* geschaffen. Jetzt hatten auch die Christen eine weibliche „Gottheit“, die sie verehren konnten.

Später wurde *Maria* gerne auf einer Mondsichel stehend dargestellt. *Maria* hat sozusagen dieses Symbol von *Artemis* übernommen. Sowohl *Artemis* als auch *Maria* sind nach religiöser Darstellung stets Jungfrauen geblieben. Wobei es Anhaltspunkte im Neuen Testament gibt, wonach *Maria* nach der Geburt Jesu noch weitere Kinder aus der Verbindung mit *Josef* bekommen hat *(Mat. 12, 56; u.a.)*

Es ist bezeichnend für die Einstellung der katholischen Kirche zur Sexualität, dass heute noch *Marias* Jungfräulichkeit in der katholischen Kirche als besonders lobenswerte Tugend gewertet wird.

Sexualität und Glauben

Bernd Helge: Wie sich aus den Paulusbriefen ergibt, ist die traditionelle, sexualfeindliche Einstellung der katholischen Kirche offenbar von *Paulus* ausgegangen.

Apollon: Im strengen *jüdischen* Regelsystem gibt es unzählige Sexual-Gebote und -Verbote, wovon viele ziemlich unverständlich sind. Übertretungen gegen diese Regeln wurden schwer geahndet.

So sollte z.B. die gleichzeitige Beziehung eines Mannes zu einer Frau und zu deren Tochter (die nicht seine eigene Tochter ist, wohlgemerkt!) mit dem Feuertod bestraft werden.

Auch in der *christlichen* Kultur wird eine der natürlichsten und beliebtesten Beschäftigungen der Menschen, nämlich das freie Ausüben der Sexualität, als sündhaft verworfen. Hingegen stand, nach Meinung der Griechen, das Ausleben der Sexualität durchaus im Einklang mit dem Willen der Götter.

Über die Einstellung des *Jesus* zu sexuellen Fragen ist wenig überliefert. Von ihm wurde sexuelles Verlangen weder gerühmt noch verdammt. Jedenfalls distanzierte er sich von der damals üblichen grausamen Verfolgung von Verstößen gegen die herrschende Sexualmoral. So zeigte er gegenüber der „stadtbekannten Sünderin" (offenbar eine Prostituierte) Mitgefühl und bewahrte die „Ehebrecherin" vor der Steinigung. (*Luk. 7, 36; Joh. 8,1)* Ausführlich spricht *Paulus* über die menschliche Sexualität und verurteilt das sexuelle Begehren als sündige Schwäche. Nach seiner Meinung ist das Zölibat der Eheschließung vorzuziehen *(1. Kor. 7, 8; 38).*

Später war es der „Kirchenvater" *Augustinus,* welcher nach seinen Bekenntnissen selbst in seiner Jugend ein ausschweifendes Leben geführt hatte, der sexuelle Betätigung als beschämend und entwürdigend verurteilte. Nach ihm hat der Sündenfall von Adam und Eva die beiden und alle ihre Nachkommen der Selbstkontrolle beraubt und sie der „Fleischeslust" ausgeliefert. Er verlangte im Sinne eines „neuen" Christentums die strenge Unterdrückung sexueller Bedürfnisse.

Die Sexualfeindlichkeit von *Paulus* und *Augustinus* hatte schreckliche Auswirkungen auf das Denken im christlichen Kulturkreis. Jungfräulichkeit, absolute Enthaltsamkeit, Missachtung der Bedürfnisse des Körpers sowie Fasten und Kasteiung galten als besondere Tugenden.

Die Folgen der jahrhundertealten Verurteilung und Unterdrückung sind noch heute in einem gestörten Verhältnis vieler Menschen zu ihrem Körper und zur Sexualität bemerkbar. Jede Leugnung und Unterdrückung des Sexualbedürfnisses ist notwendigerweise zum Scheitern verurteilt. Das bestätigen jene zölibatären Priester, die eine, natürlich nicht offizielle, intime Beziehung zu ihrer Haushälterin oder zu einer anderen Person haben, ebenso wie die immer wieder auftauchenden klerikalen Sexskandale.

Obwohl sich „Gott sei dank!“ heutzutage die Mehrheit der Katholiken wenig um die Sexual-Vorschriften ihrer Kirche kümmert, halten die Päpste an ihrer sexualfeindlichen Einstellung fest.

Im Vergleich zur Einstellung des *Paulus* war für die umgebenden Religionen der antiken Welt eine kultische Verehrung der sexuellen Energie die Regel. Hier wurde das Ausleben der Sexualität, als Teil des Weges zur spirituellen Entwicklung angesehen.

Sexualität in anderen Kulturen

Apollon: Der *Hinduismus*, die wohl älteste lebende Religion, geht nicht auf einen einzelnen Religionsstifter zurück. Nach der Legende haben weise Männer circa 1000 Jahre v. Chr. in vier heiligen Schriften, genannt die *Veden*, die grundlegenden Lehren festgehalten.

In vielen *Hindu*tempeln kann man ausgesprochen erotische, Puritaner würden sagen, pornographische Darstellungen finden. Sie zeigen den *Lingam*, ein *Phallussymbol* und vorwiegend *Shiva* und seine Gemahlin *Shakti* beim Geschlechtsverkehr.

Im *Hinduismus* finden wir sehr unterschiedliche Einstellungen zur Sexualität. Es gibt in Indien noch heute aller-

orts viele als heilig verehrte Männer, sogenannte *Sadhus*, die in strenger Askese leben. Sie betrachten körperliche Freuden und Bequemlichkeiten als Hindernis für die Vereinigung mit ihrer höchsten Wesenheit. Die *Sadhus* sind ohne Besitz und leben wie die *buddhistischen* Bettelmönche von Spenden der Gläubigen. Sowohl die *Buddhisten* als auch die *Hindus* glauben daran, dass sie durch Gaben an Mönche bzw. an die heiligen *Sadhus* ihr *Karma* günstig beeinflussen.

Auf der anderen Seite gab es im *Hinduismus* immer wieder Bewegungen, die sexuelle Lust als einen Weg zur Gottheit feierten. Das berühmte *„Kamasutra“* ca. 200 bis 300 n. Chr. geschrieben, gilt als Anleitung für die erotische und ethische Lebenskunst. Es bietet sehr detaillierte, praktische Anleitungen zum Geschlechtsverkehr.

Der *Islam* zeigt keinerlei Anzeichen einer asketischen Religion. Zeitlich begrenzte Ehen, Polygamie und Scheidungen sind erlaubt. Allerdings sind die sexuellen Vorschriften nicht gerade frauenfreundlich. Ehebruch oder vorehelicher Sexualverkehr *islamischer* Frauen werden oft schwer bestraft.

Paulus preist die Aufrechterhaltung der Jungfräulichkeit und erklärt, dass es für den Mann gut ist, wenn er sich keiner Frau nähert. Nur zur Vermeidung der Unzucht sollen der Mann eine Frau und die Frau ihren Mann haben *(Kor. 7,25; 7,1).*

Christentum und Psyche

Bernd Helge: Was sind die Auswirkungen lebensfeindlicher Glaubensinhalte?

Apollon: Es gibt keine Religion, die so sehr auf Verbote, Verdammung, Sünde, Leiden, auf Drohung mit Gericht und Höllenqualen aufbaut wie die christliche. Kein Wunder, dass mit der missionarischen Ausbreitung des Christentums auch Krieg, Versklavung und unzähliges Leid verbunden war.

Ebenso wenig verwunderlich ist es, dass auf diesem Nährboden der Tiefenpsychologe *Sigmund Freud* ein breites Betätigungsfeld vorgefunden hat. Verdrängung und Verleugnung sind nach seiner Ansicht die Grundursachen für seelische Erkrankung. *Freud* kritisiert die Religion als die Hauptverursacher von Zwangsneurosen. Neurosen sind Verhaltensstörungen, die durch Verdrängung natürlicher Bedürfnisse entstehen. Eben diese Bedürfnisse, wie sinnliche Freuden, freie Wahl der Beziehungen und gelebte Sexualität versuchen konservative Religionen zu unterdrücken.

Weil die Bibel in vielen Bereichen den Fokus intensiv auf das Negative lenkt, ist es vielleicht gut, dass die wenigsten Menschen die Bibel wirklich lesen.
Andererseits ist es schade um die Perlen, die sich unter viel Unrat in diesen Schriften finden lassen.

Hellenismus und Sexualität
Apollon: In der klassischen *griechischen* Kultur war sowohl in der Götterwelt als auch im Lebensalltag die Sexualität als etwas Selbstverständliches und Natürliches integriert. Die *Griechen* haben die Sexualität als eine elementare Lebenskraft angesehen. Sexuelles Verlangen aller Art und starke Gefühle wurden als schön und gut wahrgenommen. Viele Götter und Göttinnen der Fruchtbarkeit, der Schönheit, der Liebe und Erotik wurden zu besonderen Festtagen orgiastisch gefeiert.

Den *Griechen* war sexuelle Enthaltsamkeit so fern, dass sie nicht einmal ein besonderes Wort für Keuschheit kannten. Sie lobten die *„hedone“* (davon abgeleitet „Hedonismus“), die Freude an sinnlichen Erfahrungen. *Hedone* bedeutete für sie nicht sexuelle Zügellosigkeit oder alleinige Orientierung an materiellen Genüssen, sondern heitere Lebensfreude und Dankbarkeit gegenüber den Gefühlen, die Geist und Körper vermitteln. Nachdem die Griechen nicht auf ein glückliches Leben nach dem Tode hofften, war es für sie natürlich, jeden Augenblick des Erdendaseins auszukosten.

Nacktheit war für die *Griechen* ein Ausdruck von Wertschätzung des Körpers. Nacktes Auftreten war bei religiösen Festen und sonstigen Feierlichkeiten üblich. Im *„Gymnasion“* (übersetzt: *„ein Ort an dem man nackt ist“)* wurden sportliche Wettkämpfe nackt ausgetragen.

Aphrodite war für die Griechen die Göttin sowohl für *hetero-* wie für *homosexuelle* Beziehungen. Unter ihrer Schirmherrschaft stand auch die gesellschaftlich hoch angesehene, „Knabenliebe“ zwischen Knaben nach der Pubertät und erwachsenen Männern. Aphrodite beschützte sowohl eheliche wie außereheliche Beziehungen.
Übrigens stammt aus einem Seitensprung der Göttin *Aphrodite* mit dem Kriegsgott *Ares* ihr Sohn *Eros* (bei den Römern *Amor* genannt). Dem Wirken dieses verspielten, jungen Gottes wurde alles sexuelle Verlangen zugeordnet. Sich seiner Umarmung zu widersetzen wurde als Gotteslästerung angesehen.

Die Griechen glaubten, dass fast alle Götter ein intensives und vielseitiges Liebesleben haben. *Zeus,* der Göttervater, verheiratet mit seiner Schwester *Hera*, war bekannt für seine unzähligen außerehelichen Beziehungen (er hatte ungefähr 35 Liebschaften), woran die Griechen offenbar keinen Anstoß nahmen.

Bernd Helge: Was können wir aus der Einstellung anderer Kulturen zur Sexualität mitnehmen?
Apollon: Die Kraft der Sexualität ist ein wunderbares Geschenk des Universums. Sexuelle Energie darf nicht nur zur Fortpflanzung genutzt werden, wie dies die katholische Kirche vermeint, sondern sie ist ein Spender von Freude und Lebenslust. Sie verbindet Menschen, sie fördert das Erkennen von Schönheit, sie entfacht Liebe.

Sexualität will gelebt und genossen sein, wie alle Geschenke des Himmels. Niemand wird heilig durch Kasteiung und Enthaltsamkeit. Durch Achtsamkeit, Behutsamkeit, Freude und Hingabe findet jeder für sich den rechten Weg, mit diesem Geschenk richtig umzugehen. Natürlich ist gegen Enthaltsamkeit nichts einzuwenden. Sie mag für manche Menschen das Richtige sein. Doch wer Sexualität als sündig einstuft, schafft sich und anderen unnötige Schwierigkeiten.

Paulus und die Frauen
Bernd Helge: Noch heute sind Frauen für die *katholische* Kirche nicht gleichberechtigt. Insbesondere werden sie als unwürdig angesehen, das Amt eines Priesters auszufüllen. Steht diese Einstellung auch unter dem Einfluss der Worte des Paulus?
Apollon: Für *Paulus* sind Frauen, ganz im Gegensatz zum Ansehen der Frauen in anderen alten Kulturen, minderwertige Geschöpfe, die dem Mann zu dienen haben. So sagt *Paulus: „Der Mann ist das Ebenbild und der Abglanz Gottes; Die Frau aber ist der Abglanz des Mannes." „Auch wurde der Mann nicht um der Frau willen geschaffen, sondern die Frau um des Mannes willen" (1.Kor. 11,7).*

Nach *Paulus* dürfen die Frauen in der Versammlung nicht das Wort ergreifen. *„Wenn sie etwas wissen wollen, so sollen sie daheim ihre Männer fragen" (Kor. 14,35).*

Selbstherrlich erklärt er: *„Ich gestatte nicht der Frau, das Lehramt auszuüben. Sie soll auch nicht über den Mann herrschen wollen, sondern soll sich still zurückhalten. Denn Adam wurde zuerst geschaffen, dann erst Eva. Und nicht Adam ließ sich täuschen, sondern das Weib ließ sich betören" (Tim. 2,12).* Der gute Mann und das dumme, böse Weib! Aus diesen Worten ist ersichtlich, wie wenig *Paulus* von der Spiritualität der Schöpfungsgeschichte im ersten *Buch Mose* verstanden hat und wie wenig ihm der Sinn des männlichen und weiblichen Prinzips zugänglich war. Und noch heute hält die katholische Kirche an dieser naiven und frauenfeindlichen Einstellung angsterfüllt und eigensüchtig fest.

Auch in der Wertschätzung der Frau kann *Artemis* als Gegenpart zu *Paulus* betrachtet werden. Nach den griechischen Mythen galt *Artemis* als die Beschützerin der Frauen, der gebärenden Frauen und der Kinder. Sie selbst war nie einem Manne untertan, sondern lebte frei und kinderlos.

Das Böse und der Mangel

Apollon: Die naive Missinterpretation des *Paulus* und seiner Nachfolger in Bezug auf die „Vertreibung des Menschen aus dem Paradies" verstärkte den Nebel im Gehirn der christlichen Menschheit, den ursprünglich die „Erkenntnis von Gut und Böse" ausgelöst hatte. Nach diesem Glauben sind die Bewohner dieser Erde, die „Kinder Gottes", reichlich verdorben und von Geburt mit der „Erbsünde" belastet. Nach Paulus hat Gott den Menschen wegen des Vernaschens einer harmlosen Frucht aus dem Paradies vertrieben und ihn mit Mangel, Leid und mit einem notwendigen, harten Kampf ums Überleben bestraft. Das hört sich an, als wäre dieser Gott wahrhaft grausam und rachelüstern. In Wirklichkeit sind Mangel, Leid und Krankheit nur Ausfluss einer falschen Denkweise.

Die Sünde, der Mangel existieren nur auf einer verirrten geistigen Ebene des Menschen. Weil sie dort tief verankert sind, müssen sie sich, durch die Fähigkeit des Menschen, Gedanken in Erscheinung zu bringen, auch materiell manifestieren. Doch diese Manifestationen sind vergleichbar einem Alptraum. Wir dürfen daraus wieder erwachen und unser Bewusstsein mit der Idee der Fülle und Vollkommenheit aufhellen und erfrischen. Wie schon erwähnt, zeigt uns ein Blick in die verschwenderische Fülle, Vielfalt und Pracht der uns umgebenden Natur, dass Fülle und Vollkommenheit der Realität der Schöpfung entsprechen.

So wie Alpträume ihren Platz und eine gewisse Realität haben im „wirklichen" Leben eines Menschen, so haben auch die Erscheinungen von Mangel, Sünde und Unvollkommenheit ihren Platz in dieser Welt. Doch sie sind im Grunde genommen ein Nichts. Sie sind *Maya* (Einbildung) und haben nur solange Macht, solange wir unseren Glauben daran nicht beenden. Sie sind wie die Dunkelheit. Sie haben keine eigenständige Kraft. Dunkelheit in einem Raum muss nicht entfernt werden. Dunkelheit kann nie in einen hellen Raum eindringen. Es genügt etwas Licht in uns, um Dunkelheit mit Leichtigkeit zu vertreiben.

„Dasjenige, was unwesentlich ist, hat kein wahres Sein und was wahrhaft ist, hört nie auf zu sein. Doch zwischen den beiden zu unterscheiden vermögen nur diejenigen, die die Wahrheit erkennen." (Gita II,16).

Zusammenfassung:

1. Unsere Glaubensätze bestimmen unser Leben. Bist du nicht zufrieden mit deiner Lebenssituation, so ändere deine *Beliefs!*
2. Der Mensch ist und wird zu dem, was er glaubt!
3. Bete nicht das Kreuz und den Tod an! Befreie dich von lebensverneinenden Symbolen!
4. Es gibt keine Schuld, sondern nur Ursache und Wirkung. Fehler und Irrwege sind notwendige Lernschritte am Weg zum befreiten Menschsein.
5. Die sexuelle Kraft ist ein wunderbares Geschenk des Universums. Sie will gelebt und genossen sein, wie alle Geschenke des Himmels. Niemand wird heilig durch Kasteiung und Enthaltsamkeit. Durch Achtsamkeit und Selbstliebe findet jeder den rechten Weg.
6. Sünde, Mangel, Krankheit und Leid sind der Ausdruck falscher Denkweise. Sie haben keine wirkliche Realität. Sie sind wie die Dunkelheit, die keine Kraft hat, das Licht zu vertreiben. Doch dort, wo Licht erscheint, verschwindet Dunkelheit im Nichts.

7 Adam und Eva im neuen Gewand

Veränderung, Abenteuer und Risiko gehören zu einem erfüllten Leben.

Die Unvollkommenheit ist notwendiger Bestandteil der Vollkommenheit.

Bernd Helge: Apollon, du unterscheidest lebensbejahende und lebensverneinende Glaubenssätze. Wie kommt es, dass es auf dieser Welt, die du wiederholt als vollkommen bezeichnest, negative Glaubenssätze gibt, die den Menschen das Leben schwer machen und welche die Ursache für Leid, Krankheit und sonstiges Unglück sind? Das widerspricht doch deiner Idee von Vollkommenheit!
Apollon: Ich will dir dazu eine Geschichte erzählen, die alle Christen kennen, die jedoch nur von wenigen Menschen richtig gelesen und verstanden wird:

Der Baum der Erkenntnis

So wie Gott die Welt erschaffen hatte, war alles vollkommen. Besonders vollkommen war das Paradies. Es gab dort alle Geschöpfe, die man sich vorstellen kann. Es gab wunderschöne Wiesen, Blumen und Bäume, klare Bäche und Seen, sanfte Hügel und Berge. Die Tiere waren alle friedlich, kein Tier wagte es, ein anders aufzufressen. Selbst die Tiger und Löwen ernährten sich von Gras, Blättern und von den Früchten der Bäume. Alle Tiere waren schön anzuschauen und gelegentlich konnten Adam und Eva auch mit ihnen spielen. Es gab keine Krankheiten und keinen Tod.

Adam und Eva waren die einzigen Menschen im Paradies. Sie brauchten keine Kleidung, denn es war immer angenehm warm, weder zu heiß noch zu kalt. Sie konnten ruhig nackt herumlaufen, denn es war niemand da, der sich darüber aufregen konnte. Auch

hatten sie keinen Anlass, sich vor irgend jemanden zu schämen. Adam und Eva hatten immer genügend süße aber auch weniger süße, ja sogar pikante Früchte zum Essen. Alles was sie zum Stillen ihres Hungers benötigten, wuchs von selbst am Boden, auf Sträuchern oder auf den Bäumen. Alles war in Hülle und Fülle vorhanden. Sie brauchten die Früchte nur zu pflücken und konnten sie sodann genüsslich verspeisen. Sie mussten keine Vorräte anlegen, denn es gab keinen Winter. Sie benötigten kein Haus, denn es gab keine Kälte, keine Unwetter, keine Tiere, die für sie lästig oder gefährlich werden konnten.

Adam und Eva kannten keine Not, keine Angst, keine Sorgen. Den Tag verbrachten sie mit kleinen Wanderungen in der zauberhaften Landschaft, die aussah wie ein großer Park. Adam und Eva hatten diesen Park ihren Garten Eden genannt. Wenn sie durstig waren, tranken sie aus den erfrischenden Quellen, die überall hervorsprudelten. Sie lagen viel im sanften Gras (ohne Ameisen!), ruhten sich aus oder blickten einfach nur so in den blauen Himmel, wo hin und wieder sanfte weiße Wolken vorüberzogen. Nie gab es ein unangenehmes Gewitter. Auch gab es keine zornigen Blitze oder böses Donnergrollen.

Anfangs genossen Adam und Eva dieses unbekümmerte, freie und sorglose Leben. Sie mussten sich niemals Gedanken machen, ob sie wohl genug zu Essen hatten. Es gab nichts wovor sie sich fürchten konnten. Sie hatten auch niemals Probleme mit sich selbst. Sie hatten keine Schuldgefühle, keine Versagensängste, keinen Leistungsdruck, keinen Ehrgeiz, kein ungestilltes Begehren, keine Rachegefühle, keinen Neid. Doch im Laufe der Zeit hatten die beiden Menschen immer stärker das Gefühl, dass dieses Leben sehr,

sehr eintönig und langweilig war. Gott hatte Adam und Eva ein Leben in absoluter Freiheit geschenkt. Sie konnten im Paradies tun und lassen was sie wollten. Doch es gab auch nichts, aber schon gar nichts zu unternehmen, was besonders spannend oder interessant oder gar gefährlich war. Für sie gab es gar kein Gefühl der Freiheit, denn es gab keine Unfreiheit.

Sie hatten niemals irgendwelche Nöte oder Beschränkungen erfahren. So wie wir nicht wissen, was warm ist, wenn wir niemals kalt gespürt haben, so wussten Adam und Eva nicht, was schön ist, denn sie hatten niemals etwas Hässliches erlebt. Sie kannten nicht das Gefühl der Geborgenheit, denn sie hatten niemals erlebt, dass sie gefährdet oder bedroht waren. Sie konnten nicht schätzen, wie schön es ist, ausreichend Nahrung zu haben, denn sie hatten niemals ernstlich gehungert.

Nach und nach stellte sich für Adam und Eva heraus, dass die vollkommene Freiheit und das perfekte Paradies eigentlich absolut unperfekt sind. Denn gerade weil das Leben perfekt war, war es auch schrecklich eintönig und langweilig. Und schließlich bemerkten die beiden, dass sie überhaupt nicht frei waren, denn sie waren gezwungen so zu leben, wie Gott es ihnen perfekt vorgegeben hatte. Sie waren eigentlich Sklaven des Paradieses, denn sie hatten keine Wahl und konnten in keiner Weise selbst irgendwelche Entscheidungen treffen, wie sie leben und glücklich sein wollten. Alles war von Gott vorgegeben.

Adam verspürte plötzlich ein unbändiges Verlangen, Abenteuer zu bestehen und irgendwie seine Kräfte messen zu können. Eva wollte endlich ein eigenes Heim haben, das sie so einrichten und gestalten wollte, wie es ihrem Geschmack entsprach. Beide wollten nicht mehr einfach nur selig sein und nur nach der Melodie ihres Gottes tanzen, sondern sie wollten ein eigenes Leben führen.

Jetzt sah der allwissende Gott, dass sein so sorgfältig geplantes Paradies in seiner Vollkommenheit dennoch unvollkommen war. Es war unvollkommen, weil es vollkommen war. Das vollkommene Glück stellte sich als unbrauchbar heraus. Das war für ihn zuerst ein kleiner Schock. So gut hatte er es mit den ersten Menschen gemeint und doch war da etwas schief gelaufen. Also machte sich Gott daran, das Paradies zu verbessern und er hatte dazu eine geniale Idee: Er pflanzte mitten in den Garten Eden einen Baum, den sogenannten **„Baum der Erkenntnis"**, und sagte zu Adam und Eva schlicht und ergreifend: „Ihr dürft von diesem Baum keine Früchte essen! Wenn ihr dennoch davon essen solltet, so wird es euch schlecht ergehen. Denn dann müsst ihr sterben!" Da machten die beiden große Augen, denn das war das erste Mal, dass sie etwas nicht durften. Zugleich hatten sie das erste Mal die Wahl, Gott zu folgen oder sein Gebot zu missachten. Sie konnten das erste Mal selbst etwas entscheiden. Das war für sie der Beginn der menschlichen Freiheit.

Anfangs wagten Adam und Eva nicht, die Früchte von dem neuen Baum zu essen. Sie hatten zwar keine Angst vor dem Tod, denn sie wussten gar nicht, was das Sterben sein sollte. Auch hatten sie keine Ahnung, was Gut und Böse sein sollte, denn bislang war im Paradies alles gut. Doch sie waren stets eins mit Gott gewesen und liebten ihn sehr und so wollten sie ihn keinesfalls kränken. Aber Adam und Eva spürten intensiv, dass dieser Baum etwas Besonders war und

die bloße Vorstellung, sie könnten etwas Verbotenes tun, verursachte in ihnen ein bisher nicht bekanntes, schaurig-wohliges Flattern im Bauch. Dieser Baum mit den verbotenen Früchten war ab sofort, wie konnte es anders sein, das interessanteste Ding im ganzen Paradies. Adam und Eva schlichen immer wieder um diesen Baum herum und ihre Gedanken kreisten ebenso in engen Spiralen um dieses neue Lustobjekt.

Als Gott dies sah, rief er die Schlange zu sich und sagte ihr, sie solle versuchen, ob sie Adam und Eva verleiten könne, von den verbotenen Früchten zu essen. Natürlich war die Schlange dazu gerne bereit, denn Schlangen haben Spaß an gefährlichen Spielen und empfinden es als Lust, sich gegen Gesetze, welcher Art auch immer, aufzulehnen. Schon als Gott die Schlange schuf, wusste er, dass manche Schlangen giftig waren und dass sie mit ihrem Biss viel Unheil anrichten konnten. Deshalb hatte er ihnen keine Beine gegeben und dachte, so könnte sie nicht herumlaufen und Tiere und Menschen gefährden. Doch die listige Schlange lernte auch ohne Beine rasch über den Boden zu gleiten. Schließlich konnte sie sich so geschickt über den Boden schlängeln, dass sie sogar glücklich war, keine Beine zu haben. Denn so konnte sie viel schneller und fast lautlos dahineilen, um ihre Beute zu erhaschen oder um sich vor einem Feind in Sicherheit zu bringen. Aber das hatte alles erst nach der Vertreibung aus dem Paradies eine Bedeutung, denn im Garten Eden waren alle Tiere sehr friedlich.

Die Schlange sagte zu Adam und Eva: „Es ist ein Unsinn, wenn ihr Gott folgt und nicht von den Früchten des verbotenen Baumes esst. Denn diese Früchte werden euch so richtig klug machen. Ihr werdet nicht sterben. Ihr werdet nur ein völlig neues, spannendes

Leben beginnen. Ihr werdet sogar sein wie Gott, denn ihr werdet erkennen, was Gut und Böse ist." *(Gen. 3,4)* Tatsächlich konnten Adam und Eva der Versuchung nicht lange widerstehen und so kam es, wie es kommen musste und sie aßen von den verbotenen Früchten. Und was geschah hierauf? Wer hat Recht behalten? Die Schlange oder der liebe Gott? Es ist peinlich, aber die Wahrheit: Adam und Eva sind nicht gestorben und sie konnten unbestreitbar Gut und Böse erkennen wie Gott, was dieser schließlich auch zugeben musste (Gen.3,22). Tatsächlich erlangten die Menschen durch die verbotene Frucht all das, was das Leben aufregend, schön und lebenswert macht.

Gott war offenbar ziemlich sauer, weil seine Menschen von den verbotenen Früchten gegessen hatten. Er vertrieb sie aus dem Paradies und bestrafte sie wie folgt: Eva muss unter Schmerzen Kinder gebären und muss die Herrschaft des Mannes über sich dulden und Adam muss mit harter Arbeit und im Schweiße seines Angesichtes den Acker bestellen. Ja, sogar verflucht hat Gott den Ackerboden und er ließ Dornen und Disteln auf ihm wachsen. *(Vergleiche Gen. 3,18)*

Die Erbsünde

Bernd Helge: So habe ich die Vertreibungsgeschichte noch nie gehört! Hat also Gott gelogen? Und was ich mich noch frage: Weshalb führt Gott die ersten Menschen mit diesem merkwürdigen Baum in Versuchung und droht ihnen mit dem Sterben? Ist Gott ein grausamer Gott? Zuerst verlockt er den Menschen und dann bestraft er ihn wegen dieser kleinen Sünde aufs Härteste!

Apollon: Die Erzählung über die Vertreibung aus dem Paradies, wie wir sie im *Ersten Buch Mose (Genesis)* lesen, ist eine der tiefstgehenden und intelligentesten Weisheitslehren überhaupt. So wie ich die Fabel erzählt habe, stimmt sie sehr genau mit dem Ersten Buch Mose überein. Die *jüdischen* und *christlichen* Kirchen betrachten diese Geschichte als den großen „Sündenfall“, als die „Vertreibung“ des Menschen aus dem Paradies.

An den Sündenfall knüpft sich die vorwiegend von der christlichen Theologie entwickelte Lehre von der „Erb-Sünde“. Sie besagt, dass wir nicht durch spezielle Handlungen sündig werden, sondern dass alle Menschen von Geburt an „gefallene Kreaturen“ sind. Diese Ansicht geht primär auf den „Apostel“ *Paulus* zurück. Er zieht eine Parallele zwischen dem „ersten Adam“ und *Jesus*, den er als den *„zweiten Adam“* bezeichnet. Die Menschheit wurde nach *Paulus* durch den ersten Adam in Sünde und Verfall gestürzt und sie wird durch den zweiten Adam gerettet.

So, wie auf Grund der Sünde des ersten Adam die Menschheit dem Tod ausgeliefert war, wird sie auf Grund der Erlösungstat des zweiten aus diesem Tod errettet: *„Durch einen einzigen Menschen kam die Sünde in die Welt und durch die Sünde der Tod, und auf diese Weise gelangte der Tod zu allen Menschen, weil alle sündigten.“* Wegen dieser Sündhaftigkeit der Menschen musste *Jesus Christus* geopfert werden. Durch dieses Geschehen werden alle, denen die Gnade zuteil wird (gemeint die Christen) *„leben und herrschen“. (Röm 5,12)*

Die Geschichte von Adam und Eva und von der Vertreibung aus dem Paradies ist natürlich nur ein Gleichnis. Es hat weder den „Adam“ noch das „Paradies“ jemals gegeben. Richtig ist, dass sich im Laufe der Evolution der Mensch durch sein eigenständiges Denken und Handeln aus der Einheit mit „Gott“ gelöst hat.

Was mir besonders am Herzen liegt, ist aufzuzeigen, dass niemand „schuldig“, „böse“ oder „sündig“ ist. Denn diese

Beliefs verursachen unnötige Schuldgefühle und Komplexe, die völlig überflüssig das Leben erschweren. Jeder Mensch ist auf dem „Weg“. Kraft und Licht für diesen Weg schöpfen wir aus der Erkenntnis der Vollkommenheit und Schönheit dieser Welt und nicht aus „sündhaften“ Glaubensvorstellungen.

Bernd Helge: Weshalb interpretiert die Kirche die Vertreibung aus dem Paradies so negativ?
Apollon: Aus einem traditionellen Missverständnis, aus Unwissenheit und mangelnder Bereitschaft, tiefer in diese Parabel einzudringen, oder vielleicht nur, um die „Erbsünde“ als Machtinstrument gebrauchen zu können. Das kann ich nicht beantworten. Die „Kirche“ sind die Menschen, die sie tragen. Es hat solche und solche gegeben. Das ist jetzt so und wird zukünftig so sein.

Die Theorie des Sündenfalls und der Erbsünde zeugt von mangelnder Einsicht in die gleichnishafte Sprache der Bibel und zeugt von eingeschränkter Betrachtungsweise, was die Entwicklung der Menschheit anbelangt. Der Mensch wurde nicht aus dem Paradies vertrieben, sondern aus dem Paradies befreit! Bis zu diesem im *Buch Mose* märchenhaft beschriebenen Entwicklungsschritt des Menschen lebte der Mensch gleichsam wie ein Tier.

Ein Tier kann nur gut sein. Es kennt kein Gut und Böse. Es ist genau so, wie Gott es geschaffen hat. Es lebt gewissermaßen in einem paradiesischen Zustand. Es hat keine Möglichkeit der Entscheidung für ein bestimmtes Verhalten oder für seinen Lebensweg.

Es ist wie es ist und es ist vollkommen, so wie es ist. Ein Löwe ist nicht „böse“, weil er andere Tiere frisst. Er ist so geschaffen und er ist vollkommen, wie er geschaffen ist. Er ist einmalig schön und harmonisch seiner natürlichen

Umgebung und seiner Aufgabe in der Natur angepasst. Durch die Entscheidungsmöglichkeit, die Gott dem Menschen geschenkt hat, wurde der Mensch frei. Frei, sich für diesen oder jenen Weg zu entscheiden. Frei, sein Schicksal und sein Leben selbst zu bestimmen. Diese Entwicklung beschreibt die alttestamentliche Geschichte von der „Vertreibung“ aus dem Paradies.

Die Schlange hatte Recht, dass der Mensch nach dem Genuss der verbotenen Frucht sehend wurde und weiter lebte. Zugleich hatte Gott mit seiner Vorhersage Recht, dass der Mensch „sterben“ würde. Tatsächlich trat für den Menschen mit der Unterscheidung von „Gut und Böse“ eine Trübung seines Bewusstseins ein, die einem geistigen Tod gleich gesetzt werden kann.

Der Glaube an Gut und Böse hat den Menschen auf eine niedrigere, von der Einheit mit allem Sein abgelöste, Bewusstseinsebene versetzt. Diese Ebene bedeutet für die Entwicklung des Menschen eine notwendige Durchgangsphase. Sie macht erst Freiheit und Individualität möglich.

Unvollkommenheit ist Teil der Vollkommenheit

Bernd Helge: Dass die Welt vollkommen sein soll, so wie sie ist, kann ich beim besten Willen nicht verstehen. Es gibt doch Menschen, die böse handeln, die andere Menschen verletzen, die Kriege führen und machtgierig sind. Was ist mit Leid, Krankheit und dem Elend auf dieser Welt? Dieses Schlechte, Böse oder Unvollkommene, ganz gleich wie man es benennen will, ist doch Tatsache. Wie kannst du da von Vollkommenheit sprechen?

Apollon: Wie der Schöpfer die Welt geschaffen hat, ist sie absolut vollkommen. Sie ist ein einziges Wunderwerk. **Eine notwendige Eigenschaft dieser Vollkommenheit ist eine in ihr enthaltene, scheinbare Unvollkommenheit.**

Es war ein begnadeter Schachzug der Schöpfung, die Illusion von Gut und Böse so glaubhaft in das Denken der Menschen zu verpflanzen. Erst damit wurde deren Entwicklung zu einer eigenständigen, schöpferischen Individualität ermöglicht.

Mit der Entlassung aus dem Paradies lernte der Mensch die andere Seite von angenehm, schön und gut kennen. Jetzt gab es für ihn auch Leid, Angst, Neid und Hass. Und der Mensch selbst durfte entscheiden, wie er mit den schönen und hässlichen Möglichkeiten umgehen wollte. So erlangte der Mensch das größte und wertvollste Geschenk, das ihm Gott mitgeben konnte: Die Freiheit zu wählen, wie er leben will. Der Mensch wurde ermächtigt, selbst zu entscheiden, wie sein Glück gestaltet sein soll. Er wurde, wie die Schlange vorhergesagt hatte, in gewissem Sinne wie Gott, weil er ab diesem Zeitpunkt das Leben auf der Erde und vor allem sein eigenes Leben selbst mitgestalten durfte.

Die Menschen lernten, wie herrlich es ist, zu essen, wenn man Hunger kennt. Sie erfuhren, wie befriedigend es ist, an der Herstellung von Brot und anderen Speisen mitzuwirken. Sie lernten Gesundheit und Leben zu schätzen, weil es Krankheit und Tod gab. Sie verspürten, wie schön es ist, zu wachsen und zu lernen, Abenteuer zu bestehen, selbst etwas zu schaffen. Und sie durften jetzt selbst Kinder zeugen, gebären und ins Leben führen, mit all den Schmerzen und den riesigen, erfüllenden Geschenken, die damit verbunden sind.

Bernd Helge: Wenn ich dich richtig verstanden habe, so ist die Menschheit im Laufe ihrer Entwicklung mental aus einer paradiesischen Einheit mit dem Universum herausgefallen. Dadurch wurde der Mensch frei, um individuell seine Persönlichkeit und sein Schicksal selbst zu gestalten.

Apollon: Richtig! Um es genau zu sagen, ist es für niemanden möglich, sich aus der Einheit mit dem Universum, mit Gott, oder wie immer wir den geistigen Urgrund der Welt nennen wollen, herauszulösen. Nur auf der mentalen Ebene kann der Mensch sich eine eigene, abgesonderte Welt schaffen. Er hat auf der gedanklichen Ebene die Freiheit zu glauben, dass Menschen und Ereignisse „gut oder böse“ sein können. In diese „Falle“ sind die Menschen vor vielen tausend Jahren hineingeraten. Das ging natürlich nicht schlagartig, von einem Tag auf den andern vor sich. Es war eine Entwicklung durch Jahrtausende, in der das Gehirn des Menschen immer stärker die Fähigkeit entfaltete, nicht nur instinktiv sondern auch bewusst und logisch zu denken. Damit verbunden war der Ausbau einer besondern Gedächtnisfähigkeit, welche bei den Tieren nur rudimentär vorhanden ist.

Seither glauben die Menschen von der großen Einheit getrennt zu sein und sie glauben, dass es auf dieser Welt viele Dinge, Ereignisse und Menschen gibt, die nicht Teil der göttlichen Vollkommenheit sind. Die Kraft des Unterbewusstseins des Menschen sorgt dafür, dass auch seine falschen, negativen Glaubenssätze auf einer wenn auch niederen Bewusstseinsebene verwirklicht werden. So entsteht für die Menschen eine Scheinwelt und diese Scheinwelt bestätigt den Menschen fortwährend in seinem irregeleiteten Glauben an Unvollkommenheit und Mangel. Dieser Glaube verursacht das Gefühl, einer Welt mit vielen Schönheiten aber auch mit vielen Problemen, Gefahren und Zufällen ausgeliefert zu sein. Weil fast alle Menschen diesen Glauben haben und in dieser Scheinwelt gefangen sind, hat dieser Glauben eine mächtige hypnotische Kraft, der sich kaum ein Mensch entziehen kann.

Jesus, Buddha und viele andere von der Wahrheit „Erleuchtete“ haben das Fehldenken der Menschen durchschaut und versucht, uns darüber aufzuklären.

Die eigene Persönlichkeit

Bernd Helge: Weshalb macht es Gott uns Menschen so schwer, die Vollkommenheit, wie du sie schilderst, zu erkennen? Ist nicht das allgemeine Gefühl in einer teilweise gefährlichen, unberechenbaren, von Mangel, Krankheit und Tod bedrohten Welt zu leben die Ursache von beträchtlichem Leid und vielen Ängsten?

Apollon: Wenn dieses Spiel der „Vertreibung aus dem Paradies“, der vermeintlichen Trennung von der Geborgenheit in einer wunderbar geordneten Welt, so leicht zu durchschauen wäre, so bestünde kein Anreiz für den Menschen, seinen eigenen Weg mutig und beharrlich zu suchen. Der Mensch wird mit seinem „Geist“ (seinem Denken und Glauben) wieder in das Paradies zurückkehren, nur wird er sich diesen Zustand der Glückseligkeit durch Erkenntnis und durch Entfaltung seiner individuellen Persönlichkeit selbst erobern müssen. Dadurch gewinnt er die Kraft der Freiheit und Eigenständigkeit, die er in seinem ursprünglichen Bewusstseinszustand – im alten Paradies – nicht hatte.

Der Baum des ewigen Lebens

Die Geschichte von der Vertreibung aus dem Paradies ist noch nicht abgeschlossen. Sie ist heute noch voll im Gange. Sie hat zu tun mit dem zweiten besonderen Baum, den Gott gemeinsam mit dem Baum der Erkenntnis von Gut und Böse in die Mitte des Garten Eden gepflanzt haben soll. *(Gen. 2,9)*

Dieser Baum wird in der biblischen Schöpfungsgeschichte (*1. Buch Mose - Genesis)* der **„Baum des Lebens“** benannt. Seine Bedeutung ist ziemlich unbekannt und geheimnisvoll. Jedenfalls spielt dieser Baum eine wesentliche Rolle bei der Entscheidung Gottes, den Menschen aus dem Paradies zu vertreiben. Dazu lesen wir in der Genesis: *„Dann sprach Gott:“* Wobei unklar ist, zu wem er sprach. Seine Gesprächspartner waren jedenfalls nicht die einzig vorhandenen Menschen Adam und Eva, denn er spricht von den Menschen in der dritten Person. Vielleicht waren es irgendwelche Engel oder es handelt sich schlicht um ein Selbstgespräch (was ja bei älteren einsamen Menschen gerne vorkommt). *„Seht der Mensch ist geworden wie wir, er erkennt Gut und Böse. Damit er jetzt nicht die Hand ausstreckt, und auch vom Baum des Lebens nimmt, davon isst und ewig lebt, will ich ihn aus dem Garten Eden wegschicken!“*

Die große Sorge Gottes war also, dass der Mensch sich nicht auch noch an den Früchten vom Baum des Lebens vergreift. Deshalb warf er *Adam* und *Eva* kurzerhand vor die Paradiestür. Und sicherheitshalber, man weiß ja nie, was den Menschen einfällt, stellte Gott extra starke Engel, die *Cherubim* (geflügelte Fabelwesen mit Tierleib und Menschengesicht), vor den Eingang zum Paradies. Sie sollten mit dem „lodernden Flammenschwert“ den Weg zum Baum des Lebens bewachen *(Gen. 3,24).*

Um dem Geheimnis des Baumes des ewigen Lebens näher zu kommen, können wir uns fragen: Was könnte „ewiges Leben“ haben ? Oder anders gefragt: Was hat Bedeutung für ein Leben über den Tod hinaus? Offenbar sollte all das, was für die Ewigkeit ohne Wert ist, daran gehindert werden, ewiges Leben zu erhalten.

Was sicher kein Leben über den Tod hinaus hat, ist unser physischer Körper. Der stirbt und vergeht. Ebenso sicher sind für ein weiteres Leben auch unsere Sorgen, unser Geld, unsere sonstigen Besitztümer, unser angehäuftes

Wissen, unsere Macht, unsere Titel und sozialen Positionen ohne besonderen Nutzen. Was also bleibt übrig? Was verbrennt nicht durch das „lodernde Flammenschwert?“ Es kann wohl nur das sein, was wir als einmaliges Individuum an tiefer Liebe, Schönheit, Freiheit, Freude und Begeisterung selbst gewonnen, gelebt und erlebt haben. Mit anderen Worten gesagt: Soweit wir uns aktiv mit der Essenz des Lebens, mit dem Urgrund unseres Daseins verbinden und diese Essenz zum Ausdruck bringen, soweit werden wir „überleben“! Deshalb ist es so wichtig, keine Minute mit Sorgen, Neid, Streit, Feindschaft, Gier, Angst, Macht und ähnlichem zu verschwenden.

Was überlebt sind schöne, tiefe, hingebungsvolle und leidenschaftliche Gefühle. Deshalb erfüllen wir unseren Lebensauftrag am besten, wenn wir jeden Augenblick darauf achten: **„Nicht nur da zu sein, sondern mit Herz und Seele bei allem was wir tun, kraftvoll dabei und glücklich zu sein!“**

Zusammenfassung:

1. Die „Erlösung“ des Menschen von dem Paradies war ein notwendiger erster Entwicklungsschritt. Damit begann seine Entwicklung zu einer freien, sich selbst schöpfenden Persönlichkeit.
2. Dieser Befreiungsschritt hat nichts mit Sündhaftigkeit des Menschen oder mit einer verärgerten, strafenden Gottheit zu tun.
3. Die Geschichte von der Vertreibung aus dem Paradies ist nur ein Gleichnis dafür, dass wir uns mental aus der Einheit mit dem Universum gelöst haben und so die Chance bekommen haben, unseren eigenen Weg zu gehen.
4. Niemand kann sich tatsächlich aus der Einheit mit dem Universum entfernen. Wer dies anders empfindet, sieht eine Fata Morgana, die sich früher oder später als Luftspiegelung erweisen wird.
5. Öffne dich gedanklich für die Möglichkeit, dass dieses Universum und das Leben auf dieser Erde wunderbar vollkommen waren, sind und sein werden und dein Leben wird sich verändern.

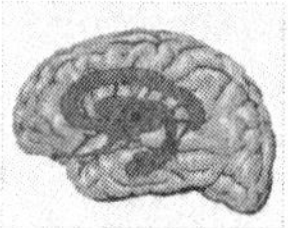

8 Die Kraft des Unterbewussten

„Alles was wir sind,
ist das Ergebnis dessen, was wir vorher gedacht haben."
(Siddhartha Gautama Buddha)

„Der Mensch wird nicht durch Dinge beunruhigt,
sondern durch seine Meinung über die Dinge."
(Epiktet)

Unser Tagebuch bestimmt unser Schicksal

Bernd Helge: Apollon, du behauptest, dass das Leben aller Menschen auf Reichtum, Erfolg, Erfüllung, Glückseligkeit angelegt ist. Doch für die meisten Menschen sind das utopische Illusionen, die absolut nicht mit dem wirklichen Leben übereinstimmen.

Auch behauptest du, dass Mangel, Krankheit, Misserfolg und Krieg mit den *Beliefs* der Betroffenen zusammenhängen. Doch was wir glauben ist die eine Seite, das tägliche Leben mit seiner Realität die andere.

Apollon: Wie du spricht, denken die meisten Menschen. Sie machen eine Trennung zwischen ihrem Denken und Glauben und den „tatsächlichen" Gegebenheiten. Unser Leben ist von *Beliefs* (Denkgewohnheiten) der verschiedensten Art geprägt und durchdrungen. Die Menschen sind sich jedoch wenig bis gar nicht im Klaren darüber, wie ihr Leben, ihr Erfolg, ihr Glück oder Unglück von ihren Glaubensmustern bestimmt wird.

Das Unterbewusstsein (im folgenden Text abgekürzt: UB) ist wie ein Tagebuch. Alles was wir glauben und denken, wird dort von einer unsichtbaren Hand aufgeschrieben. **Wir schreiben ständig an diesem Buch unseres Lebens.** Dieses Buch ist der Fahrplan für unser Schicksal. Wir können dieses Buch jederzeit erneuern, verbessern und vor allem all den Mist rausschmeißen, der uns behindert. Du entscheidest jeden Tag, ob du dein UB mit Müll, zum

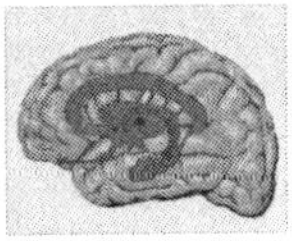

Beispiel mit den negativen Nachrichten der Welt oder mit Kostbarkeiten wie Vertrauen, Freude und Kraft fütterst.

Das Unterbewusstsein bestimmt unser Gemüt – es bestimmt unseren Mut, unseren Frohsinn, unsere Energie. Je mehr Müll das UB geschluckt hat, desto mehr Angst, Sorgen und Probleme aller Art haben wir. Müll im UB stört unsere Gesundheit, unsere Beziehungen, unser Einkommen. Je mehr wir an positiven *Beliefs* in unserer Schatzkiste im UB ansammeln, desto besser geht es uns.

Glaubenssätze, die uns behindern:
Bernd Helge: Kannst du näher erklären, was Müll in unserem UB sein soll?
Apollon: Angesammelter Müll sind zum Beispiel folgende Glaubenssätze die wir uns einverleibt haben:
„Ich bin nicht attraktiv genug! Ich werde nicht geliebt! Ich kann nicht meine Träume leben! Ich habe nicht die richtigen Beziehungen! Ich bekomme nicht den richtigen Job! Mein Arbeitsplatz ist gefährdet! Ich bin gestresst! Für täglichen Sport habe ich keine Zeit!"
Solche negativen *Beliefs* haben eine mächtige Kraft. Sie sind verantwortlich dafür, dass sich genau das verwirklicht, was mich stört oder wovor ich mich fürchte.

Unser Bewusstsein gestaltet unsere Welt
Apollon: Unzählige, scheinbar unbedeutende Beliefs, wie wir zum Beispiel über unsere tägliche Arbeit denken, oder unser Urteil über die Mitmenschen, über Dinge wie Klimawandel, die steigenden Energiekosten, über unsere Gesundheit und so weiter bestimmen unser Glück. Unsere Gedanken dirigieren, ob es uns gut geht oder ob wir von Sorgen geplagt werden, ob wir krank oder gesund sind. Wer in unserer Wohlstandsgesellschaft seine Büroarbeit als beschwerlich und mühsam ansieht, für den ist diese Arbeit beschwerlich und mühevoll. Doch es gibt

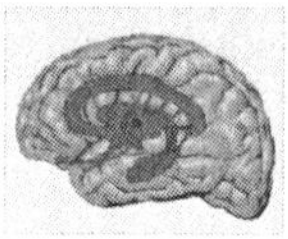

wahrscheinlich viele tausend Menschen, zum Beispiel in armen Ländern, für die ein solcher Job das höchste Glück wäre. Ein Glück, an dessen Verwirklichung sie gar nicht zu denken wagen.

Unser Denken, unser Urteil macht die Dinge und Umstände unseres Lebens zu dem, wie sie für uns „sind". Es gibt viele Leute, die sich durch ihre Arbeit überfordert fühlen. Sie gehen am Morgen mit gelangweiltem, missmutigem oder resigniertem Gesichtsausdruck zu ihrem Job, biegen ihre Arbeitsstunden herunter und machen sich sodann ausgelaugt und müde wieder auf ihren Heimweg. Während ihrer Arbeitszeit leben sie nicht wirklich. Sie gewinnen durch ihre Arbeit keine Energie, keine Befriedigung. Das sind Menschen, die vereinfacht gesagt nur am Wochenende, also nur 2 Tag in der Woche, und aufs Jahr umgerechnet inklusive Urlaubszeit nur an rund 150 von 365 Tagen „richtig" leben. Sie verzichten somit in gewisser Weise auf mehr als 50% ihrer Lebenszeit.

Selbst diese Berechnung ist zu optimistisch, denn wer fünf Tage in der Woche ohne Begeisterung mit wenig Freude lebt, der ist auch am Wochenende geschlaucht, energielos und nicht fähig, seine Freizeit erfüllend zu gestalten. Über- oder Unterforderung bei der Arbeit ist in erster Linie nicht eine Frage „was" gemacht wird, sondern „wie" es gemacht wird. Unsere Einstellung zum Leben, zu unserer Umgebung, zu unserem Chef, zu unserer Tätigkeit entscheidet, wie wir uns dabei fühlen.

Der Belief-Dschungel

Bernd Helge: Wenn ich dich richtig verstehe, müssen wir höllisch aufpassen, welche Beliefs wir übernehmen und mit uns herumtragen. Das klingt ja so, als ob der Mensch sich ständig in einem Dschungel von Glaubensinhalten befindet und in diesem Urwald seinen Weg finden muss!

Apollon: Dieser Vergleich gefällt mir sehr gut. Das Leben und das Glück eines jeden Menschen wird von seinen Denk–, beziehungsweise von seinen Glaubens-Vorstellungen modelliert. Das wissen allerdings nur die wenigsten Menschen. Und das gilt eben nicht nur für religiöse Glaubensinhalte, sondern für all das, was wir für richtig halten. Denn unsere Glaubensinhalte wirken wie *Paradigmen.*

Paradigmen bedeuten für uns Regeln, nach denen wir unser Leben ausrichten. Oft sind wir gar nicht zufrieden mit diesen Regeln, doch wir unterwerfen uns ihnen, weil wir sie für unumstößliche Wahrheiten halten. Für uns wirken diese Paradigmen wie ein Zwang, dem wir nicht entrinnen können.

Manche glauben beispielsweise, dass jemand, der nur wenig hat, nur durch harte Arbeit, sehr viel Glück oder unrechtes Handeln zu Reichtum kommen kann. Natürlich wird er sein Leben nach diesen, für ihn geltenden Regeln ausrichten. So wird er entweder auf Fülle und Wohlstand verzichten oder besonders hart arbeiten oder versuchen, durch Gaunerei zu Erfolg zu kommen.

Wer hingegen der Überzeugung ist, in dieser Welt herrsche das Gesetz der Fülle und Vollkommenheit, dem wird Wohlstand - vielleicht nicht von selbst - auf jeden Fall aber verbunden mit erfreulicher, hingebungsvoller Arbeit zufallen.

Ein *Paradigma* ist auch für viele Menschen die Überzeugung, sie müssten auf einem schlecht bezahlten und unerfreulichen Arbeitsplatz ewig ausharren, weil sie sonst verhungern oder weil es ihnen sonst schlecht gehen wird. Gerade dieser Glauben stärkt die Position unsozialer Arbeitgeber und erlaubt ihnen, Menschen auszubeuten. Da hör` ich schon den Einwand: „Ja, ich als Einzelner kann da nichts ausrichten!“ Auch das ist ein negativer Belief, der sich verwirklicht. Wahr ist vielmehr, dass Mut und Vertrauen belohnt werden und dass das Schicksal all jenen zur Seite steht, die bereit sind, sich besonderen Herausforderungen zu stellen. Sag dir: **„Du schaffst es und du wirst es schaffen!“**

Hart arbeiten

Bernd Helge: Noch ein Wort zum „Hart-arbeiten“ müssen: Ist es nicht so, dass große Leistungen auch einen hohen Einsatz erfordern? Wenn ich einen hohen Berg besteigen will, wenn ich ein Tennismatch gewinnen will, wenn ich ein Buch schreibe, wenn ich ein Kind gut erziehen will, wenn ich eine berufliche Aufgabe optimal erfüllen will, kann ich doch ohne entsprechende Anstrengung nichts erreichen!

Apollon: Bei diesem Thema entstehen gerne Missverständnisse. Große, befriedigende Leistungen erfordern Hingabe, Leidenschaft, Ausdauer. Sie verlangen oft viel Kraft und Selbstdisziplin. Doch jeder Erfolg ist für mich ein Misserfolg, der unter Missachtung meiner Gefühle, der durch Härte gegen mich und andere zustande kommt. Hingabe und höchster Einsatz sind dann OK, wenn wir dabei gute Gefühle haben, freudig dabei sind und nicht unsere körperliche oder seelische Gesundheit angreifen.

Armut und Kampf ums Überleben - eine Massenpsychose

Bernd Helge: Die äußere Welt beweist uns doch, dass Wohlstand keineswegs so leicht erreicht werden kann, wie du es darstellst. Zeigen nicht die Begleiterscheinungen der Globalisierung der Wirtschaft, dass die Reichen immer reicher werden und die Armen immer ärmer?

Apollon: Wenn viele Menschen „Mangel“ denken oder an die Notwendigkeit harter Arbeit glauben, so wird es viele

„Beweise“ für Unvollkommenheit und Mangel geben, denn all diese Menschen erschaffen mit der Kraft ihres UB das, woran sie glauben. Diese Beweise bewirken sodann eine Massenpsychose.

Auf der Börse ist es immer wieder zu dramatischen Kursabstürzen gekommen, ohne dass sich die wirtschaftliche Situation der notierten Unternehmungen wesentlich verändert hat. Irgend eine negative, jedoch grundsätzlich unbedeutende Nachricht veranlasst potente Aktieninhaber Gewinne zu realisieren, indem sie ein großes Paket Aktien verkaufen. Andere große Aktionäre folgen diesem Beispiel. Die Kurse bewegen sich dadurch bergab. Aus einem Schneeball entsteht eine Lawine. Plötzlich ergreift die Anleger Panik und es beginnt ein Verkaufsrausch mit mörderischen Folgen für die Kurse.

Ähnlich verhält es sich mit dem Reichtum der Menschen auf dieser Erde. **Die kollektive Angst vor Not und Mangel hat irrationale Auswirkungen.**

Auf der einen Seite horten viele Menschen angstvoll, gierig und geizig Geld und Güter und werden so immer reicher, jedoch keineswegs glücklicher. Andere Menschen hingegen, die wenig haben, unterbieten sich gegenseitig, was den Wert ihrer Arbeitskraft anbelangt, um nur ja Arbeit zu bekommen und zu behalten. Sie verkaufen sich für wenig Lohn und verhelfen damit den Reichen zu noch höheren Gewinnen. Sie sind nicht mutig genug. Sie untergraben die Solidarität der Arbeitnehmer und damit ihre eigene Position. Sie haben nicht genug Vertrauen in das Universum (oder in Gott). Sie bewegen sich in ängstlichen Glaubensmustern und tragen so aktiv zur Ungerechtigkeit der Wohlstandsverteilung bei.

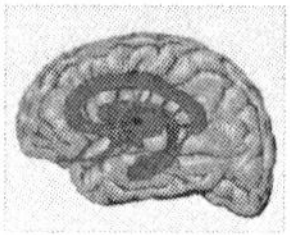

Ich bin mir bewusst, dass es leichter ist, Kritik auszusprechen, als etwas zu verändern. Veränderung kommt jedoch nur dann in die Welt, wenn jeder einzelne dazu bereit ist und etwas tut. Mit der Kenntnis der Wirkungsweise unseres Denkens und des UB ist es relativ einfach, sich und das eigene Umfeld zu verändern.
Und je mehr Menschen sich aus unglücklichen Massensuggestionen lösen, desto besser kann sich freies Leben durchsetzen.

„Das kann ich mir nicht leisten!"

Bernd Helge: Was verstehst du unter der „Kraft der Glaubensinhalte"?
Apollon: Dazu eine kleines Beispiel:

> Martin hat einen großen Wunsch für dessen Erfüllung jedoch bei weitem mehr Geld erforderlich ist, als er derzeit besitzt. Auch ist sein Einkommen so gering, dass er davon nicht viel auf die Seite legen kann. Er bewohnt eine kleine Mietwohnung in der Stadt und sehnt sich nach einem eigenen Haus mit Garten etwas außerhalb der Stadt, wo die Luftqualität besser ist und wo er mehr grüne Natur genießen kann. Er erzählt seinem Freund von diesem Wunsch, worauf dieser fragt: „Ja, warum besorgst du dir nicht so ein Haus?" Worauf Martin die logische Antwort geben wird: „Das kann ich mir nicht leisten!"

Soweit so gut. Doch das Problem bei dieser Geschichte ist dieses: Nicht weil Martin zu wenig Vermögen hat und zu wenig verdient, kann er sich das Haus nicht leisten, sondern weil er sein Unterbewusstsein mit dem Satz, mit der Idee, mit dem Glauben programmiert hat: „Ich kann mir nur eine bescheidene Mietwohnung und kein eigenes Haus leisten!" wird sich seine finanzielle Situation nicht verändern. Die bescheidene Mietwohnung ist eine Begrenzung, die Martin sich selbst auferlegt hat. Das UB sorgt

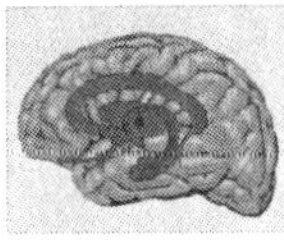

dafür, dass diese Mauer nicht überschritten wird.
Wir können uns das UB vorstellen, wie die Festplatte eines Computers, ausgerüstet mit einer ungeheuer großen Speicherkapazität. Alles, was der Mensch im Laufe seines Lebens erfährt, denkt und spricht, wird auf dieser Festplatte gespeichert. Insbesondere wird auch gespeichert, wie er diese Erlebnisse beurteilt. Die Summe all dessen, was für ihn „Wahrheit" ist, bildet seinen Glauben.

Dieser Glauben entspricht seinem Lebensplan. Denn das UB ist nicht nur ein riesiger Speicherplatz, sondern zugleich auch der Architekt des vor uns liegenden Lebens. Unsere Lebensumstände entwickeln sich ziemlich genau nach unserem Glauben bzw. nach unserem Lebensplan. So wie ein Haus vom guten Baumeister genau nach dem Plan des Architekten gebaut wird, so verläuft unser Leben nach dem Plan unserer *Beliefs*.

Und damit kommen wir zu einer weiteren Funktion des UB. Es ist nämlich nicht nur Speicherplatz und Architekt, sondern zugleich ein guter Baumeister. Die uns von der Schöpfung geschenkte Kraft des UB sorgt dafür, dass unser Leben sich gemäß unseren Glaubensvorstellungen gestaltet.

Wenn Martin seinem UB erklärt: „Ich kann mir das nicht leisten!", so wird der Architekt in uns, gemeinsam mit dem Baumeister in uns, dafür sorgen, dass dieser Glaube verwirklicht wird. Unsere Speicherplatte im UB denkt nämlich gar nicht daran, zu überprüfen ob die Überzeugungen des Oberbewusstseins richtig, klug, lebensfreundlich, energiespendend, reich und glücklich machend sind oder nicht.

So wie ein devoter Architekt und ein braver Baumeister widerspruchslos die Wünsche ihres Bauherrn er-

füllen, so arbeitet auch unser UB.
Wie du glaubst, so wird dir geschehen

Bernd Helge: Also das verstehe ich nicht ganz. Wenn ich kein Vermögen und nur ein mäßiges Einkommen habe, so stimmt es doch, dass ich mir das Haus im Grünen nicht leisten kann. Nur ein Phantast kann in diesem Falle sich einreden und auch glauben, er kann sich dieses Haus kaufen, ohne dabei in ernsthafte Schwierigkeiten zu geraten.
Apollon: Was du sagst, ist richtig und zugleich falsch. Natürlich kann sich Martin in seiner gegenwärtigen äußeren Lebens-Situation das Haus nicht leisten. Doch diese Situation ist nur das Ergebnis seines bisherigen Glaubens. Martin hat schon seit vielen Jahren, wahrscheinlich schon seit seiner Kindheit, den Glauben, dass er nur eine bestimmte Position im Berufsleben und einen bestimmten finanziellen Lebensstandard erreichen kann. Jeder Gedanke und jede ausgesprochene Behauptung in die Richtung: „Ich kann mir das nicht leisten!" festigt diesen Glauben auf der Festplatte seines UB. Architekt und Baumeister seines UB sorgen nun dafür, dass dieser „Wunsch" des Bauherrn verwirklicht wird.

Das funktioniert beispielsweise so: Martin kommt nicht auf die Idee oder wagt es nicht, ein Studium zu absolvieren, um so seine Berufsaussichten zu verbessern; Martin wagt es nicht, seinen Arbeitgeber zu wechseln; Martin versäumt eine gute Gelegenheit, um Partner in einer erfolgreichen Firma zu werden; Martin verärgert seinen Onkel, der darauf sein Testament ändert, kurze Zeit darauf stirbt und so Martin nicht, wie ursprünglich vorgesehen, 500.000 Euro hinterlässt.

Wir dürfen nicht übersehen, dass das UB hochintelligent ist und tausende Ideen hat, je nach dem Glauben des Auf-

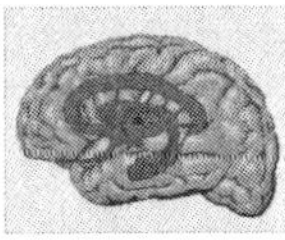

traggebers die Außenwelt zu verändern.
Ebenso wie Martin verhindern diejenigen ihren Reichtum, denen schon in ihrer Jugend einprogrammiert wurde: *„Die Reichen sind schlechte Menschen, bleib ein guter Mensch!“* oder *„Man soll nicht nach Sternen greifen, sondern lieber klein und bescheiden bleiben!“* Das alles sind *Beliefs,* die dafür sorgen, dass ihnen der Zugang zur Fülle des Lebens nur bis zu einem bescheidenen Niveau offen steht.

Die Intelligenz des Unterbewusstseins

Bernd Helge: Was heißt das Unterbewusstsein ist hoch intelligent?

Apollon: Das UB verwaltet alle ihm eingegebenen Projekte. Viele davon sind uns schon von Geburt aus mitgegeben. So ist schon in unseren Genen festgelegt, ob wir als Mann oder Frau heranwachsen, welches Aussehen (Größe, Gesicht, Haarfarbe usw.) wir haben. Auch braucht sich das Oberbewusstsein keine Gedanken darüber zu machen, wie wir verdauen, wie unser Herz schlägt, wie unsere Sinnesorgane und unser Gehirn funktionieren. Das alles wird, soweit keine Störung vorliegt, in perfekter Weise, in Kooperation mit dem Gehirn, von unserem UB gesteuert.

Andere Projekte, wie Gehen und Sprechen werden uns anerzogen und in der Folge ebenfalls vom UB perfekt dirigiert. Dasselbe geschieht mit Gedanken, Ideen oder Glaubenssätzen, die wir von anderen Menschen übernehmen oder die wir uns selbst bilden. Sie werden vom UB aufgesaugt und ausgeübt. Dem UB ist es ganz gleich, ob du in der Kindheit Englisch oder Deutsch lernst. Es sorgt nur dafür, dass du in der Folge ohne nachzudenken deine Muttersprache benützen kannst. In gleichermaßen neutraler Weise verwaltet es alle deine Glaubenssätze.

Aus Denkgewohnheiten ausbrechen?

Bernd Helge: Wie kann jemand aus einer Denkgewohn-

heit ausbrechen? Es gibt doch viele Menschen, die glauben, dass sie auf Grund ihrer beruflichen Ausbildung, auf Grund ihrer Herkunft, auf Grund ihres wirtschaftlichen Umfeldes keine Chance haben, jemals finanziell reich zu sein. Sie können sich nicht vorstellen, jemals: „die Fülle des Daseins" genießen zu können.
Apollon: Die Lösung ist ganz einfach. Sie ist so einfach, dass es den meisten Menschen sehr schwer fällt, so einer Lösung zu vertrauen. Würde die Person statt der Worte: „Ich kann mir das nicht leisten!" zu sich sagen: **„Wie kann ich mir das leisten?"** oder **„Ich werde mir sicher diesen Wunsch erfüllen!"** – so bekommt das UB eine völlig neue Ausrichtung.

Wenn jeder Zweifel an die unbegrenzten Möglichkeiten des Geistes schwindet, so gibt es kein Hindernis dafür, dass der Same deines Vertrauens im Garten des UB aufgehen wird. *Jesus* sagte: *„Und hättest du nur den Glauben eines Senfkorns, so könntest du zu diesem Berg sagen: hebe dich hinweg, so würde er sich heben und nichts wird euch unmöglich sein!" (Mat. 17,20).* Die ganze Glaubenslehre *Jesu* beruht im Wesentlichen auf dem Vertrauen in die Kraft des Glaubens. Das kommt wiederholt in seinen Worten zum Ausdruck wie: *„Dein Glaube hat dir geholfen!" oder „Dir geschehe, wie du geglaubt!"*

Worte wie: **„Ich werde mir sicher diesen Wunsch erfüllen!"** lassen keinen Zweifel mehr aufkommen, dass das Ziel erreichbar ist. Jetzt geht es nur mehr darum, dass wir ganz gelassen und ohne übermäßige Anstrengung unseren bescheidenen Beitrag zur Erfüllung eines Wunsches erbringen. Der Beitrag besteht vor allem darin, mit Freude, Begeisterung und Vertrauen zuzulassen, dass sich ein Traum verwirklichen kann. Das bedeutet weder untätig zu sein, noch wild um die Erfüllung des Wunsches zu kämpfen. Denn wer kämpft, programmiert

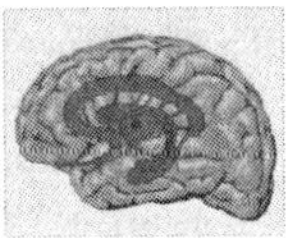

sein UB wieder mit der Botschaft, dass die Erfüllung des Wunsches zweifelhaft ist und dass nur höchste Anstrengung die Erfüllung des Traumes möglich macht. Martin kann alles erreichen mit der mentalen Überzeugung: „Keine Frage, alles was ich mir erträumen kann und was nicht meinem wirklichen Glück oder dem Wohlergehen anderer Menschen widerspricht, wird in Erfüllung gehen. Erforderlich ist dafür nur, der Kraft meines Denkens und der Schöpferkraft des Universums, die sich durch mich manifestiert, zu vertrauen!"

Das UB (man kann auch sagen das Schicksal) ist übrigens so klug und gnädig, dass nicht alle unsere Wünsche in Erfüllung gehen. Denn wir wünschen uns Vieles, was uns und andere ordentlich unglücklich machen würde. Das ist eine gnadenvolle, weise und sinnvolle Einschränkung der vorgenannten Prinzipien.

Erscheinungen bestätigen unseren Glauben

Bernd Helge: Weshalb fällt es den Menschen so schwer, ihre Beliefs zu verändern?

Apollon: Unsere *Beliefs* werden durch unser Umfeld, das wir zuerst durch unseren Glauben geformt haben, bestätigt. Deshalb können wir kaum unseren Vorurteilen und Denkgewohnheiten entrinnen. Unser UB sorgt dafür, dass unser Urteil über uns und die Welt in den äußeren Ereignissen sichtbar wird. Ich weiß, dieser Satz klingt für jemanden, der das erstmalig hört, unverständlich. Doch ich versuche das zu erklären:

Wenn du beispielsweise denkst: „Ich habe es so schwer in meinem Beruf, weil mich mein ekelhafter Chef so schlecht behandelt", so bemüht sich dein UB, dass dieser Gedanke sich verwirklicht. Dabei ist das UB unglaublich trick- und einfallsreich. Allein durch den Gedanken: „Ich hab' es schwer!" wird in dir automatisch physische und mentale Energie abgesaugt. Das beeinträchtigt deine Arbeitsleistung und bestätigt zugleich deine Einstellung. Weil du schwache Energie hast, machst du mehr Fehler und hast dadurch mehr Probleme und mehr Arbeit, um die Fehler zu korrigieren. So entsteht eine Spirale in der du es immer schwerer hast.

Außerdem spürt dein Vorgesetzter deine innere Ablehnung ihm gegenüber und das veranlasst ihn, noch unfreundlicher zu sein und dich mit lästigen Arbeiten einzudecken. Schließlich rutscht dir eine äußerst unpassende Bemerkung in der Gegenwart deines Chefs heraus, worauf dieser verärgert ist und dich erst recht schikaniert. All das wird durch deine negativen Gedanken ausgelöst.

Verwechslung von Ursache und Wirkung
Bernd Helge: Es gibt doch Situationen, wo die äußeren Umstände wirklich schwierig sind. Es gibt doch Chefs, die sich wahrhaft ekelhaft und rücksichtslos benehmen. Daran kann ich doch nichts ändern!
Apollon: Ich kann dich gut verstehen. So wie du gehen gewöhnlich die Menschen davon aus, dass ihr Leben hauptsächlich von den äußeren Lebensumständen bestimmt wird. Das jedoch ist ein Kardinalfehler im Denken der Menschen.

Der Mensch glaubt, er hat Probleme weil er ungünstige äußere Umstände vorfindet. Doch er verwechselt dabei Ursache und Wirkung. Die äußeren Umstände haben sich in der Vergangenheit gemäß den Überzeugungen entwickelt, die er zuvor seinem UB eingegeben hat. Seine Umwelt ist gleichsam ein Spiegel seiner Denkweise, seines Charakters.
Wir haben nicht wegen der äußeren Umstände Schwierigkeiten und Probleme, sondern die äußeren Umstände entsprechen unseren Glaubensinhalten. **Wir haben nicht**

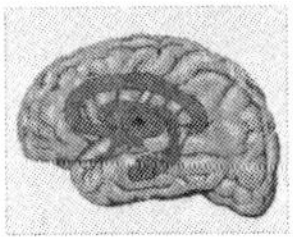

wegen der äußeren Umstände Schwierigkeiten, sondern wegen der inneren Umstände!
Wir sind wie hypnotisiert von der allgemein gültigen Annahme, dass die äußere Welt unabhängig von unserem Denken existiert. Doch es ist genau umgekehrt: Wie wir denken, so entwickelt sich für uns die Welt und so erscheint sie uns. Dieses spirituelle Phänomen entspricht im physikalischen Bereich der Relativitätstheorie von *Einstein*, die sehr vereinfacht besagt, dass Beobachtungen vom Standort des Beobachters abhängig sind.

Manche Menschen fürchten sich vor dem Leben. Dabei sind sie sehr erfinderisch und erdenken sich tausend Gründe, sich zu fürchten. Sie visualisieren selbst das, wovor sie sich fürchten und locken damit das Übel herbei. Zu dieser Einsicht kommt auch der Unglückswurm *Hiob* laut seiner Aussage im Alten Testament: *„Denn was ich gefürchtet habe ist über mich gekommen, und was ich sorgte, hat mich getroffen" (Hiob 3,25).*

Man nennt so ein Geschehen in der wissenschaftlichen Fachsprache eine *Self-fullfilling prophecy* (sich selbst erfüllende Prophezeiung). Soziologen, wie *Robert K. Merton*, gehen davon aus, dass sich Menschen entsprechend ihrem Glauben verhalten, auch wenn dieser jeglicher realen Grundlage entbehrt. Durch dieses Verhalten verändert der Mensch die Zukunft in die Richtung, wie er sie erwartet.

Wenn beispielsweise ein Horoskop geschäftlichen Erfolg vorhersagt, so hat ein Unternehmer, der daran glaubt, mehr Vertrauen und Mut etwas zu wagen, was ihm dann tatsächlich einen erheblichen Gewinn verschaffen kann.

Oder die objektiv gesehen falsche Ankündigung in einer Zeitung, dass sich eine Bank in wirtschaftlichen Schwierigkeiten befindet, führt dazu, dass plötzlich alle Gläubiger ihre Gelder abziehen, wodurch die Bank tatsächlich insolvent wird.

Ist Armut gottgefällig?

Bernd Helge: Weshalb begrüßt du materiellen Reichtum und erklärst, wie er zu erlangen ist? Man sagt doch, Geld macht nicht glücklich!

Apollon: Ich versuche einfach verständliche Beispiele zu bringen. Geld allein macht sicher nicht glücklich. Geld ist materialisierte Energie. Es ist eine wertneutrale Sache, weder gut noch schlecht. Es liegt am Besitzer, wie er diese Energie verwendet.

Viele Menschen kennen, spätestens seit dem Religionsunterricht in der Schule, die Aussage *Jesu*: *„Eher geht ein Kamel durchs Nadelöhr, als dass ein Reicher in das Reich Gottes komme!“ (Luk. 18, 25).* Doch die Frage ist, wer ist mit „Reicher“ gemeint? Ist es einer, der viel besitzt und seinen Besitz weisheitsvoll verwaltet, vielen Menschen Arbeit ermöglicht und soziale Projekte fördert? Oder ist es einer, der reich ist an Angst, Gier, Sorgen, Misstrauen und Neid?

Der Begriff des „Reichen“ ist als Gleichnis zu verstehen. Einige Absätze zuvor heißt es:

„Wahrlich ich sage euch: Wer nicht das Reich Gottes annimmt wie ein Kind, der wird nicht hineinkommen“ (Luk. 18, 17). Das heißt, wenn wir nicht mehr durch ängstliches und verwirrtes Denken beeinflusst sind, sondern schlicht, dankbar und mit Hingabe die Geschenke des Daseins, wie ein Kind annehmen, dann können wir mit unserer Essenz in eine starke Verbindung treten.

Ein Kind kommt ohne Ängste und Sorgen, ohne einengende Gebote und Verbote, ohne Vorstellungen von Schlechtigkeit und Sünde auf diese Welt. Solange es ge-

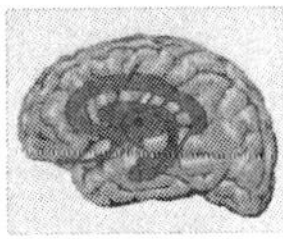

sund ist, solange es ausgeschlafen und gestillt ist, verbreitet es die Seligkeit eines Engels um sich.
Geld, Reichtum, Fülle sind wunderbare Geschenke. Entscheidend ist einerseits, ob wir in unserem Denken von materiellen Werte gefesselt sind und andererseits, wie wir diese Energie erwerben und verwenden. Befreiter, sorgsamer Umgang mit Geld ist ein Segen für alle beteiligten Menschen.
Mutter Erde hat unendliche Schätze bereit. Forschungen haben ergeben, dass die Fruchtbarkeit der Erde ausreicht um drei mal so viele Leute, wie jetzt auf der Erde leben, ausreichend zu versorgen. Nur Angst und daraus entspringender Neid, daraus resultierende Gier, daraus folgendes Misstrauen verursachen Mangel und Armut. Es geht um Vertrauen und sinnvolle Verteilung. Jedenfalls funktioniert es nicht mit der lange gültigen Parole des Christentums: *„Reichtum für die Kirche jetzt und der Himmel für das Volk im Jenseits."*

Dein Selbstbild – Deine Grenzen

Bernd Helge: Ist es wirklich so, dass wir uns durch negative Glaubenssätze selbst beschränken? Sind nicht die meisten Menschen aufgrund ihrer Herkunft, Erziehung und Ausbildung kaum in der Lage, ihre Lebensträume zu verwirklichen?
Apollon: Jeder Mensch trägt in sich ein subjektives Bild von der Welt und von sich selbst. Unter einem Selbst-„Bild" können wir uns ein auf Leinwand gemaltes Bild samt dem dazugehörigen Rahmen vorstellen. Der Rahmen bildet die Abgrenzung des Bildes zur Umgebung. Beim Rahmen endet das Bild. Der Rahmen sagt: „Bis hierher und nicht weiter!" Unsere Eltern, die Lehrer, die Gesellschaft und nicht zuletzt wir selbst haben uns ein Bild von unserer Persönlichkeit und von den Möglichkeiten unseres Ichs gebastelt.

Es gibt Untersuchungen, wonach der Mensch nur circa 10% der Möglichkeiten seines Gehirns ausnützt. Wobei das eine sehr vage Einschätzung ist. Denn trotz erstaunlicher Ergebnisse der modernen Gehirnforschung haben wir keine Ahnung, was das Gehirn wirklich leisten kann. Wir wissen nicht wie Denken wirklich funktioniert, wie Bewusstsein entsteht, wie innere Empfindungen, von Freiheit, Liebe, Schönheit sich bilden, wie und woher Intuition kommt. Je weiter wir forschen, desto gewisser können wir mit *Sokrates* antworten: *„Ich weiß, dass ich nichts weiß!"*

Auch wenn wir nicht wissen, *„was die Welt im Innersten zusammenhält"*, können wir die wunderbaren Fähigkeiten des Gehirns, die Möglichkeiten unserer Kreativität und die Energie unserer Gefühle für uns nutzen. Viele haben zu wenig Vertrauen zu den Möglichkeiten, die das Universum ihnen in ungeahnter Fülle bietet und sie haben zu wenig Vertrauen in ihre eigenen Fähigkeiten.

Menschen denken klein von sich und haben deshalb ein kleines Bildformat mit einengendem Bilderrahmen. Je weniger wir uns mental begrenzen, desto mehr Möglichkeiten haben wir. Die Menschen können viel mehr erreichen, als sie sich gewöhnlich zutrauen. Voraussetzung dafür ist allerdings, dass sie sich von einschränkenden Leitsätzen wie: „Dafür bin ich zu alt oder zu jung! Das schaffe ich nie! Das kann nicht gehen! Ich habe keine Aufstiegschancen! Man liebt mich nicht! Ich kann meine Träume nicht verwirklichen!" lösen.

Es gibt kaum jemanden, der nicht irgendwelche einengenden Glaubenssätze mit sich herumträgt. Sie sind die Ursache für Unsicherheit, Misserfolge, Depressionen, Suchtverhalten, gesundheitliche Probleme, mangelnde Selbstentfaltung. Es ist schwer, sich von negativen Denk-

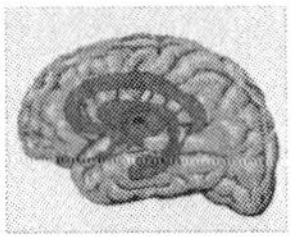

mustern, die schon in jungen Jahren „antrainiert" wurden, zu befreien. Viele sind ihren engen Rahmen so gewohnt, dass sie gar nicht auf die Idee kommen, es könnte auch anders sein, als sie von sich denken. Manche haben sich sogar richtig häuslich in ihrer Enge, zwischen ihren Scheuklappen, in ihrer Mittelmäßigkeit, in ihrem kleinen Elend eingerichtet. Alle Einladungen und angebotenen Möglichkeiten, aus dieser Idylle auszubrechen, betrachten sie als feindlichen Angriff. Sie bevorzugen die sichere Trostlosigkeit gegenüber dem unsicheren Glück. In diesem Fall sind Eltern, Erzieher, Trainer und Führungskräfte in Unternehmen gefragt, die das Potenzial anderer Menschen erkennen, aufzeigen und ihnen Mut zusprechen, die unglaublichen Möglichkeiten, die in jedem stecken, zu verwirklichen.

Fremdbestimmte Glaubenssätze

Bernd Helge: Du sagst, dass wir schon in der Kindheit den Rahmen für ein eingeschränktes „Selbst-Bild" angepasst bekommen.

Apollon: Unzählige Glaubensinhalte haben wir schon gleichsam mit der Muttermilch übernommen. Sie sind für uns so selbstverständlich, dass wir sie gar nicht in Frage stellen. Solche Glaubenssätze sind zum Beispiel: „Wenn ich mich schön brav anderen unterordne, werde ich leichter meine Ziele erreichen!" oder „Ich bin nicht gut genug!" oder „Es ist Glücksache (Zufall), ob ich einen guten Arbeitsplatz finde oder nicht!"

Ein Kind kann sich nur schwer oder gar nicht gegen solche und ähnliche negative Glaubenssätze zur Wehr setzen. Je weniger Erfahrungen es bislang gewonnen hat, desto leichter anerkennt es alle Behauptungen, die ihm von seiner Umgebung, von den Eltern, Lehrern, Freunden und so weiter eingeimpft werden.

Eine kluge Person hat einmal gesagt: *„Ein Kind ist wie*

eine Tafel, auf die jeder, der des Weges kommt etwas hinaufkritzeln kann.“
Ein Kind hat nur wenig Möglichkeiten, Worte wie zum Beispiel: „Das verstehst du nicht! Das kannst du nicht!“ oder „Das schaffst du nie! Schlag dir diese Träume aus dem Kopf!“ in Frage zu stellen. Solche Sätze werden zwar vom Kind bald wieder vergessen, doch sie sickern ins UB ein, von wo aus sie die Einstellung zum Leben stärker beeinflussen, als jene ahnen, die achtlos solche Meldungen von sich gegeben.

Kindern Kraft schenken
Bernd Helge: Kann es wirklich sein, dass solche, doch eher harmlose Sätze das Leben eines Menschen stark beeinflussen?
Apollon: Ja so ist es! Manche Worte sind besonders für Kinder keineswegs harmlos oder unbedenklich. Das Unterbewusstsein des Kindes übernimmt die Behauptung: „Du bist ungeschickt!“ oder „Du bist ein Dummkopf!“ oder „Du wirst es nie zu etwas bringen!“ ungeprüft. Und je öfters solche Worte von Eltern oder Lehrern wiederholt werden und je tiefer sie die Gefühlswelt des Kindes verletzen, desto stärker ist ihre Auswirkung im UB.

Wir können einem Kind einreden, es sei ungeschickt und sein UB wird sich bemühen, diesem Glaubenssatz Ausdruck zu verleihen. Das heißt, das Kind wird ungeschickt, weil ihm diese Eigenschaft zugesagt wurde. Und je ungeschickter es ist, desto bereitwilliger wird die Umgebung diesen Glauben bestätigen. So entsteht ein fataler Kreislauf.
Negative Be- und Verurteilungen, die oft gedankenlos und leichtfertig gemacht werden, sind für das Kind sehr schmerzhaft. Und alle Gedanken, die mit starken Gefühlen verbunden sind, graben sich besonders stark in das UB ein. So wird das Selbstvertrauen eines heranwachsen-

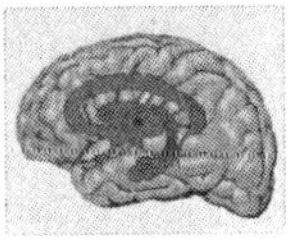

den Menschen oft dauerhaft gestört. Umgekehrt stärken die Eltern und die Erzieher das Selbstvertrauen und die Leistungsfähigkeit des Kindes mit jedem Lob, mit jeder Anerkennung.

Wilma Rudolph

Apollon: Ein gutes Beispiel für die Kraft von Glaubenssätzen sind die Erfolge der „schwarzen Gazelle" *Wilma Rudolph.*

Sie wurde 1940 in *Clarksville* im amerikanischen Bundesstaat *Tennessee* als zwanzigstes Kind in eine Familie von insgesamt 22 Kindern geboren. 1940 herrschte wirtschaftliche Depression in den USA. Vater und Mutter *Rudolph,* beide von schwarzer Hautfarbe, waren extrem arm. *Wilma* konnte nicht im örtlichen Krankenhaus geboren werden, weil dort nur Weiße versorgt wurden. Sie war bei der Geburt untergewichtig und litt von Anfang an unter diversen Krankheiten, die infolge Geldmangels nicht entsprechend behandelt werden konnten. Im vierten Lebensjahr wurde ein Muskelschwund und eine Deformation des linken Beins festgestellt. Die Diagnose lautete: Kinderlähmung. Der Arzt erklärte der Mutter *Rudolph, Wilma* würde niemals mehr gehen können.

Doch Frau *Rudolph* war nicht bereit, diese Diagnose einfach hinzunehmen. Sie wendete sich an das für Schwarze eingerichtete *medical college* der *Fisk University* in *Nashville,* circa 50 Meilen von *Clarksville* entfernt. Durch zwei Jahre fuhr Mutter *Rudolph* mit *Wilma* zweimal wöchentlich zur Behandlung nach *Nashville,* bis *Wilma* mit Hilfe einer Metallstütze am Bein wieder gehen konnte. Frau *Rudolph* lernte, wie sie selbst ihre Tochter physiotherapeutisch behandeln konnte. Auch die Geschwister halfen *Wilma* und taten alles, um sie zu ermutigen, entschlossen an sich zu

arbeiten, um wieder gesund zu werden.
Der Erfolg: Mit 8 Jahren konnte sie wieder ohne Krücken gehen. Mit 11 Jahren konnte sie erstmals gemeinsam mit ihren Geschwistern Basketball spielen.
Die weitere Biographie ist wirklich lesenswert, doch will ich sie nur im Telegrammstil zusammenfassen: *Wilma* absolvierte die *Burt High School.* Sie begann ein Lauftraining, nahm mit 16 Jahren erstmals an olympischen Spielen teil und errang dabei die Bronzemedaille in der 4 x 100 m Frauenstaffel. 1956 gewann sie bei den olympischen Spielen in *Rom* die Goldmedaillen in allen drei Kurzstreckendisziplinen (100 m, 200 m, 4 x 100 m Staffel). Am 19. August 1961 stellte sie in *Stuttgart* den Weltrekord im 100 Meter Sprint mit 11,2 Sekunden auf. 1963 graduierte sie an der *Tennessee State University. Wilma Rudolph* wurde eine der am meisten gefeierten weiblichen Athletinnen. Sie war ein Vorbild der US-amerikanischen Bürgerrechtsbewegung.

Ihr Beispiel zeigt uns, dass Begrenzungen nur in unserem Gehirn bestehen und dass in unserer Welt mit Liebe, starkem Vertrauen und unbeugsamem Willen alles möglich ist.

Das Unterbewusstsein gehorcht blind!

Bernd Helge: Weshalb haben unsere Denkmuster eine so erstaunliche Wirkung, sowohl in die negative als auch in die positive Richtung? Weshalb gehorcht das hochintelligente Unterbewusstsein auch lebensfeindlichen Gedanken?
Apollon: Das UB übernimmt jede Überzeugung, ohne sie zu überprüfen und sorgt für deren Verwirklichung. Es hat nur ein Bescheidformular, mit dem es auf jede Eingabe unseres Denkens antwortet. Im Text dieses Formulars steht immer: „Antrag genehmigt". Das UB handelt willen-

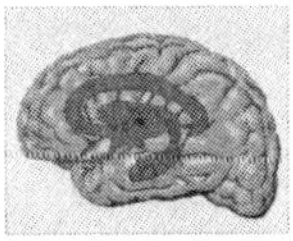

los wie ein Mensch, der unter Hypnose steht. Sagt ihm der Hypnotiseur: „Du bist ein Hund“, so fühlt er sich wie ein Hund und versucht, sich auch so aufzuführen. Was immer wir dem Unterbewussten „auf-drücken“ wird von ihm „ausge-drückt“.
Es widerspricht der menschlichen Freiheit, wenn wir durch selbstständige Entscheidungen unseres UB zu einem Glück gezwungen werden. Deshalb ist das UB nur ausführendes Organ. Wir selbst sind verantwortlich für jeden Gedanken, den wir dem UB übergeben.

Bilder bestimmen das Unterbewusstsein
Bernd Helge: Kannst du noch ausführlicher die Arbeitsweise des UB erläutern?
Apollon: Vorwiegend sind es Bilder und die dadurch ausgelösten Gefühle, die unser UB besonders wirksam beeinflussen. Wie sich Träume vorwiegend aus Bildern gestalten, so arbeitet unser UB. Das können wir nutzen, indem wir das **„visualisieren“**, was wir erreichen wollen. Visualisieren bedeutet, sich ein Bild von dem machen, was wir erreichen wollen.

Wenn jemand kurz vor seinem Auftritt auf einer Bühne sich sorgenvolle Gedanken darüber macht, beim Schreiten über die Stufen zum Podium wohl nicht zu stolpern, so sieht er innerlich das Bild des Stolperns. Er wird sich vielleicht sagen: „Hoffentlich stolpere ich nicht!“ Mit diesen Worten festigt er in seinem UB das Bild des Stolperns und die damit verbundenen peinlichen Gefühle. Der Begriff „nicht“ spielt dabei kaum eine Rolle, denn das Wort „nicht“ kann schwer in die Sprache der Bilder übersetzt werden.

Das UB bemüht sich, eingegebene geistige Bilder in der äußeren Welt zu verwirklichen. Damit steigern sich die Chancen auf ein tatsächliches Stolpern oder auf ein sonstiges Missgeschick beim Betreten der Bühne gewaltig. Die richtige Suggestion währe daher: „Ich schreite ruhig und selbstsicher aufs Podium!“ Noch besser ist es, den Fokus überhaupt von sich, vom möglichen Versagen oder vom Gut-Sein-Wollen auf das Ziel zu lenken und sich beispielsweise so mental vorzubereiten: „Ich werde mit meinem Publikum in eine intensive, dynamische Beziehung treten. Ich will meine Begeisterung mit den Menschen teilen!“

Die bildhafte Arbeitsweise des UB wird von Werbefachleuten klug ausgenützt. So sah ich vor einiger Zeit ein großes Plakat mit dem Bild eines jungen, sympathischen Mannes, der genüsslich eine Zigarette rauchte. Darunter stand, den gesetzlichen Vorschriften entsprechend: „Rauchen kann tödlich sein. Rauchen gefährdet Ihre Gesundheit!“ Logisch gedacht, könnte man meinen, dass ein solches Plakat vom Rauchen abhält.

Doch tatsächlich überfahren die Bilder der kreativen rechten Gehirnhälfte die verbale Logik der linken, mit dem Ergebnis, dass der rauchende junge Mann uns gut im Gedächtnis bleibt. So sind auch alle guten Vorsätze und Appelle wie: „Ich will nicht mehr Rauchen!“ oder „Du sollst nicht so viel Rauchen!“ ziemlich wertlos. Im Gegenteil, sie rufen im UB das Bild des geliebten Rauchens in angenehme Erinnerung und verstärken so die Sucht.

Es ist wichtig, wenn wir uns ein Ziel setzen, dass wir klar und positiv definieren und damit entsprechende Bilder und Gefühle verbinden. Beispielsweise: „Ich werde ab sofort, regelmäßig am Morgen eine halbe Stunde Joggen! So werde ich mich frisch und kraftvoll fühlen. Ich werde in Hinkunft meinen Körper gut behandeln und das konsumieren, was meine Gesundheit fördert! Alle Zigaretten werfe ich sofort weg! Ich werde jedes Angebot zu rauchen

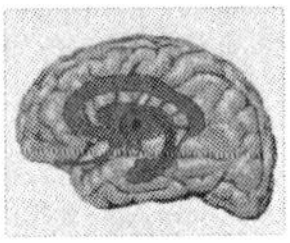

mit einem überzeugenden Lächeln ablehnen!
Ich will, ohne wenn und aber, ein freies, glückliches Leben führen!“

Klare Zielvorstellungen lenken das UB in die gewollte Richtung. Viele Menschen haben es schwer, sich zu verändern, weil sie keine klaren Bilder von ihren Zielen bilden. Beispielsweise verstärken Jammern und Selbstmitleid nur das Übel. Der Fokus wird auf das gerichtet, was eigentlich beseitigt werden soll.

Autosuggestionen wie: „Ich verdiene zu wenig!“ oder „Ich hasse dies!, das geht mir auf die Nerven“ oder „Ich will nicht...“ oder auch „Ich will mir mehr leisten können!“ geben dem UB keine eindeutigen Ziele, keine gewünschten Bilder vor. Dementsprechend wird das Ergebnis sein.

Stell dir vor, du schreibst an ein Versandhaus: „Bitte schicken Sie mir keinen Smoking!“ oder „Senden sie mir etwas, was mir wirklich gut gefällt!“ Das Versandhaus des Lebens ist die Fülle und Vollkommenheit des Universums. Doch kann dir dieses Versandhaus deine Wünsche nur dann erfüllen, wenn du sie eindeutig, möglichst in lebhaften, schönen Bildern beschreiben kannst.

Die Heilkraft in dir
Apollon: Jesus erklärt, dass jeder Gedanke die Kraft hat, sich zu verwirklichen. Immer wieder betont *Jesus* bei seinen Heilungen, dass die eigene Zuversicht und das feste Vertrauen eine Veränderung bewirkt: Er sagt nie: „Ich habe dich geheilt“, sondern *„Dein Glaube hat dich gesund gemacht!“ (Mat. 9,23).*

Geistige Heilung erfolgt durch Hinwendung zur Vollkommenheit des Universums. *Jesus, Buddha, Brahma* oder *Artemis,* sind für den Eingeweihten nur das Symbol einer

geistigen Heilkraft, die in jedem Menschen wirkt.
Dieselbe Heilkraft, die ein erleuchteter Mensch hat, wirkt auch in jedem anderen Menschen, wenn er durch den Schleier der *Maya* hindurch die Fülle und Vollkommenheit des Daseins wahrzunehmen vermag.

Wenn wir uns selbst heilen, so sollten wir uns nicht als krank visualisieren und betonen, dass wir krank sind und gesund werden wollen. Damit schenken wir der Krankheit Energie. **Verbinde dich mit dem Prinzip der Fülle, dann werden Vollkommenheit und Gesundheit in Erscheinung treten.**

Einfach gesagt, geh davon aus, dass du bereits gesund bist. Stell dir intensiv deinen gesunden Zustand vor. Damit entsteht eine Verbindung zur universellen Gesundheit, die auch in dir grundsätzlich herrscht. Ein Körper kann nur dann gut funktionieren, wenn eine weisheitsvolle Kraft das Wachstum und die Erneuerung der Zellen, den Stoffwechsel, die Arbeit der Organe steuert. Diese „Gesundheitskraft“ muss, logisch gesehen, auch vor deiner Krankheit in dir geherrscht haben und ist latent noch immer vorhanden.

Wenn du Gesundheit „denkst“, dir deinen gesunden Zustand lebhaft vorstellst, so bist du wieder eins mit deiner Gesundheit. Natürlich wird die Manifestation dieser Heilung eine gewisse Zeit in Anspruch nehmen, so wie aus einem Samen nicht von einer Minute auf die andere ein ausgewachsener Baum entsteht.

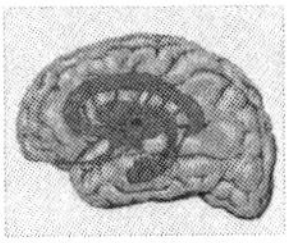

Zusammenfassung:

1. Das Unterbewusstsein ist wie ein Tagebuch. Es notiert alle deine Glaubensinhalte.
2. Der Müll und die Schätze in deinem Tagebuch verwirklichen sich und bestimmen dein Glück.
3. Es gibt keine „objektiven" Lebensumstände. Sie sind und werden immer so, wie wir sie beurteilen.
4. Kollektive Angst vor Mangel sorgt für Ungerechtigkeit auf dieser Welt.
5. Das Unterbewusstsein hat unbegrenzte Speicherkapazität. Die Summe der gespeicherten Glaubensinhalte bildet unsere „Wahrheit".
6. Das UB ist hoch intelligent. Es versteht alle deine „Wahrheiten" zu verwirklichen.
7. Das UB erlaubt nicht, dass wir mehr haben und mehr erreichen, als wir glauben zu haben und erreichen zu können.
8. Verwechsle nicht Ursache mit Wirkung! Unsere Lebensumstände sind die Wirkung unserer Denkweise.
9. Wir sind nicht beschränkt durch die Lebensumstände, sondern die Lebensumstände sind beschränkt durch unser Denken.
10. Der Mensch zieht magisch an, wovor er sich fürchtet.
11. Geld und Reichtum sind keine Hindernisse für unser Glück. Sie sind neutrale Energie. Wie wir darüber denken und wie wir diese Energie verwenden, fällt auf uns zurück.
12. Unser Selbst-Bild entscheidet unser Leben.
13. Kinder sind ungeschützt den Worten und Glaubensinhalten der Erwachsenen ausgesetzt. Schenk ihnen Kraft durch positive Bilder.
14. Bilder bestimmen das UB. Achte auf deine inneren Bilder!
15. Nur wer die Kraft des Glaubens erkennt, kann sein Glück selbst bestimmen.

9 Jesus, der große Zauberer?

„Wer in sich selbst Glückseligkeit findet, dessen Seele, mit Brahma vereint, ist in ewiger Wonne" (Gita V, 21)

Mit der richtigen Einstellung zum Leben werden wir so leicht, unbekümmert und fröhlich, dass uns Wasser tragen kann.

Heilige Schriften?

Bernd Helge: Die Bibel gilt für die *christlichen* Kirchen als „heilige" Schrift, weil sie das „Wort Gottes" beinhaltet. Wie denkst du darüber.

Apollon: Für die *katholische* Kirche sind all jene Schriften und Menschen heilig, die von ihr für heilig erklärt wurden. Für mich sind alle Dinge, alle Geschöpfe, die das Universum geschaffen hat, großartige Wunder. Dazu gehören natürlich auch die Menschen und ihre Produkte. Wenn wir ihre Schönheit und Einmaligkeit erkennen können, so sind sie alle „heilig". Ob etwas heilig ist, entscheiden die Gedanken des Betrachters. Jede Idee, jede Geschichte, jedes Buch ist in diesem weiteren Sinne etwas Heiliges. Eine Schrift ist für mich dann heilig, wenn sie „heilt", wenn sie den Menschen Schönheit, Liebe, Lebensfreude vermittelt. Heilbringend ist all das, was den Menschen hilft, gesund und glücklich zu sein.

Jede Schrift, die den Autor verlassen hat, schläft einen Dornröschenschlaf. Erst der Leser erweckt sie wieder zum Leben und entscheidet zugleich, was er daraus macht - mit welchen Augen er sie betrachtet. Einer liest sie und wird von Schönheit und Liebe berauscht. Der andere findet keinen Bezug, sie lässt ihn völlig kalt. Der Dritte wird durch sie zu einem fanatischen Kampf motiviert.

Je mehr der Mensch mit seinem einmaligen Wesenskern, mit seiner Essenz verbunden ist, desto „heiliger", das heißt glücklicher ist er. Es wäre naiv anzunehmen, dass all das bunte Gemisch von Schriften und Aussagen, die wir in der *Bibel* vorfinden, glücklich machend ist. Ganz im Gegenteil finden wir in ihr auch jede Menge Unsinn und Aussagen, die heute nicht mehr aktuell sind.

Die *jüdischen* und *christlichen* Kirchen und ebenso die *Muslime* und *Hindus* machen ein unnötiges Theater um die Besonderheit ihrer „heiligen" Schriften. Sie stammen von fehlbaren Menschen und wurden schließlich von Menschen, die genauso wenig perfekt sind, wie du und ich, zu einer Einheit zusammengestellt. Sie enthalten prächtige Weisheiten und zugleich viele problematische Lehren. Im übrigen stammen sie teilweise aus *archaischen* Kulturen und Denkweisen, die für uns nicht mehr zeitgemäß sind.

Wenn wir uns heute einen Film anschauen, der vor 30 oder 50 Jahren gedreht wurde, so können wir feststellen, wie stark sich in dieser kurzen Zeit die Menschen und deren Geschmack verändert haben. Diese Filme wirken auf uns heute künstlich, naiv und lebensfremd, obwohl sie von hervorragenden Schauspielern gespielt und von guten Regisseuren gedreht wurden.

Kaum jemand liest heute noch Literatur der Klassiker Goethe, Schiller oder Lessing. Die Welt ist heute einfach nicht mehr so wie vor 200 Jahren. Die Menschen denken heute anders und stehen den Problemen und Darstellungen, die vor kurzem noch modern und interessant waren, vorwiegend verständnislos bis gelangweilt gegenüber.

Umso mehr fehlt den modernen Menschen ein lebendiger Zugang zu zwei- oder gar dreitausend Jahren alten Geschichten, wie sie in der Bibel erzählt werden. Sie stammen aus historischen, politischen, sozialen und religiösen Hintergründen der Autoren, die heute fast nicht nachvollziehbar sind. Da versagen natürlich auch die teilweise gut gemeinten Bemühungen von Theologen und Priestern.

Im übrigen haben die verschiedenen „Autoritäten" wie beispielsweise *Paulus* oder die kirchlichen Machthaber ihre „heiligen" Schriften immer so ausgelegt, wie es in ihre Denkgewohnheiten und in ihre Interessen gepasst hat.

Wenn sich die abendländische Welt in Bezug auf ihre spirituellen schriftlichen Schätze zeitgemäß verändern will, so ist eine neue Sicht erforderlich. Ansonsten droht eine geistige Erstarrung, wie sie in den *christlichen, jüdischen* aber auch in *muslimischen* und *hinduistischen* Kreisen bereits voll im Gange ist. Denn diese Erstarrung fördert nur Intoleranz und Fanatismus.

Die Evangelien

Bernd Helge: Inwieweit haben die Schilderungen des Leben *Jesu* in der Bibel einen historischen Hintergrund?

Apollon: Was die *Christen* als ihre *Bibel* bezeichnen, besteht im wesentlichen aus der heiligen Schrift der *Juden,* dem sogenannten *Tanach* und dem *Neuen Testament.*

Der *Tanach* setzt sich aus alten Sagen, Stammesgeschichten, historischen Darstellungen, Gebeten, Gesetzeswerken und Weisheitsliteratur zusammen. Diese sehr unterschiedlichen Geschichten wurden ungefähr ab 1.000 v. Chr. aufgezeichnet und nach und nach zusammengetragen. Die Christen nennen diesen *Tanach* das *„Alte Testament".*

Das *Neue Testament* ist rund zweitausend Jahre alt. Es schildert in den 4 *Evangelien* das Leben *Jesu.* Zwei dieser *Evangelien* stammen nach christlicher Tradition von den *Jüngern des Jesus* namens *Matthäus* und *Johannes,* was jedoch historische Untersuchungen verneinen. Weitere zwei Schilderungen der Jesusgeschichte wurden angeb-

lich von Schülern der *Apostel,* namens *Markus* und *Lukas* verfasst. Die Niederschriften erfolgten jedenfalls erhebliche Zeit nach dem Tode Jesu. Als ältestes *Evangelium* wird das des *Markus* angesehen. Es soll zwischen 50 und 60 n. Chr. geschrieben worden sein.

Die Evangelien des *Matthäus, Markus* und *Lukas* (auch *„synoptische Evangelien"* genannt – von griech. *synopsis* = Zusammenschau) stimmen im Aufbau und Inhalt soweit überein, dass angenommen wird, dass sie auf ein oder zwei gemeinsam genutzte Quellen zurückgehen. Man kann davon ausgehen, dass die *Evangelien* weniger als historische Schilderung des Lebens Jesu gedacht waren, sondern dass sie in erster Linie als *Allegorie*, als eine symbolische Darstellung einer religiösen Botschaft zu verstehen sind.

Zum Neuen Testament gehören noch die mystische *„Offenbarung des Johannes*", die *Apostelgeschichte* und verschiedene *Briefe,* geschrieben von maßgeblichen Führern der neuen Christusbewegung. Ziemlich sicher stammen weder die *„Offenbarung des Johannes"* noch die *„Briefe des Johannes"* vom Jünger des Jesus mit dem Namen *Johannes.*

Paradoxer Weise sind es gerade die Mythen und Glaubensvorstellungen der alten *Griechen*, die uns, wenn wir sie der Bibel gegenüber stellen, starke Impulse für ein neues Verständnis der „heiligen" Schriften geben können. Denn sie eröffnen Perspektiven auf die Grundprinzipien des Lebens und zeigen, wie wir die Botschaften Jesu besser verstehen können.

Jesus und Krishna

Bernd Helge: Als besonders heilig, ja sogar als unmittelbare Erscheinung Gottes, als Gottes „Sohn" wird *Jesus*

von den christlichen Kirchen verehrt. Wie siehst du das?
Apollon: Es gibt eine interessante Parallele zwischen der Lebensgeschichte *Jesu*, wie sie in den *Evangelien* geschildert wird und den Erzählungen der Inder über ihren Gott *Krishna*.

Diese Berichte über *Krishna* lassen die Geschichte des *Jesus*, wie sie in den *Evangelien* dargestellt wird, in einem anderen Licht erscheinen. Sie relativieren die historischen „Wahrheiten“ der *Evangelien* und zeigen, wie solche heiligen Geschichten aufzufassen sind.

Das Wort *Krishna* kommt aus dem *Sanskrit* und bedeutet „der Schwarze“. *Krishna* soll eine dunkle Hautfarbe, vergleichbar mit einer „frischen Gewitterwolke“ gehabt haben. Er gilt als eine Inkarnation des Gottes *Vihsnu*. Die *Hindus* gehen davon aus, dass er tatsächlich gelebt hat, also eine historische Person war, was jedoch von Wissenschaftern bezweifelt wird.

Wie die *Bhagavatpurana* berichtet, musste *Krishna* kurz nach seiner Geburt in Sicherheit gebracht werden, weil der damalige König *Kamsa* ihn töten wollte. Man hatte dem König *Kamsa* nämlich geweissagt, dass ein Sohn seiner Schwester *Devaki* ihn töten werde. Deshalb hielt der König *Devaki* und ihren Ehemann *Vasudeva* im Palastkerker gefangen.

Als *Krishna* geboren wird, können die Eltern in einer vorübergehenden Vision ihren Sohn in seiner überirdischen Form als Gott mit vier Armen und Händen sehen. Seine Wunderkräfte äußern sich darin, dass die Wärter einschlafen, die Kerkerketten zerspringen und die Türen aufspringen. *Vasudeva* flieht mit dem Neugeborenen und bringt ihn ins Dorf *Vrindavan*, im heutigen indischen Bundesstaat *Uttar Pradesh* gelegen. Um das Kind zu vernichten, lässt der König alle Neugeborenen der Umgebung töten. Doch *Krishna* überlebt und er wächst als Kuhhirte auf. *Devaki* soll wie Maria, die Mutter des Jesu, ihren Sohn *Krishna* jungfräulich empfangen haben. Der Geist Gottes soll sich dabei wie eine Feuersäule auf sie niedergesenkt und sie mit dem Licht des Lebens durchstrahlt haben.

Mit 16 Jahren hatte *Krishna* auf dem Gipfel des heiligen Berges *Meru* eine Erleuchtung. Er begegnete dort einem vom Morgenlicht umstrahlten, weißgekleideten Greis, der ihm die Augen über seine künftigen Aufgaben öffnete. Dann verschwand die Erscheinung in einem flammenden Licht.

Als *Krishna* vom Berg *Meru* zurückkehrte, erschien er verklärt und verwandelt. Eine göttliche Kraft ging von ihm aus. Er begann eine Pilgerfahrt, predigte, wirkte Wunder, heilte Kranke, weckte auf die „geistig Toten" durch seine Frohbotschaft über die Erlösung durch Liebe und gute Taten. Viele Menschen strömten zu ihm und beteten ihn mit den Worten an: „Du bist der Erlöser, wie er unseren Vätern verkündet wurde!"

Seine Botschaften offenbarte *Krishna* dem einfachen Volk in Gleichnissen, um ihnen so seine Lehre von der leiderlösenden Liebe näher zu bringen. Die Lehren des *Krishna* sind in der *Bhagavad Gita* aufgezeichnet. Dort erklärt *Krishna* seinem Schüler *Ardschuna* die Geheimnisse der Welt. Er erzählt ihm von der Unvergänglichkeit der Seele, ihren Wiederverkörperungen und ihrer Vereinigung mit der Gottheit.

Krishna wusste, dass ihm *Kamsa* weiter nach dem Leben trachtete. Als seine Botschaft dem ganzen Volke *Bharatas* verkündet war, ahnte er, dass seine Stunde gekommen war. Er war bereit, seine Mission durch seinen Tod zu krönen. *„Es ist nötig, dass der Sohn Gottes getötet werde, damit die Welt seinen Worten glaubt.“* Nach diesen Worten verließ *Krishna* seine Jünger und ging sieben Tage in die Stille. Im Zustande des Entrücktseins wurde er von den Häschern des *Kamsa* entdeckt und mit Pfeilen getötet. Seine letzten Worte sollen gewesen sein: „Es ist vollbracht!“

Bernd Helge: Die Ähnlichkeit mit der Geschichte des Jesus ist frappierend. Da fragt man sich, wer von den Autoren vom anderen abgeschrieben hat!
Apollon: Das ist schwer zu beantworten. Die Geburt des *Krishna* soll rund eintausend Jahre vor derjenigen des *Jesus* statt gefunden haben. Die Autoren, die über das Leben des *Jesus Christus* berichten, die sogenannten *Evangelisten,* erwähnen selbst nicht ihre Namen. Die meisten Forscher gehen davon aus, dass die Verfasser der vier *Evangelien* ursprünglich anonym waren und dass ihnen, um die Glaubhaftigkeit ihrer Berichte zu steigern, erst viel später Namen zugeordnet wurden.

Letztlich ist es völlig egal, wie und wann diese Geschichten entstanden sind, inwieweit sie einen historischen Hintergrund haben oder nicht. Sicherlich sind sie in erster Linie als Weisheitslehren mit gleichnishaften Beispielen aufzufassen.

Statt uns an den Worten der *Bibel,* des *Koran* oder der *Bhagavad Gita* anzuklammern und die jeweilige Religion, die daraus abgeleitet wird, mit Feuer und Schwert zu verteidigen, sollten wir lieber nach den in ihnen verborgenen Perlen forschen, die uns Kraft und Frieden schenken und uns zu einem erfüllten Leben anleiten.

Wir finden solche Weisheiten nicht nur in den erwähnten religiösen Schriften, sondern in unzähligen Werken wie

zum Beispiel in den Lehren des *Gautama Buddha*, bei *Sokrates*, bei *Meister Eckehart*, bei *Ramana Marharisi*.

Verfolgung und Mord im Namen der Religion

Bernd Helge: Es ist unglaublich, wie viele Menschen in den letzten Jahrhunderten aus religiösen Gründen verfolgt und umgebracht wurden und wie viele Kriege religiös motiviert sind. Ich denke da an die Verfolgungen der ersten Christen, an die Kreuzzüge, an die Verfolgung der Templer, an den 30-jährigen Krieg, an Hexenverbrennungen, den Holocaust, an die ewigen Auseinandersetzungen in Nordirland, an die Kriege in Palästina, die Attentate fanatischer Muslime, den Bürgerkrieg zwischen Schiiten und Sunniten im Irak um nur einige zu nennen.

Apollon: Der Ursprung von Engherzigkeit, Intoleranz und Fanatismus ist die Meinung, wonach es nur eine Wahrheit gibt, welche für mein Ego und das meiner Glaubensgenossen gepachtet ist! Religiöse Scheuklappen verbunden mit Machtgier verursachen Ausgrenzung, Verfolgung und Unterdrückung Andersgläubiger, verschulden Streit, Krieg und Terror.

Auch die Verfolgung und Kreuzigung *Jesu*, wie sie in den *Evangelien* dargestellt wird, war eine „religiöse" Tat. Die Frage für mich ist, was sich tatsächlich vor rund 2000 Jahren in *Palästina* zugetragen hat.

Die *Juden* anerkennen *Jesus* nicht als den *Messias*, wie er in den alttestamentlichen Schriften angekündigt wird. Die *Christen* hingegen waren mit allen Mitteln bemüht, *Jesus* als den richtigen *Messias*, als den Erlöser der Menschen, wie er prophezeit worden war, darzustellen.

So finden wir am Beginn des *Matthäus-Evangeliums* einen Stammbaum, der die Abstammung des *Jesus* von *Abraham* und *David* nachweisen soll, weil dies so für den *Messias* in den alten Büchern angekündigt wurde. Um diesen

Nachweis bemüht sich auch *Lukas* in seinem *Evangelium*, wobei er jedoch erstaunlicherweise einen anderen Stammbaum beschreibt.

Die *alttestamentlichen* Schriften sagen die Verfolgung und Hinrichtung des *Messias* voraus. Vielleicht wird deshalb der Leidensweg *Jesu* in den *Evangelien* so ausführlich beschrieben. Außerdem wollten die Autoren durch die breit dargestellte Leidensgeschichte *Jesu* sicher auch die Sündhaftigkeit der *Juden* und insbesondere deren Priester *(Pharisäer)* brandmarken.

Was für die Möglichkeit einer Exekution des *Jesus* durch die *Juden* spricht, ist die Tatsache, dass *Jesus* die *Pharisäer* in seinen Reden immer wieder angegriffen, verhöhnt und verurteilt hat. So wäre es auch nicht weiter verwunderlich, wenn sie ihn als Feind und Verbrecher verfolgten und versuchten, ihn auf die damals übliche Weise zu eliminieren. Die *Juden* bestraften damals den Angriff gegen ihre Religion in ähnlicher Art und Weise, wie später, insbesondere zur Zeit der *Inquisition*, die katholische Kirche gegen *Hexen* und *Häretiker* vorgegangen ist.

Es gibt allerdings auch Erzählungen, wonach *Jesus* nicht gekreuzigt wurde, sondern nach *Nordindien* ausgewandert ist, um sich den Verfolgungen in *Palästina* zu entziehen und um dort ein glückliches Dasein in der Stille und Schönheit der Vorberge zum *Himalaja* zu führen. Das hätte seinem „Vater im Himmel" sicher besser gefallen, als ihn am Kreuz sterben zu lassen.

Unsere Erlösung durch Jesus

Bernd Helge: Die Kreuzigung *Jesu* wird als eine notwendige Tat zur Erlösung der Menschen beschrieben.

Apollon: In meinen Augen ist die Ansicht des *Paulus* und seiner Nachfolger völlig pervers, wonach Gott seinen

Sohn für die Menschheit geopfert hat, damit diese von aller Sünde und Verdammnis erlöst wird. „Ohne eigenen Verdienst“ werden, nach *Paulus*, die Sünder durch das Sühneopfer, welches Gott an Jesus vollzogen hat, wieder gerecht gemacht. Dies gilt allerdings nur für diejenigen, die an *Jesus* glauben und sich zu ihm bekennen. *(Röm. 3,21-26)* Ansonsten droht allen Sündern natürlich das „Zorngericht“ Gottes.

Ausdrücklich bestätigt wurde diese Ansicht des *Paulus* am *Konzil von Trient (1545 – 1563): „Denn ohne Glauben (an Jesus) ist es unmöglich, Gott zu gefallen und zu seiner Kindschaft zu gelangen.“ (Sitzung 6, Kap.7)* Nach diesem Diktat der katholischen Kurie sind die Anhänger aller anderen Religionen wirklich zu bedauern.

Ich bin der Meinung, dass jeder Mensch sich selbst entwickeln muss und dass letztlich nur er sich selbst geistig befreien kann. Mag man diese Befreiung „Erlösung“, „Erleuchtung“ oder wie auch immer benennen. Auf diesem Weg befinden sich alle Menschen bewusst oder unbewusst, zielgerichtet oder auf nebulosen Irrwegen.

Andernfalls wäre die ganze Menschheitsgeschichte ziemlich witzlos. Wir hätten sonst im Leben nur eine Zuschauerrolle. Das Leben wäre wie ein Kinofilm, in dem wir zwar mitspielen dürfen, in dem wir jedoch das ganze Geschehen in der Form von Versuchung, Verdammung, Bestrafung und möglicher Erlösung wie unmündige Idioten über uns ergehen lassen müssen.

Wenn *Jesus* wirklich das *„Lamm Gottes“* war, dass unschuldig zur Schlachtbank geführt wurde, um für die Menschheit geopfert zu werden, so war das zwar eine sehr effektvolle und dramatische Regie, doch das Ergebnis muss man als jämmerlich bezeichnen.

Natürlich hatte das dramatische Ende des *Jesus* „medial" die beste Wirkung. Wäre *Jesus* ganz gewöhnlich an Altersschwäche gestorben, so hätte sich das Christentum nicht so gut entfalten können. Auch hätte das nicht zu den Prophezeiungen der alten Schriften gepasst. Doch sollte dem „lieben" Gott die Publicity wirklich so wichtig gewesen sein?

Das erste Kind von *Josef* und *Maria* wurde auf den Namen *Joshua (hebr. Jehoschua, lat. Jesus)* getauft. Das war ein Name, der im Alten Testament mehrfach vorkommt. Er bedeutet ursprünglich „Heil" oder „Rettung". Die von ihm überlieferten Lehren beinhalten zweifellos viele besondere Weisheiten. Doch wer glaubt, dass er durch ein Bekenntnis zu *Jesus* „erlöst" wird, der befindet sich sicher auf dem Holzweg. *Jesus* und der liebe Gott werden ihm „was pfeifen", denn die wollen, dass wir selbst für unser Heil sorgen.

Ein gutes Sprichwort sagt: *„Hilf dir selbst, dann hilft dir Gott!"* Keine himmlische Kraft will uns erlösen oder von einer „Erbsünde" befreien. Denn erstens gibt es keine „Sünde", sondern nur Chancen und Entwicklungsmöglichkeiten und zweitens sind wir aufgerufen, uns selbst zu helfen, uns selbst zu entwickeln und selbst unser Schicksal zu bestimmen. Wenn wir dazu bereit sind, werden uns alle Götter beistehen.

Die richtige Erlösung kommt durch die Hinwendung zu uns selbst, durch Achtsamkeit gegenüber unserem Körper, unserem Fühlen und Denken. Jedenfalls erfolgt sie nicht durch Selbstvorwürfe, Schuldgefühle, Kasteiung, durch Angst vor Zorngerichten oder gar durch die Kreuzigung des Jesus Christus.

Und ebenso wenig erfolgt sie durch einen Taufschein, so wie unlängst ein hoher Repräsentant der katholischen

Kirche in einer Fernsehsendung geäußert hat: Nur eines möchte er bei seinem Tod ins Jenseits mitnehmen, und das sei sein Taufschein. Denn der sei der notwendige Reisepass, um Einlass ins Paradies zu bekommen. Nach meiner Meinung kann wohl mit Sicherheit gesagt werden: So wie der Mensch denkt und lebt, so wird ihm geschehen und dabei wird ihm sein kirchliches „Parteibuch" keine Protektion bei irgend einem Gott sichern.

Abschaffung der Religionsgemeinschaften?

Bernd Helge: Wäre es nicht das Beste, alle Religionsgemeinschaften zu verbieten und aufzulösen, um damit den Menschen mehr Freiraum für eigenständige Entwicklung zu geben?

Apollon: Das wurde bereits ohne großen Erfolg im ehemaligen kommunistischen Russland versucht. Ich denke, damit wird das Kind mit dem Bade ausgeschüttet.

Für die meisten Menschen ist es sehr wichtig, dass sie in einer Religionsgemeinschaft eine Orientierung finden. Menschen bilden in Sekten und Kirchen (wobei für mich auch die großen Kirchen nichts anderes als Sekten sind) zum Teil schöne Gemeinschaften. Gemeinsam zu feiern, miteinander göttliche Symbole zu verehren oder, wie es zum Teil die *Buddhisten, Sufis* und *Mystiker* tun, sich gemeinsam im Tanz, im Gebet, in der Meditation dem geistigen Ursprung des Lebens zuzuwenden, kann eine wunderbare Sache sein.

Das Problem der meisten Kirchen ist ihr Anspruch auf Ausschließlichkeit. Schon den Kindern wird eingeimpft: „Nur unser Glaube ist der Richtige!" Die katholischen Kinder besuchen nur den katholischen Religionsunterricht und ebenso die evangelischen nur den evangelischen, die Muslimen-Kinder nur den muslimischen. Es gibt kaum Menschen, die sich zu einer Religion bekennen und sich

dennoch intensiv und positiv auch mit anderen Religionen auseinander setzen.

Kinder sollten in der Schule nicht nur durch den Religionslehrer „ihres Glaubens“, unterrichtet werden. Sie sollten auch die Weisheiten und Schönheiten anderer Religionskulte vermittelt bekommen. Nur so entsteht Verständnis, Toleranz und Weite. Es ist ein riesiges Geschenk, an den Religionsfeiern verschiedener Glaubensrichtungen teilnehmen zu dürfen. Letztlich würden die Menschen erkennen, wie wenig sich die grundlegenden Glaubensinhalte der verschiedenen Religionen voneinander unterscheiden.

Die einseitige Beschäftigung mit dem „hauseigenen“ Glauben ist vergleichbar mit der Züchtung von Hunden. Durch Auslese und Inzucht werden Hunderassen produziert, die besondere Merkmale aufweisen, die jedoch zugleich immer unnatürlicher, empfindlicher und degenerierter werden. Die gesündesten und intelligentesten Hunde sind die Mischlinge.

Unter den vielen Göttern, Heiligen, Glaubensvorstellungen der verschiedensten Kulturen steht eine breite, herrliche Auswahl zur Verfügung. Lasst uns bei *Jehova, Jesus, Buddha, Shiva, Ghanesha, Mohammed, Zeus* und *Artemis* auswählen und nehmen, was uns anspricht und gefällt.

So kann wieder ein gesunder Glaube, eine gesunde Religion entstehen. So kann sich jeder Mensch diejenige Religion schaffen, die seiner Individualität entspricht. So formt sich authentische Religion.

Ich weiß, diese Gedanken sind verrückt und unrealisierbar. Ich weiß, wie pervers und abscheulich solche Ideen für gute und brave Gläubige klingen müssen. Zugleich kann dieser, von mir ganz ernst gemeinte Vorschlag, ein Gefühl der Freiheit, Leichtigkeit und liebevollen Heiterkeit auslösen.

Horror vacui

Bernd Helge: Wo liegt das Problem, wenn sich jeder Mensch seinen eigenen Glaubens-Cocktail zusammenstellt?
Apollon: Der Mensch will überzeugt sein. Eine vorgegebene Ideologie gibt ihm Orientierung. Sie stillt sein Verlangen nach Sicherheit. Wenn sich jemand mit einer Glaubensgemeinschaft verbindet, so gibt ihm das ein Gefühl der Identität. Es gibt ihm das Gefühl, Recht zu haben und den richtigen Weg zu gehen, denn alle in seiner Gruppe gehen den gleichen Weg.

Genau genommen ist es dem Menschen gar nicht so wichtig, der „richtigen" Glaubensgemeinschaft anzugehören, sonst würde er sich mehr mit anderen Denkweisen und Religionen unvoreingenommen auseinander setzen. Unbewusst sagt er sich: „Lieber eine falsche Überzeugung, als gar keine!" Ungewissheit oder Zweifel sind schwer zu ertragen.

Der Mensch hat einen *„Horror vacui"*, das heißt: eine Angst vor dem Vakuum, vor der Leere, vor dem Nichts. Deshalb vermeidet er es, seine Glaubensmuster in Frage zu stellen. Er möchte nicht zweifeln, sondern strebt nach Sicherheit. Seine Ängste resultieren aus seiner Trennung von seiner inneren Essenz.

Kinder sind geistig noch beweglich und jederzeit aufnahmebereit für neue *Beliefs*. Sie können staunen, sie können unvoreingenommen von gedanklichen Fixierungen wahrnehmen und leben, was *hier* und *jetzt* ist. Deshalb heißt es in den Evangelien: *„Wenn ihr nicht werdet wie die Kinder, könnt ihr das Reich Gottes nicht schauen."* *(Mat. 18,3)*

Menschen die sich ihre Fähigkeit zu zweifeln (nicht zu verzweifeln!) bewahren, bleiben geistig jung und kreativ. Je mehr Angst jemand hat, desto mehr klammert er sich an eine bestimmte Religion.

Diese Ängste verleihen jenen Personen Macht, die die Glaubensvorstellungen verwalten. Es sind dies die Anführer, Priester und Politiker. Damit möchte ich nicht alle Menschen-Führer pauschal verurteilen. Wie jedes Kind „Führung" benötigt, so brauchen auch erwachsene Menschen Führer und Glaubensvorstellungen, die ihnen Sicherheit und Orientierung geben.

Es ist notwendig, dass eine Gemeinschaft, sei es ein wirtschaftliches Unternehmen, sei es eine Gemeinde oder ein Staat Führung hat. Es entspricht einem Idealbild, wenn diese Führung und die damit verbundene Machtausübung auf ein Minimum reduziert sind. Das erfordert jedoch mündige Bürger. Je mehr Angst und je weniger Selbstvertrauen die Menschen haben, desto mehr Führung benötigen sie.

Es ist eine Binsenweisheit, dass es gute und weniger gute Führer gibt. Weniger gute Führer haben selbst viel Angst und wenig Selbstvertrauen. **Wer Angst hat, strebt nach Macht, denn Macht stärkt das Selbstwertgefühl.**

Märtyrer und Egoismus

Bernd Helge: Jesus war für die Christen ihr erster Märtyrer. Das hat ihm sicher den Ruf eines tragischen Helden eingebracht.

Apollon: **Gott liebt die Menschen und das Leben, aber er schätzt keine Märtyrer!** Auch im *Islam* glauben manche Kreise, dass wir uns durch Leid und Tod den Himmel verdienen können. So werden naive Menschen als Selbstmordattentäter herangezogen und missbraucht.

Viele *christliche* Märtyrer wurden von der Kirche heilig gesprochen. Natürlich gefällt es den Herren einer Organisation, wenn sich Menschen für ihre Sache aufopfern. Doch das Leben fordert in erster Linie gesunde und glückliche Menschen.
Jesus spricht: *„Sie sagen, Aug um Aug, Zahn um Zahn! Ich aber sage euch: Leistet dem Bösen keinen Widerstand, sondern wenn dir jemand auf die rechte Wange schlägt, halte auch die linke hin." (Mat. 5,38)*

Du brauchst die andere Wange nicht hinzuhalten! Wenn es für dich stimmig und nicht zu gefährlich ist, so hau ordentlich aber zugleich liebevoll zurück. Vielleicht kannst du so den anderen zur Besinnung bringen oder vielleicht davon abhalten, dich weiter zu verletzen. **Gott will keine Märtyrer.** Dazu liebt er die Menschen viel zu sehr. Unsere Verpflichtung auf dieser Erde ist, glücklich zu sein und nicht zu leiden. Durch Sichaufopfern, durch sinnloses Dulden und durch Leid tut niemand Gutes und kann sich niemand den Himmel erkaufen!

Dem Bösen keinen Widerstand leisten, wie *Jesus* spricht, bedeutet, sich nicht mehr als unbedingt notwendig mit dem Bösen zu beschäftigen. Vergiss dein Gekränkt-Sein, deine Verletzungen, dein Selbstmitleid! Wir sollten den Fokus vielmehr auf das lenken, was schön und erfreulich ist, damit entziehen wir dem „Bösen" die Kraft in der Welt und die Kraft in uns.

Wer gegen das Böse ankämpft, der schenkt dem Bösen übertriebene Aufmerksamkeit und Energie. Damit verwickelt er sich in einen endlosen Kampf, und es wird nichts dabei herauskommen. Nur Schatten können Schatten erkennen. **Nur Schatten kämpfen gegen Schatten!**

Kämpfe weder gegen eigene Schwächen, noch gegen die deiner Umwelt. Wie viel sinnloses Leid wurde schon im Kampf gegen andere Meinungen, anderen Glauben, anderes Verhalten verursacht! Wende deine ganze Aufmerksamkeit der Schönheit, der Liebe, der Sonne zu und das Böse verliert an Kraft und Bedeutung in deinem Leben.
Auch in unserem alltäglichen Leben gibt es viele „Märtyrer“. Viele Leute denken sie tun etwas Gutes, wenn sie sich für andere sorgen und abschinden. Doch in Wirklichkeit verbreiten sie nur negative Energie. Es wäre viel besser, wenn sie dafür sorgten, selbst glücklich zu sein. Nur fröhliche Menschen schaffen Wohlbefinden, Schönheit und Freude in ihrer Umgebung.

Da höre ich schon den Einwand: „Aber das ist doch egoistisch!“ Tatsächlich, das hat mit *Egoismus* zu tun! Doch es ist ein gesunder Egoismus, der allen zugute kommt. In unserem Universum der Fülle und Vollkommenheit steht die richtige Selbstliebe nie in Konkurrenz oder im Widerspruch mit dem Glück anderer Menschen.

„Liebe deinen Nächsten wie dich selbst!“ Dieser allgemein bekannte Spruch des *Jesus* besagt nichts anders, als dass wir uns ordentlich selbst lieben sollen, damit wir fähig sind, auch andere zu lieben. Denn wer sich selbst nicht liebt, wer seine eigene Schönheit, seine Talente und Fähigkeiten nicht zu schätzen weiß, der denkt auch negativ über andere Menschen und kann deren Fähigkeiten und Besonderheiten nicht entsprechend anerkennen.

Ist Leiden gottgefällig?

Apollon: Viele Menschen denken: „Wenn ich jetzt genug leide, so wird es mir irgendwann einmal, spätestens im Himmel, gut gehen.“
Es ist Gott *nicht* wohlgefällig, wenn wir uns jetzt abarbeiten, gegen das Böse kämpfen, nur für die andern da sind

und auf uns selbst nicht schauen. Eltern wünschen für ihre Kinder, dass es ihnen gut geht und dass sie möglichst glücklich sind. Wenn wir davon ausgehen, dass wir die Kinder Gottes sind, so will dieser Gott für uns nichts anderes. **Ich wiederhole gerne: Wir sind auf dieser Welt nicht nur, um da zu sein, sondern um wahrhaft glücklich zu sein**. Das ist unsere verdammte Pflicht! Wie viele Menschen beginnen und beenden ihren Tag damit, dass sie nur schauen, wie sie mehr oder minder immer dasselbe langweilige, mühselige Programm abspulen. **„Beginne jeden Tag, als ob es Absicht wäre!“** Das Leben ist viel zu kurz und zu schön, um es zu vergeuden.

Jesus spricht über die „Toten“ und die Auferstehung. Mit diesen Toten sind nicht jene gemeint, die ihren Körper abgelegt und in andere Jagdgründe übergewechselt sind. *Jesus* spricht von den Menschen, die lebendig „tot“ sind. Die nicht mehr mit Begeisterung und Leidenschaft leben und ihre Träume verwirklichen. Er spricht von jenen, die ihre Verbindung zur eigenen Essenz, zum Vater, der „uns gesandt hat“, verloren haben. Wir können jeden Tag die eigene Auferstehung vollziehen, soweit wir bereit sind, das Leben zu feiern und mutig das zu leben, wozu wir berufen sind.

„Wer mein Wort hört und dem glaubt, der mich gesandt hat, der hat ewiges Leben und kommt nicht ins Gericht, sondern ist schon vom Tode zum Leben übergegangen!“ (Joh. 5,24)
Hier wird es klar ausgesprochen. Die „Toten“ sind all diejenigen, denen die Verbindung zu ihrer geistigen Wurzel, zu ihrer Essenz verloren gegangen ist. Es sind diejenigen, die verstrickt sind in die Welt von „Gut und Böse“ und nicht die Vollkommenheit des Daseins erfassen können.

Die Toten werden nicht auferstehen, wenn sie einen historischen *Jesus* anbeten oder sich zu ihm „bekennen“

und sich taufen lassen, sondern wenn sie die Worte *Jesu* verstehen und an die Kraft „glauben“, von der alles Erscheinende ausgeht.

Es ist die Kraft, die jeder in sich trägt. Es ist unsere innerste Wesenheit, die als Freude, Liebe, Vertrauen, Fülle und Vollkommenheit für den erstrahlt, der seinen Fokus intensiv auf die Schönheiten des Lebens richtet und nicht auf Mangel, Leid, Krankheit, Schwächen, Sünde und Unvollkommenheit.

Denn diese Unvollkommenheiten sind genauso schwach und unbedeutend wie die Dunkelheit. Wie ich schon sagte, kann Dunkelheit niemals Licht vertreiben, wohl aber das Licht die Dunkelheit. Dunkelheit „ist“ nicht. Sie ist nur die Abwesenheit von Licht. So wie Lieblosigkeit nur die Abwesenheit von Liebe ist, Hässlichkeit nur dort existiert, wo Schönheit nicht erkannt wird und Mangel nur für den existiert, der die Fülle nicht wahrnimmt und nicht leben kann.

Unsere Schöpferkraft

Bernd Helge: Im *Johannesevangelium* spricht *Jesus: „Wer an mich glaubt, wird die Werke, die ich tue, ebenfalls tun; ja er wird noch größere als diese tun.“ (Joh. 14,12).*
Wie können wir das verstehen?

Apollon: In jedem Menschen wirkt der Allgeist, der das Universum erschaffen hat und diese Schöpfung pausenlos vorantreibt, verfeinert und weiter entwickelt. Wir können diesen Allgeist auch die göttliche Schöpferkraft nennen. Für „normal“ denkende Menschen mag diese Behauptung übertrieben oder „esoterisch“ anmuten. Doch wird sie durch zwei Beobachtungen bestätigt:

- Unseren Körper und unser denkendes Gehirn haben wir nicht selbst geschaffen. Dieses Werk muss auf eine höhere geistige Kraft zurückgeführt werden.

- Die Evolution der Erde und des Menschen zeigt eine hoch intelligente, kontinuierliche Entwicklung, die wohl kaum rein zufällig erfolgt.

Unser Unterbewusstsein steht mit dieser Kraft in Verbindung und vermag, ähnlich wirkungsvoll wie der universelle Spirit, unsere Gedanken und *Beliefs* in die materielle Welt umzusetzen. So wie der universelle Geist ständig an der Weiterentwicklung der Welt arbeitet, so arbeitet auch unser UB ständig daran, einerseits unsere Glaubenssätze zu verwirklichen und andererseits zugleich auch daran, uns wieder mit unserer Essenz, unserem eigentlichen Selbst zu verbinden.

Wenn wir die selben und noch „größere Werke" als *Jesus* demonstrieren sollen oder wollen, so geht es gar nicht darum, die physikalischen Gesetze aufzuheben und beispielsweise mit Gedankenkraft im wörtlichen Sinn *„Berge zu versetzen"* oder *„über das Wasser zu gehen"*. Großartige Wunder vollbringt der Mensch unserer Zeit ohnedies am laufenden Band.

Sind es nicht großartige Wunder, sich Flugzeuge, Satelliten, Mobilfunk, Fernsehen, Computer, Organtransplantation, Veränderung der Gene und vieles Anderes auszudenken und zu verwirklichen? Allein, wie wir unsere alltäglichen Aufgaben bewältigen, kann als grandios und wundersam bezeichnet werden. Doch daran haben wir uns so gewöhnt, dass wir diese Leistungen kaum beachten oder zu schätzen wissen.

Die entscheidende und größte Aufgabe besteht darin, dass der Mensch in dieser turbulenten Welt mit ihren tausenden herrlichen Herausforderungen sein Ziel nicht aus den Augen verliert. Es geht letztlich darum, Schönheit, Freude, durchströmende Liebe und nachhaltigen Frieden zu erfahren. Nach diesem Gold, welches nur durch innere Verwandlung erobert werden kann, suchen seit Jahrtausenden die wahren Alchemisten wie der legendäre *Hermes Trismegistos*, wie der chinesische Weise *Lü Dongbin*, der griechische Philosoph *Heraklit*, der Arzt und Mystiker *Paracelsus.*

Symbol „Jesus"

Bernd Helge: Jesus sagt: *„Wer an mich glaubt, wird die Werke, die ich tue ebenfalls tun; ja er wird noch größere als diese tun."* Ist es also doch erforderlich sich zu Jesus zu bekennen und sich christlich taufen zu lassen?
Apollon: Mit den Worten: *„an mich glaubt"* kann nicht gemeint sein, dass wir einer *katholischen, evangelischen* oder *orthodoxen* Kirchengemeinschaft beitreten müssen. Es ist auch nicht notwendig, an *Jesus* als den *„Messias"* zu glauben. Es ist letztlich ohne besondere Bedeutung, ob *Jesus* der *„Messias"* – wie im *Alten Testament* angekündigt – war oder nicht.

Zum Verständnis dieser Worte zitiere ich zuerst einen anderen Ausspruch des *Jesus. In Joh. 6,35* steht: *„Wenn ihr das Fleisch des Menschensohnes nicht esset und sein Blut nicht trinket, so habt ihr kein Leben in euch."*

Bei diesen Zeilen erkennt wohl jeder, dass sie nicht wörtlich zu nehmen sind. Denn niemand kann und will das „Blut" oder das „Fleisch" Christi konsumieren. Dieser Gleichnischarakter gilt für fast alle Aussagen und Schilderungen in den *Evangelien. Jesus* spricht vorwiegend in Bildern. So sind auch seine Aussagen: *„Niemand kommt zum Vater als durch mich!"* oder *„Wer an mich glaubt kommt nicht ins Gericht, sondern ist schon vom Tode zum Leben übergegangen" (Joh. 5,24)* im übertragenen Sinn zu verstehen.

Es gibt kein „Letztes Gericht" sondern nur eine Selbst-

verurteilung. Es gibt Selbstzweifel und selbstgemachte Schuldgefühle. Das „Gericht“, und zugleich die Idee einer „Verurteilung“, entsteht durch falsches Denken. Die Idee der Schuld wurde uns eingeimpft, damit wir folgsam sind und uns der Obrigkeit unterwerfen.
Die Worte: *„Wer an mich glaubt...“* müsste man richtig übersetzen: „Wer an sich selbst“ oder anders gesagt, an den *„living Jesus“* oder *„living Buddha“* glaubt, der ist verbunden mit der universellen Schöpferkraft.

Wer der Kraft des Glaubens (Denkens) vertraut, der geht hier und jetzt vom Tode ins wahre, befreite Leben über. Unter „Tod“ ist auch in diesem Fall nicht der physische Tod, sondern der Nebel von „Gut und Böse“, wie wir ihn bei der „Befreiung aus dem Paradies“ kennen gelernt haben, zu verstehen.

Es ist ein kardinaler Fehler der Kirche und ihrer Anhänger, die Bibel oft zu wörtlich zu nehmen, statt ihre Bildersprache zu verstehen. Die Kirche meint, wenn wir an einen historischen *Jesus* glauben oder uns auf seinen Namen taufen lassen, so sind damit alle Probleme gelöst und wir sind gerettet. Die verschleierte Botschaft lautet jedoch: Nur wer so wie Jesus die Scheinwelt von „Gut und Böse“ durchbrechen kann, der befreit sich von dem Glauben an Sünde, von dem Glauben an Mangel.

Das Himmelreich in dir
Apollon: Nur in dir selbst kannst du „den eingeborenen Sohn“, der du selbst bist, oder anders gesagt, Glückseligkeit finden. Dazu erklärt *Jesus: „Das Himmelreich ist in dir!“*

Es gibt zu diesem Thema eine nette Geschichte:

> Es ist Nacht. Herr Huber sucht etwas im Schein einer Straßenlaterne vor seinem Haus. Ein Nachbar kommt

hinzu und fragt ihn: „Was suchst du da?“ Er antwortet: „Einen Schlüssel!“ Der Nachbar hilft ihm eine Zeit lang beim Suchen. Der Schlüssel ist jedoch nicht zu finden. Darauf fragt der Nachbar: „Bist du sicher, den Schlüssel hier verloren zu haben?“ Da antwortet Huber: „Nein! Ich denke, ich hab ihn im Haus verloren!“ Der Nachbar: „Was soll denn das? Warum suchst du dann nicht in deinem Haus?“ Herr Huber: „Im Haus ist es dunkel und ich habe kein Licht!“

Wir suchen anhaltendes Glück außerhalb unseres Hauses, obwohl wir wissen sollten, wo allein es zu finden ist, nämlich dort, wo wir es beim Verlassen der Kindheit verloren haben.

Wir erfahren glückliche Momente im Leben, wenn wir uns verlieben, wenn wir beruflichen Erfolg haben, wenn wir eine schwierige Aufgabe gut lösen. Deshalb glauben wir, dass Glück von außen kommt und von äußeren Ereignissen bestimmt wird. Wir übersehen dabei, dass das äußere Ereignis nur ein Auslöser ist, um unsere Essenz aufleuchten zu lassen. Das spezielle äußere Ereignis vergeht, es hat immer nur kurze Dauer. Durch die Verbindung mit dem „Reich in uns“, mit der Essenz in uns, werden wir fähig, Glück im Augenblick, Glück in der Präsenz, Glück im immer gegenwärtigen „Jetzt“ zu erfahren.

Dem entsprechen die Worte in der *Bhagavad Gita: „Wer in sich selbst Glückseligkeit findet, dessen Seele, mit Brahma vereint, ist in ewiger Wonne“ (Gita V, 21)*

Gleichnisse des Jesus

Bernd Helge: Weshalb spricht *Jesus* in so schwierig zu verstehenden Gleichnissen?

Apollon: Diese Frage haben schon die *Jünger* an *Jesus* gestellt. Seine Antwort lautete: *„Euch ist gegeben die Ge-*

heimnisse des Himmelreiches zu verstehen. Jenen aber ist es nicht gegeben. Denn wer hat, dem wird gegeben, und er wird im Überfluss haben; wer aber nicht hat, dem wird noch genommen, was er hat" (Mat. 13,12) . Und *Jesus* verweist dazu auf *Jesaia* und seine Worte: *„Hören sollt ihr mit Ohren und doch nicht verstehen; Sehen sollt ihr mit Augen und doch nicht erkennen. Denn verstockt ist das Herz dieses Volkes." (Mat. 13,14)*

Das bedeutet: Die Basis für Verständnis ist ein offenes Herz. Nur wer ein Gefühl für die Schönheit und die Bejahung des Lebens hat, dem wird gegeben. Wer nur rein logisch oder intellektuell seiner gewohnten „Brille" vertraut, dem ist die Sicht auf die Wahrheit und Vollkommenheit des Lebens genommen.

Der Verstand sagt: „Ich will es glauben, wenn ich es sehe!" Wer bereit ist, sein Denken umzustellen, der sagt sich: **„Ich kann es dann sehen, wenn ich es glaube!"** Damit soll nicht der kritische Verstand in Misskredit gebracht werden. Der ist unerlässlich in bestimmten Bereichen. Die Kunst liegt eben darin, zu unterscheiden, wo wir sinnvoll den logischen Verstand einsetzen und wo wir auf unser Herz, auf unsere Intuition horchen und uns so für neue Erfahrungen öffnen. Der nüchterne Realist, ohne Zugang zur spirituellen Wahrheit, hat es im Leben genauso schwer wie der abgehobene Esoteriker.

Wir sprechen von einer Wissenschaft des Geistes. Wissenschaftliches Arbeiten besteht darin, Vermutungen oder Hypothesen aufzustellen und diese sodann im Experiment zu überprüfen. Dasselbe kann jeder mit der Kraft des Glaubens machen. Jeder kann das Experiment machen und versuchsweise sein Denken so programmieren: **„Alles ist vollkommen! Es gibt keine Sünde! Es gibt keinen Mangel!"**

„Alles was ich denke und glaube wird sich früher oder später für mich verwirklichen!“
Wem es wirklich gelingt, sich neue *Beliefs* gegen die althergebrachten Denkmuster einzuprogrammieren, der wird „Beweise“ bekommen, die sich in der Qualität nicht von den Forschungsergebnissen der Wissenschafter unterscheiden.

Nur wer es wagt, seine Denkgewohnheiten zu verändern, kann erfahren, wie sich dementsprechend sein Leben verändert. Doch genauso, wie ein Beweis, der unter einem Mikroskop sichtbar ist, nur für den wahrnehmbar ist, der durch das Mikroskop schaut oder die entsprechenden Fotos betrachtet, so sind die Gesetze des Geistes nur für den sichtbar, der sie zu denken vermag.

Was alle Weisheitslehrer empfehlen, ist nicht, ihnen blind zu glauben, sondern die Anregungen zu einer neuen Sicht aufzunehmen und selbst zu prüfen.

Es ist nicht einfach, sein Denken im Bereich der „Beliefs“ neu auszurichten. Uralte Denkgewohnheiten, die Suggestion der *Maya* und das kollektive Denken von Milliarden Menschen hindern uns daran. Doch wer es versucht, wird die Bestätigung finden. *„Ihr werdet die Wahrheit erkennen und die Wahrheit wird euch frei machen!“ (Joh. 8,32)*

Paradigmenwechsel
Apollon: Durch viele Jahrhunderte dachten die Menschen, die Sonne drehe sich um die Erde. Erst als *Kopernikus* auf die Idee kam, es könnte umgekehrt sein und sich daran machte, diese Idee wissenschaftlich zu überprüfen, entstand ein neues Verständnis für die Bewegung der Planeten um die Sonne. 1509 veröffentlichte *Kopernikus* sein Werk über das Heliozentrische Weltbild, und es dauerte noch eine ewige Zeit, bis sich diese Idee durchsetzen

konnte. Dieser Paradigmenwechsel hat nur sehr langsam in den Köpfen der Menschen statt gefunden.
Mehr als hundert Jahre später, genau gesagt 1633, wurde gegen den Astronomen *Galileo Galilei* von der katholischen Kirche offiziell ein Inquisitionsverfahren eingeleitet, weil dieser das Kopernikanische Weltbild bestätigte. Die Kirche war jedoch der Meinung, dass diese Lehre der „Heiligen Schrift", widerspricht. *Galilei* konnte sich nur dadurch vor dem Tod retten, weil er seinen „Fehlern" im Prozess abschwor, sie verfluchte und verabscheute. Er wurde deshalb von den zuständigen Kardinälen „nur" zu lebenslänglicher Kerkerhaft verurteilt.

Soweit wir Unvollkommenheit und Mangel wahrnehmen, bewegt sich dieser Vorgang auf einer mentalen Ebene, auf der wir selbst zuerst diese Unvollkommenheit denken. Dann manifestiert sie sich für den, der so denkt, und schließlich ist durch diese Manifestation der Beweis für Unvollkommenheit erbracht. So wird der, der gefangen ist in Unverständnis, in seinem Irrglauben noch bestärkt und muss weiter leiden.

„Wer hat, dem wird gegeben, wer aber nicht hat, dem wird noch genommen werden, was er hat!" (Mat. 25,29). Denn wer das Positive sieht, für den wird die Welt immer schöner, wer hingegen seinen Fokus vorwiegend auf das Negative richtet, sieht immer mehr Negatives und verliert dabei den Reichtum des Lebens immer mehr aus dem Auge. Zugleich bestätigt ihm seine Sicht, wie berechtigt sein Pessimismus ist. Deshalb gilt auch die Aussage: **„Der Pessimist hat immer Recht und ebenso der Optimist!"** Denn für beide verwirklicht sich das, woran sie glauben.

Die Wundertaten des Jesus

Bernd Helge: Was hältst du von den Wundern, die *Jesus* vollbracht haben soll, wie die Verwandlung von Wasser

in Wein oder zu Fuß über einen See gehen, die Auferweckung von Toten oder Heilung von Kranken? Was wollen „Heilige“, wie *Jesus* mit solchen Wundern bewirken?
Apollon: Für solche Wunder gibt es verschiedene Erklärungen. Diese Wunder, wenn sie sich tatsächlich zugetragen haben, waren natürlich prächtige Sensationen, welche die Leute scharenweise zu *Jesus* herbeieilen ließen. Sie hatten also hervorragenden Werbecharakter. Warum sollte Jesus nicht auf diese Weise Werbung für seine Botschaften gemacht haben?

Wir könnten auch sagen, er hat die Heilwunder und die Wiedererweckung des *Lazarus* aus Mitleid mit den Kranken und *Lazarus* oder seinen Hinterbliebenen bewirkt. Da wirft sich allerdings eine Frage auf: Nach den *Evangelien* hat *Jesus* vielleicht einige Dutzend Menschen geheilt und nur einen Toten, nämlich den *Lazarus* auferweckt *(Joh. 11, 1- 44)*. Was war mit den übrigen Kranken und Toten? Quantitativ gesehen waren diese Wunder also keineswegs effektiv. Offenbar hatten sie nur demonstrativen Charakter.

Über die Heilwirkung eines starken Glaubens haben wir schon an anderer Stelle gesprochen. *Jesus* betont immer wieder, welche wichtige Rolle der Glaube für das Glück jedes Menschen spielt. Das sollten diese Demonstrationen zweifellos aufzeigen.

Ein interessantes Wunder ist die Verwandlung von Wasser in Wein bei der Hochzeit von *Kanaan (Joh. 2,1-11)*. War das ein Zauberkunststück, mit dem *Jesus* seinen Jüngern und den Hochzeitsgästen imponieren wollte? Oder ist diese Erzählung nur ein Gleichnis für die Verwandlung, die jeder Mensch durchmacht, wenn er seine „hohe Zeit“ erlangt, - sprich: Wenn er zu seiner Essenz findet?

Es ist auch völlig überflüssig, zu Fuß über das Wasser zu gehen, wie dies angeblich *Jesus* und *Petrus* beim See *Genezareth* gemacht haben. Wobei allerdings der Versuch des *Petrus* nicht mit Nachhaltigkeit belohnt wurde. Es gab schon zur Zeit des *Jesus* genügend Boote, um nicht zu Fuß übers Wasser gehen zu müssen. In Booten kann man bequem sitzen und kann mit Segel die Windkraft nutzen. Wozu also das Ganze? Wieder geht es sicher nur um ein Gleichnis.

Mit der richtigen Einstellung zum Leben werden wir so leicht, unbekümmert und fröhlich, dass uns Wasser tragen kann. So müssen wir weder befürchten, in den alltäglichen noch in den besonderen Problemen des Erdenlebens zu ertrinken.

Zusammenfassung:

1. Die Kirchen überbewerten ihre „Heiligen“ Schriften. Sie klammern sich daran und fördern so Intoleranz und Fanatismus.
2. Manche Geschichten um Jesus wurden erfunden, um seine Besonderheit herauszustreichen und um machtpolitische Ziele zu erreichen.
3. Viele Erzählungen über Jesus haben nur gleichnishafte Bedeutung. Sie sollten nicht als historische Tatsachen missverstanden werden.
4. Gott liebt die Menschen und das Leben, aber er schätzt keine Märtyrer.
5. Kein Mensch wird dadurch besser, weil er sich zum Christentum, zum Islam oder zum Buddhismus bekennt.
6. Kämpfe weder gegen eigene Schwächen noch gegen die deiner Umwelt. Wende deine Aufmerksamkeit der Schönheit, der Liebe, der Sonne zu und das Böse verliert an Kraft und Bedeutung in deinem Leben.
7. Die „Auferstehung von den Toten“ besteht darin, das Leben zu feiern und mutig das zu leben, wozu wir berufen sind.
8. Es gibt kein „Letztes Gericht“ sondern nur eine Selbstverurteilung.
9. „Das Jüngste Gericht“ verwirklicht sich fortlaufend in deinem Leben. Ursache und Wirkung bestimmen dein Schicksal. Das Universum straft niemals, es zeigt nur liebevoll den Weg.
10. Wir sind aufgerufen vor allem uns selbst zu lieben. Denn nur wer seine Schönheit und seine Fähigkeiten wahrnimmt, der weiß auch die der anderen entsprechend zu würdigen.
11. Es ist nicht schwer „übers Wasser“ zu gehen. Mit der richtigen Einstellung zum Leben werden wir so leicht, unbekümmert und fröhlich, dass uns Wasser tragen kann.

10 Werkzeuge der Artemis-Power

In jedem Wunsch steckt die Kraft
zu seiner Verwirklichung.

Ändere dein Denken, so verändert sich dein Leben!
Ändere dich selbst, so verändert sich die Welt!

Befreiende Erkenntnis

Bernd Helge: Wir haben gemeinsam viel über die *Artemis* und die Prinzipien des Lebens gesprochen. Jetzt geht es mir um die ganz konkreten Schritte, wie Menschen ihr Leben glücklicher und erfolgreicher gestalten können.

Apollon: An sich genügt ein Erkennen der Wahrheit, um Veränderung herbeizuführen. Wer anders denkt, handelt anders. Tiefes Erkennen hat eine gewaltige Kraft. Soweit wir die Prinzipien des Lebens und die Gesetze, nach denen diese Welt „funktioniert“, durchschauen, verändern sich unser Charakter, unsere Beziehungen, unsere Arbeit, unser Leben. In diesem Sinne lauten die Worte im Johannesevangelium: *„Ihr werdet die Wahrheit erkennen und die Wahrheit wird euch frei machen.“ (Joh. 8,32).*

Es erfordert eine intensive Auseinandersetzung mit diesen Wahrheiten, damit jahrzehnte-, ja generationenalte Denk- und Verhaltensmuster sich nachhaltig verändern. Einmal ein „schlaues“ Buch lesen kann lediglich ein Anfang sein. Meine Erfahrung ist, dass tägliche Arbeit notwendig ist, um sich nachhaltig zu verändern. Wer sich einmal auf diesen Weg gemacht hat, der erlebt bald, wie beglückend und befreiend die Auseinandersetzung mit den Lebensprinzipien ist. Die Erkenntnis der Wahrheit führt zur *„religio“* mit unserer Essenz. Diese Wiederverbindung entspricht dem inneren Bedürfnis eines jeden Menschen. Deshalb wird diese Beschäftigung nicht als lästig oder schwierig, sondern als Befriedigung einer Sehnsucht empfunden.

Natürlich gibt es sogenannte „Werkzeuge", die diese Arbeit erleichtern. Gleich vorweg sollten wir bei jeder persönlichen Entwicklungsarbeit darauf achten, uns nicht klein und minderwertig zu machen, indem wir vorwiegend unsere Mängel und Schwächen betrachten und uns Sorgen machen, welch weiten Weg wir noch vor uns haben. Weil ich noch viel lernen und gewinnen kann, so heißt dies keineswegs, dass ich nicht wertvoll und „vollkommen bin" so wie ich jetzt im Augenblick lebe. Darüber haben wir schon gesprochen.

Ein schöner Leitsatz für Selbstentfaltung ist für mich:
„Ich will nicht üben, um ein Meister zu werden, sondern ich bin ein Meister der übt!"
Dazu will ich eine kleine indische Geschichte erzählen:

> „Am Rande eines indischen Dorfes wohnten zwei *Sadhus.* Das sind Männer, die streng asketisch leben und sich ganz einem spirituellen Leben hingeben. Die meiste Zeit saßen sie nicht weit voneinander entfernt, jeder im Schatten eines großen Baumes und meditierten.
>
> Eines Tages kam ein alter heiliger Mann des Weges. Die beiden *Sadhus* wollten von diesem weisen Mann erfahren, wie lange sie noch brauchten, um erleuchtet zu werden. Deshalb fragte ihn der erste *Sadhu,* bis wann es bei ihm so weit sein würde. Der Alte antwortete: „Du brauchst dazu noch circa sieben Wiedergeburten". Daraufhin war der *Sadhu* sehr unglücklich und setzte sich traurig wieder unter seinen Baum. Als der andere dieselbe Frage an den weisen Mann stellte, antwortete dieser: „Du erreichst erst nach so vielen Leben Erleuchtung, wie der Baum, unter dem du gewöhnlich sitzt, heute Blätter trägt." Da brach der *Sadhu* in Jubel aus und vollführte einen Freudentanz, wobei er immer wieder ausrief: „Ich werde Erleuchtung erlangen! Ich werde erleuchtet werden!

Ich bin der glücklichste Mensch der Welt!“ In diesem Augenblick kam ein kräftiger Windstoß und alle Blätter des Baumes fielen herab auf die Erde.“

Erleuchtung

Bernd Helge: Wie du sagst, sind alle Menschen auf dem Wege zu sich selbst, zum befreienden Glück, zu ihrem Wesenskern. Manche nennen das Ziel dieses Weges, das tiefe Eintauchen in die Essenz, die „Erleuchtung“.

Apollon: Allgemein versteht man unter „Erleuchtung“ eine spirituelle Erfahrung, bei der Einsicht in eine höhere Wirklichkeit erlangt wird. In asiatischen Religionen bedeutet Erleuchtung die höchste Stufe des spirituellen Strebens.

„Erleuchtung“ klingt für manche Menschen etwas hochtrabend und riecht nach einem überirdischen, abgehobenen Zustand. In Wirklichkeit handelt es sich dabei um eine ganz natürliche, seelisch-geistige Verfassung. Wer entsprechend fortgeschritten ist und die Lebensprinzipien erkannt und verinnerlicht hat, für den ist diese Erfahrung etwas Selbstverständliches. Im Zustand der „Erleuchtung“ erfahren wir Gefühle des Friedens, der Harmonie und der Freude, die annähernd jenen gleichen, die fast jeder schon einmal oder öfters in besonderen Augenblicken des Glücks erfahren hat.

Charakteristisch für den Zustand der Erleuchtung ist eine Klarheit des Denkens, die mit einer intensiven Kraft der Gefühle verbunden ist. Diese Gefühle sind für den Fortgeschrittenen länger anhaltend und willentlich abrufbar.

Um Missverständnissen vorzubeugen: Auch der „erleuchtetste“ Mensch, falls es so etwas gibt, befindet sich nicht ständig in einem Zustand der Glückseligkeit. Das würde er gar nicht anstreben, denn es würde ihn dem erdverbundenen Dasein entfremden. Das Leben auf dieser Welt und das Glück, das wir hier erfahren dürfen, erfordert Kontraste. Ein beständig gleiches Hochgefühl ist ebenso wenig wünschenswert wie ein Paradies, in dem immer die Sonne scheint und in dem uns keine interessanten Herausforderungen erwarten. Die Empfindung von unangenehmen Erfahrungen und von Leid gehört ebenso zum Glück, wie Schwierigkeiten und Herausforderungen, die es zu meistern gilt.

Ein fortgeschrittener Mensch weiß, dass sich Leben im Spannungsverhältnis zwischen den Polen der Dualität ereignet. Deshalb kann er auch mit Situationen umgehen, die nicht besonders angenehm sind. Statt von einem „erleuchteten" Menschen zu sprechen, spreche ich gerne von einem „befreiten" Menschen. Befreit ist für mich derjenige, der nicht fehlerlos ist, der nicht ständig „glücklich" sein muss, der jedoch in einer engen Verbindung zu seinem Wesenskern, zu seiner Essenz steht. Es ist einer, der immer wieder die Schönheit des Augenblicks wahrnimmt, der sich selbst nicht so wichtig nimmt und der gelegentlich auch über sich, über seine Schwächen und seine Emotionen lächeln kann. Erinnern wir uns an die *Chariten,* die mit Anmut und Freude an der Fülle und mit Fröhlichkeit das Leben genießen.

Annehmen, was ist

Apollon: Ein „Befreiter" zeichnet sich besonders durch die radikale Bereitschaft aus, das Leben so anzunehmen, wie es ihm entgegentritt. Er lehnt sich innerlich nicht gegen das auf, was ist. Das bedeutet keinesfalls, dass er nicht jederzeit bereit ist, das zu ändern, was er ändern kann und will.

Viele Menschen befinden sich in einem fast permanenten Widerstand gegenüber dem, was ist. Sie kämpfen innerlich gegen das, was sie als unschön, lästig, fehlerhaft, ärgerlich, unangenehm einstufen. Sie verschwenden dadurch Energie und leiden in unnotwendiger Weise. Sie versuchen den Momenten zu entfliehen, die sie als nicht erfreulich beurteilen. Stets unerfüllt, streben sie fortwährend nach Ereignissen, von denen sie sich Erfreuliches erhoffen.

Dazu ein ganz banales Beispiel:

> Jemand fährt mit dem Auto in die Stadt, um sich im Opernhaus eine Aufführung von *Rossinis* „Barbier von Sevilla" anzuschauen. Die Fahrt in die Stadt empfindet er als notweniges Übel. Er hat während dieser Fahrt negative Gefühle, ärgert sich über den starken Verkehr, über die vielen Kreuzungen mit rotem Ampellicht. Es sucht etwas gestresst einen Parkplatz. Dann eilt er ins Opernhaus. Es regnet leicht, was ihn erheblich stört. Er muss sich bei der Garderobe anstellen, jemand drängt sich vor. Erst als er seinen Sitzplatz endlich erobert hat, hofft er, die Aufführung zu genießen, was ihm allerdings sehr schwer fällt, weil er seine nervösen, schlechten Gefühle des Tages nicht so leicht abschütteln kann.
> Bis zum Beginn der Aufführung befindet sich dieser Opernbesucher auf der Flucht vor dem, was ist. Erst dann beschließt er, die Flucht zu beenden und die Aufführung, (eigentlich sein Leben) wieder zu genießen.

Manch einer neigt dazu, nur dann das Leben zu bejahen, nur dann wirklich zu leben, wenn er Umständen begegnet, die er als angenehm beurteilt. Unfähig, sich dem „Jetzt" hinzugeben, wie immer die Gegenwart gerade aussieht, versäumt er das Sein.
Jeder Moment hat Energie und kann Kraft geben. Die Autofahrt in die Oper ist nicht weniger „wirklich" und Teil des Lebens als die Opernaufführung. Jeder Moment, den

wir bewusst erfahren, kann erfüllend sein. Er muss nicht unbedingt angenehm sein, doch er wird wesentlich erfreulicher, wenn wir uns gegen das, was ist, nicht auflehnen.

Dem befreiten Menschen gelingt es, gerade durch Bejahung des „Hier und Jetzt", auch in schwierigen, unangenehmen Augenblicken inneren Frieden und Gelassenheit zu bewahren. Er empfindet sogar eine Art Glückseligkeit, wenn er auch in unerfreulichen Situationen vermag, kraftvoll präsent zu sein und das Leben in seiner Vielfalt zu bejahen. Damit unterscheidet er sich von jenen, die im Banne einer Scheinwirklichkeit stehen und dadurch ihre Aufmerksamkeit zu sehr auf Dunkelheit, Mangel und sonstige Widrigkeiten lenken. Die Seligkeit der Befreiten kommt tief aus ihrem Wesenskern und ist nicht abhängig von den auf und ab schaukelnden äußeren Wellen der Dualität.

Tagträume

Bernd Helge: Ärger, Stress und Unlustgefühle, wie du sie für den Opernbesucher geschildert hast, kommen reflexartig daher. Wir können uns dagegen kaum zur Wehr setzen.

Apollon: Jeder Augenblick kann einen Zugang zu unserer Essenz bilden. Wer Unlustgefühlen wehrlos ausgesetzt ist, der ist nicht in der Gegenwart, der ist nicht achtsam genug. Der einfachste Zugang zur Präsenz ist unser Körper. Dieser befindet sich immer in der Gegenwart.

Viele Leute haben nur ein schwaches Körperbewusstsein. Sie fühlen sich nicht verbunden mit diesem wunderbaren Instrument. Doch der Körper bietet den einfachsten Zugang zur Essenz. Wer nicht bei sich ist, flattert mit seinen Gedanken irgendwo herum. Er befindet sich im sogenannten „Tagtraum". In der Regel ist er sich dieser Gedanken, die ständig durch sein Gehirn geistern, gar nicht bewusst.

Tagträume entstehen dadurch, dass die im riesigen Meer unseres UB gespeicherten Gedanken als kleine Wellen ständig an die Oberfläche des UB kommen. Dort plätschern sie meist unbemerkt an der Grenze zwischen UB und Tagesbewusstsein.

Die meisten Menschen sind fast pausenlos in sogenannte *„Self-talks“* verwickelt. Selbst wenn sie sich im Gespräch mit einer anderen Person befinden, läuft parallel dazu ein innerer Dialog ab. Sie bewerten den anderen, überprüfen sein Verhalten, denken zugleich an dies und jenes. Sind sie mit sich allein und nicht gerade auf eine Tätigkeit voll konzentriert, so haben die Selbstgespräche völlig freie Bahn.

Wie uns die *Self-talks* beherrschen, ist leicht auszuprobieren, indem wir versuchen, nur eine Minute an nichts zu denken, ohne dabei einzuschlafen. Es gelingt nicht! Tausende Gedanken sprudeln so täglich, meist unbemerkt, durch unser Gehirn.

Diese *Self-talks* sind wie das Motorengeräusch eines Kühlschrankes in einer Küche. Wird der Kühlschrank frisch installiert, so hören wir sein Geräusch. Doch schon nach einigen Stunden haben wir uns daran gewöhnt und nehmen das Geräusch nicht mehr wahr. Ebenso verhält es sich mit unseren Selbstgesprächen. Wir nehmen kaum Notiz davon und dennoch beherrschen sie unser Leben. Durch ständige Wiederholung verstärken sie unsere Glaubensmuster. Diese bilden sodann die Grundlage für unser Selbstbild, unser Weltbild, unsere Entscheidungen und letztlich für unser Unwohl- oder Wohlbefinden.

Die unkontrollierten Gedanken springen wie übermütige Affen im großen Käfig des Gehirns umher. Diese Affen bringen oft viel Blödsinn in unser Bewusstsein. Sie be-

lästigen uns häufig mit kleinen oder größeren Problemen und lassen uns dadurch nicht gelöst und fröhlich sein.

Eine fatale Eigenschaft dieser herrenlosen Gedanken ist ihre ständige Sorge um die Zukunft. Das Vorsorgen und „Sich-Sorgen" ist eine archaische, instinktive Strategie des Menschen, um besser zu überleben.

Die Spezies Mensch hat gegenüber den Tieren den großen Vorteil der bewussten Erinnerung an die Vergangenheit und der Fähigkeit, für die Zukunft Vorsorge zu treffen. Für den Menschen in der Urzeit war es eine Überlebens-Notwendigkeit, ständig auf der Hut vor gefährlichen wilden Tieren und feindlichen Menschen zu sein. Außerdem war es für sie sehr schwierig, Nahrungsvorräte anzulegen. So waren sie ständig bemüht, sich zu schützen und dem Verhungern vorzubeugen.

Dazu schreibt der amerikanische Universitätsprofessor und Glücksforscher *Martin Seligmann: „Wer die Eiszeit überlebte, besaß die Fähigkeit, sich unermüdlich um die Zukunft zu sorgen. Er sah sonnige Tage nur als Vorspiel für einen harten Winter."* Eine gewisse Vorsorge ist noch heute für Menschen eine Notwendigkeit. Doch wir sollten es bei den dafür notwendigen Gedanken belassen und die stets unnötigen Sorgen einbremsen.

Nicht viel besser sind oft Gedanken, die sich mit dem beschäftigen, was in der Vergangenheit geschah. Sie kreisen nur zu gerne um das, was nicht gut gelaufen ist, wo wir einen Fehler gemacht haben, wo wir gekränkt und verletzt wurden.

Übernimm die Regie deines Films!

Bernd Helge: Wie können wir diese *Self-talks* in den Griff bekommen?

Apollon: Dazu ist eine aufmerksame Beobachtung der auf und ab wogenden Gedanken erforderlich. Alle Arten der Meditation sind darauf ausgerichtet, dass wir die Herrschaft über den inneren Dialog erlangen. Über Meditation werden wir ein anderes Mal ausführlicher sprechen.

Einstweilen rate ich dir: Leg dich wie eine Katze vor ein Mausloch und töte all die sorgenvollen, negativen und freudlosen Gedanken, die da herausschlüpfen wollen. Bereite diesen Gedanken durch ein energisches „NEIN“ ein möglichst rasches Ende.

Das ist ein Teil der Therapie. Doch das allein genügt nicht. Lenke deinen Fokus auf die Schönheiten und Geschenke des Lebens. Wir können nicht zur selben Zeit die Schönheit und die Fülle des Lebens wahrnehmen und uns gleichzeitig Sorgen machen.

Unsere inneren Gedanken kleiden sich gewöhnlich in Bilder. So läuft in uns fast ständig ein Film ab. An der Entstehung dieses Films sind wir zwar irgendwie mitbeteiligt, doch wir lassen zu, dass das Drehbuch zu diesem Film nicht von uns selbst, sondern von fremden Kräften geschrieben wird. Durch entsprechende Achtsamkeit können wir den Film, der in uns gespielt wird, unter Kontrolle bringen.

So wie du entscheidest, welchen Film du im Kino oder Fernsehen anschauen willst, so solltest du auch entscheiden: Welchen Film, willst du in dir ablaufen lassen? Einen Horrorfilm, einen Film voller Ärger und Sorgen oder einen Film der Lebensfreude?

„Werde der Regisseur deines inneren Films!“ Bleibe achtsam und entscheide bewusst, welchen Film du für dich drehen und sehen willst!

Den Atem beobachten

Bernd Helge: Wie bekommen wir ein verstärktes Körperbewusstsein und damit einen Zugang zur Präsenz?

Apollon: Ein wunderbares Mittel, um sich von zügellosen Gedanken zu befreien und um präsent zu werden, ist die Beobachtung des eigenen Atems.

Auf dieses einfache und doch höchst wirksame „Patentrezept" hat schon *Siddhartha Gautama Buddha* vor 2500 Jahren hingewiesen. Im *Vipassana Sutra* (Lehrrede über das tiefe Schauen) sagt er: *„Bhikkhus (Mönche), es gibt einen wunderbaren Weg, der Wesen hilft, Kummer und Trauer direkt zu überwinden, Schmerz und Angst ein Ende zu setzen, den rechten Pfad einzuschlagen und Nirvana (Erleuchtung) zu verwirklichen. Dieser Weg ist der Weg der Achtsamkeit."* Im Weiteren beschreibt Buddha wie wir vor allem durch die Beobachtung unseres Atems zu Ruhe, Gelassenheit und Gegenwärtigkeit gelangen können.

Der Atem des Menschen ist etwas ganz Besonderes. Ohne Atmung können wir nur wenige Minuten überleben. Atmen ist unsere erste und wichtigste Tätigkeit, wenn wir auf die Welt kommen, und mit dem letzten Atemzug verabschieden wir uns wieder von dem Erdendasein.

Mit dem Einatmen verbinden wir uns mit der Außenwelt, mit dem Ausatmen kehren wir gleichsam zu uns zurück. Atmen ist eine der wenigen Tätigkeiten der inneren Organe, die sowohl automatisch vor sich gehen, die wir jedoch auch bewusst steuern können.

Denken wir nicht ans Atmen, wie zum Beispiel im Schlaf, so funktioniert dieser lebensnotwendige Vorgang durch die Weisheit unseres Körpers von selbst. In wunderbarer Weise passt sich der Atemrhythmus den jeweiligen Sauerstoff-Bedürfnissen des Körpers an.

Der Atem-Rhythmus spiegelt auch in einmaliger Weise unseren jeweiligen Gemütszustand wider. Sind wir nervös und aufgeregt, so haben wir einen schnellen, oberflächlichen Atem. Sind wir ruhig und entspannt, so atmen wir dementsprechend langsam und tief.

Durch bloße Achtsamkeit auf unseren Atem wird dieser tiefer und gleichmäßiger. Sofort fühlen wir uns freier und gelöster. Mit der Beobachtung des eigenen Atems verbinden wir uns mit der Weisheit unseres Körpers, werden bewusster und gegenwärtiger. Diese Achtsamkeit auf den Atem ist eine wunderbare Möglichkeit, um sich zu sammeln, um sich besser zu konzentrieren und um sich wohler zu fühlen.
Es ist gar nicht schwierig, seinen Atem neben einfachen Tätigkeiten gleichzeitig zu beobachten. Das kannst du sofort ausprobieren.

Je öfter wir die Übung der Beobachtung des Atems durchführen, desto wohler, befreiter und selbstbewusster fühlen wir uns.

Bernd Helge: Die Befreiung durch bewusstes Atmen, wie du sie schilderst, klingt interessant. Ich kenne das Buch des Buddhisten *Thich Nhat Hanh* mit dem Titel: „Das Wunder des bewussten Atems“. Er erläutert in dieser Schrift ausführlich die Achtsamkeit auf den Atem. Würdest du dieses Buch jemandem empfehlen, der sich mit diesem Thema intensiver auseinandersetzen will?
Apollon: Ich schätze die Persönlichkeit des *Thich Nhat Hanh* und seine Bücher sehr. Das genannte Buch kann sicher eine gute Hilfe sein. Im übrigen kennst du ja meine grundsätzliche Einstellung zu spirituellen Lehrern und weißt, dass ich von einem „Anhängertum“ an lebende oder tote Weisheitslehrer, mögen sie *Jesus, Buddha* oder sonst wie heißen, nichts halte.

Die Entscheidung, glücklich zu sein

Bernd Helge: Du sprichst davon, dass befreite Menschen glückliche Gefühle bewusst abrufen können. Kannst du das näher erklären?

Apollon: Glücksgefühle sind abhängig von unserer Entscheidung. Jeder kennt reflexartige negative Reaktionen auf unliebsame Erfahrungen: Ich finde einen Schlüssel nicht, ich vergesse etwas mitzunehmen und bemerke dies erst, wenn ich am Zielort angekommen bin, mein Partner ist schlecht gelaunt und macht mir Vorwürfe, ich habe eine Autopanne, ein Kunde weigert sich unbegründet, meine Rechnung zu bezahlen, die Benzinpreise klettern schamlos in die Höhe, ich stecke im Stau.

Täglich gibt es unzählige Möglichkeiten, sich zu ärgern. Wenigen gelingt es, gegenüber unliebsamen Situationen gelassen zu bleiben. Viele sind, wenn etwas schief gelaufen ist, gleich für Stunden oder gar tagelang schlecht gelaunt.

Ganz genau betrachtet, folgt bei den meisten Leuten auf ein unerfreuliches Ereignis der blitzartige Gedanke, oder besser gesagt, die blitzartige Entscheidung: „Das macht mich unglücklich!" oder „Das ärgert mich!"

Solche Reaktionen werden automatisch von Zentren im Gehirn gesteuert, die dafür sorgen, dass wir uns gegen alles zur Wehr setzen, was unser Dasein gefährden könnte. Doch in der Regel besteht durch unangenehme äußere Ereignisse keinerlei Gefahr für unser Leben und dennoch reagieren wir mit unnötigem Ärger und Stress.

Auf diese Art werden Menschen von negativen Reflexen gesteuert. Sie entscheiden nicht selbst über ihre Gefühle und über ihr Wohlbefinden, sondern beliebige Vorkommnisse des täglichen Leben beherrschen sie.

Es ist ein natürlicher Prozess, dass wir der angeborenen Glückseligkeit, von der Kleinkinder überwiegend getragen werden, nach und nach im Zuge des Heranwachsens verlustig werden.

Im Laufe eines Lebens wiederholt das einzelne Individuum die ganze Menschheitsgeschichte. Wir werden in einem paradiesischen Seelenzustand geboren, werden sodann aus dem Paradies entlassen, durchleben einen Prozess der Trennung von der Einheit mit dem göttlichen Sein, erfahren dabei die Bildung einer eigenständigen Persönlichkeit und kehren – im Idealfall - zuletzt wieder in einen glücklichen Zustand des inneren Friedens, der Freude, Liebe, der Hingabe an Fülle und Schönheit zurück.

Für den Erwachsenen bedarf Fröhlichkeit, heitere Gelassenheit oder das „Glücklichsein“ einer freien Entscheidung. Je früher sich jemand für Glück und inneres Wohlbefinden entscheidet, umso leichter hat er es. Die Entscheidung „unglücklich zu sein“, wird sonst zu einem Verhaltensmuster, aus dem wir immer schwieriger heraus können. Je stärker jemand dazu neigt, schon bei Kleinigkeiten seine gute Laune zu verlieren, desto öfter ist es notwendig, eine gegenläufige Entscheidung zu treffen.

„Happyness is an inside job!” Wir können uns ganz bewusst jederzeit für glückliche Gefühle entscheiden. Wem Wohlbefinden ein wichtiges Anliegen ist, der sollte dies regelmäßig üben. Anfangs ist es gar nicht so einfach, sich von seinem alten Verhaltensmuster, nämlich von der Entscheidung, unglücklich zu sein, zu lösen. Zu tief ist manchen Menschen dieser Reflex eingeprägt.

Erleichtert wird der Wandel ins Positive, wenn wir unseren Fokus regelmäßig auf die Qualitäten lenken, die von der Artemis repräsentiert werden:

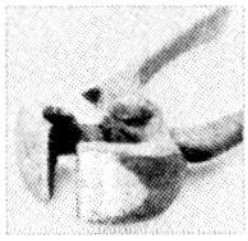

- Auf die Art, wie wir auf der Bühne des Lebens erscheinen wollen;
- Auf Klarheit in unseren wesentlichen Lebenszielen;
- Auf die Fülle, Schönheit und Vollkommenheit des Daseins.

Ob wir es glauben oder nicht, wir sind verantwortlich für unseren seelischen Zustand. Wir sind dafür verantwortlich, ob wir uns glücklich fühlen oder nicht. Wir tragen sogar Mitverantwortung dafür, wie es den Menschen in unserer Umgebung geht, weil wir diese durch eine mutige, freundliche und gut gelaunte Ausstrahlung erheblich beeinflussen, ihr eigenes Glück zu finden.

Das Glück nicht aufschieben!

Bernd Helge: Du hast gesagt, dass alle Menschen danach streben, gute Gefühle zu haben und schlechte zu vermeiden.

Apollon: Richtig. – Es lässt sich jedes Handeln des Menschen auf das Streben, gute Gefühle zu bekommen und unangenehme zu vermeiden, zurückführen. Dazu zählen die einfachsten Tätigkeiten, wie Essen, Trinken, Körperreinigung, aber auch komplexere, wie studieren oder einen Beruf ausüben.

Auch selbstloses Verhalten geht letztlich auf unser Bedürfnis zurück, gute Gefühle zu haben. Wenn jemand uneigennützig einen kranken Menschen pflegt, so spielen auch dabei Gefühle, die wir vermeiden wollen (das Gefühl jemanden im Stich zu lassen) und Gefühle, die befriedigt sein wollen, wie Mitgefühl, eine ausschlaggebende Rolle.

Bernd Helge: Letztlich kann man sagen, dass wir immer von einem Streben nach Glücksgefühlen bestimmt sind. Dennoch gibt es viele Leute, die sich mehr oder minder freudlos durchs Leben kämpfen.

Apollon: Der häufigste Fehler, den Menschen machen, besteht darin, ihr Glück so lange zu verschieben, bis sie ein für sie wichtiges Ziel erreicht haben. Sie meinen, erst müssen ihre großen Wünsche erfüllt sein, dann erst ist es für sie möglich, ordentlich selig und zufrieden zu sein. Sie denken: „Wenn ich dieses Ziel erreicht habe, werde ich glücklich sein! Dann ruhe ich mich aus! Dann lass ich es mir gut gehen! Bis dahin muss ich durchbeißen, hart arbeiten, Leiden in Kauf nehmen!“

Sie denken: „Wenn ich die Schule geschafft habe, dann werde ich glücklich sein!“ Doch danach kommt das nächste Ziel und sie glauben: „Wenn ich mein Studium beendet habe, ja dann werde ich glücklich sein!“ Und so geht es weiter: „Wenn ich mein Haus gebaut habe; wenn ich den Traumpartner gefunden habe; wenn die Kinder erwachsen sind...“ und es endet bei: „Wenn ich in Pension bin, dann werde ich das Leben wirklich genießen!“ Manche sind bis dahin schon gestorben oder chronisch krank und die übrigen, denen es bis dahin nicht gelungen ist, **„heute“** glücklich zu sein, haben es inzwischen endgültig verlernt.

Glücklich sein können wir nur jetzt. Das zu erkennen, ist sehr wichtig und deshalb will ich es betonen: Du kannst nur jetzt glücklich sein, nicht gleich, sondern nur **„jetzt“**, sofort, nur in der Gegenwart, in diesem Augenblick oder nie! Morgen glücklich sein funktioniert nicht, denn Morgen ist nie „jetzt“! Entscheide dich hier und jetzt, was immer rund um dich geschieht, glücklich zu sein. Das geht, das funktioniert! Versuch es **„jetzt**“ und du kannst den Beweis dafür „live“ erfahren.

Artemis-Power
Bernd Helge: Welche konkreten Schritte ergeben sich für uns aus den *Artemis*-Prinzipien?
Apollon: Die *Artemis*-Power dient uns als Symbol, als Hilfsmittel, um uns selbst und unsere Bestimmung auf dieser

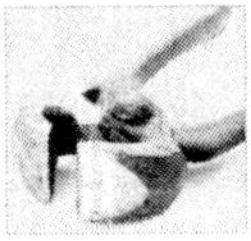

Erde aus einer anderen Perspektive und damit deutlicher zu sehen. Prinzipien, die uns Kraft für ein erfülltes Leben geben, können wir auch aus den Gleichnissen eines *Jesus*, oder aus den „Vier edlen Wahrheiten" des *Buddha,* oder aus den Symbolen der drei *Chariten* ableiten. Der Glückseligkeit ist es wirklich egal, wie du sie erlangst.

Mondprinzip

Bernd Helge: Wie kannst du die *Artemis*-Prinzipien nochmals zusammenfassen?

Apollon: Das Mondprinzip schenkt uns Vertrauen auf das Licht in uns. Wir **sind** und **haben** in unserem Wesenskern allumfassende Liebe, Weisheit, Freude, Glückseligkeit. Zugleich ist jeder Mensch eine einmalige Besonderheit, eine Individualität.

Die Göttin des Mondes regt uns an, unsere Einmaligkeit und unsere Bestimmung auf dieser Welt zu erkennen und zum Ausdruck zu bringen. Wir befinden uns nur dann in Harmonie mit uns selbst und mit unserer Umwelt, wenn wir das leben und tun, wozu wir geboren sind. Wenn wir unsere Talente, unsere Interessen, unsere Einmaligkeit leben und nicht versuchen, irgend jemandem nachzueifern und seinen Weg zu kopieren, so ist diese Einstellung das beste Rezept, um im Leben erfolgreich zu sein.

Um aufzuzeigen, wie die Weisheitslehren aller großen Religionen und Philosophien aus ein und derselben universellen Quelle stammen und daher im Kern die gleichen Botschaften bringen, verweise ich gerne auf Sichtweisen fremder Kulturen. Sie lassen Themen in einem neuen Licht erscheinen und erleichtern unser Verständnis.
An dieser Stelle möchte ich kurz auf die indische *Yoga-Lehre* eingehen und die Parallelen zu den *Artemis*-Prinzipien aufzeigen.

Die Yoga- Wege

In der indischen Philosophie zählen die Wege des *Yoga* zu den wichtigsten Hilfsmitteln, um sich selbst zu finden. Das Wort *„Yoga"* kommt aus dem *Sanskrit* und bedeutet *„Joch", „zusammenbinden"*, *„anjochen"*. Es entspricht dem lateinischen Wort *„religio"*, von dem das Wort Religion abgeleitet ist. Das Ziel des *Yoga* ist ebenfalls die Verbindung zu Gott, zur Essenz des Daseins.

Es gibt verschiedene Formen des *Yoga*. In den westlichen Ländern denkt man beim Begriff *„Yoga"* vorwiegend an körperliche Übungen, an die sogenannten *Asanas*. Für den philosophisch-spirituellen Weg sind die Richtungen des *Jnana-Yoga, Karma-Yoga* und *Bhakti-Yoga* von besonderer Bedeutung.

Das Mondsymbol der *Artemis* entspricht dem Yogaweg der Erkenntnis, *Jnana-Yoga*, genannt. Dieser Weg ist besonders für den westlichen, vom Verstand geprägten Menschen geeignet. Durch tiefes Eindringen und Verinnerlichen von Weisheiten, wie wir sie gemeinsam besprochen haben, kann der Mensch seine Glaubenssätze verändern und sich so von einengenden Denkmustern befreien.

Nach der indischen *Advaita*-Philosophie ist die Wurzel allen Übels das „Nichtwissen" *(Avidya)*. Die *Advaita*-Philosophen gehen davon aus, dass alle Erscheinungen in diesem Universum eng miteinander verbunden sind. Sie sagen: *„Tat Tvam Asi"* (das bist du!). Wir stammen aus einer Einheit und sind neben unseren individuellen Eigenheiten zugleich Teil eines großen Organismus. Wir sind die Pflanzen und Tiere. Wir sind unsere Mitmenschen, wir sind die Erde, die Sonne, der Kosmos. Daraus folgt ein Gefühl der Liebe und Verantwortung gegenüber allem was ist.

Nicht eine theoretische Gelehrsamkeit oder das Anhäufen von intellektuellem Wissen ist das Ziel im *Jnana-Yoga*, sondern eine Weisheit, die den ganzen Menschen (Verstand, Gefühl, Liebe, Schönheitsempfinden) umfasst.
Im *Mahabharata* (indisches Epos, zu dem auch die *Bhagavad Gita* gehört) finden wir dazu eine schöne Anmerkung: *„Wer nicht erkennt, sondern nur vieles gehört hat, kann den Sinn der Schriften nicht verstehen, so wie ein Löffel nichts vom Geschmack der Suppe weiß!“ (MB. II, 55, 1).*
Nur Erkenntnis, die geatmet, gefühlt, mit ganzem Herzen aufgenommen und durchlebt wird, führt uns zur Befreiung und zu einem erfüllten Sein.

Jagdprinzip
Apollon: Die Göttin der Jagd motiviert uns, mutig und vertrauensvoll unsere Ziele, sowohl die großen als auch die kleinen, in unserem Leben zu verwirklichen. Dazu ist es wichtig, den Blick auf das zu lenken, was uns gefällt, was wir wollen und nicht fixiert zu sein von dem, was uns stört.
Das Jagdprinzip zeigt uns, dass wir für unser Schicksal und unser Wohlergehen verantwortlich sind. Alle Menschen haben Träume, doch die wenigsten wagen sie zu verwirklichen. **„Träume nicht dein Leben, sondern lebe deine Träume!“** Die Wünsche, die aus deiner Seele auftauchen, kommen nicht von ungefähr. Wünsche, die in dir auftauchen, sind Aufrufe des Lebens an dich. Wer weiß, wie man „Berge versetzt“, wer richtig und geschickt die Kräfte des Unterbewusstseins einzusetzen vermag, der kann alle Lebens-Träume verwirklichen. Für diesen Menschen sind Träume nicht „Schäume“, sondern sie geben ihm Kraft und Mut „die Sterne vom Himmel“ zu holen.

Träume werden dann realisiert, wenn wir vage Wünsche und Hoffnungen durch klare, kraftvolle Entscheidungen ersetzen.

Dazu sind vier Schritte notwendig:

- Informiere dich so gut wie möglich durch Fachliteratur, Internet, Ansprechen von Leuten, die dir weiter helfen können, wie du dein Ziel erreichen kannst!
- Leg dir einen schriftlichen Plan zurecht, welche Schritte du gehen wirst!
- Bedanke dich (nicht bitten!) beim Universum, dass dein Wunsch in Erfüllung gehen wird. Stell dir bildhaft, lebhaft, begeistert und mit Hingabe vor, wie es aussieht, wenn dein Traum in Erfüllung gegangen ist!
- Beginne sofort! Bleib jeden Tag dran! Lass dich durch negative Bemerkungen deiner Umwelt und durch Rückschläge nicht entmutigen!

Das Symbol der Jagd entspricht der Richtung des *Karma-Yoga. Karma* bedeutet das Schicksal des Menschen, welches er durch seine Taten verursacht hat. *Karma-Yoga* wird deshalb als Yoga der Tat oder des Handelns bezeichnet. Durch „selbstloses" Handeln, soll der *Yogi* Vollendung und Befreiung erlangen. Was ist selbstloses Handeln? Selbstloses Handeln bedeutet achtsames, diszipliniertes Handeln. Das lateinische Wort *„Disciplina"* kann mit „Schule" übersetzt werden. Selbstloses Handeln bedeutet, der Schule, den Aufgaben und Anforderungen des Lebens zu entsprechen.

Bernd Helge: Das Leben trägt jede Menge Aufgaben an uns heran. Wenn wir all das tun würden, was von uns verlangt wird oder was scheinbar notwendig ist, so können wir bis zum Umfallen arbeiten.
Apollon: Das Dasein ist für den Menschen stets eine Gratwanderung. Und gerade diese Gratwanderung macht das Leben so spannend und schön. Gäbe es einfache Patentrezepte für Glück und Erfolg, so wäre es halb so wunderbar wie es ist.

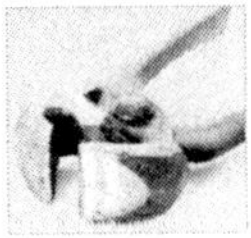

Selbstlos und diszipliniert zu handeln erfordert viel Wachheit und Achtsamkeit, um zu erkennen, was mein Weg, meine Bestimmung, meine Aufgabe ist. Nicht „nein“ sagen können zu Wünschen unserer Umgebung, die nicht für uns stimmig sind, ist genauso schwach und erbärmlich, wie nicht mit Mut und Hingabe das zu tun, wozu wir wirklich auserwählt sind. In diesem Universum ist genug Platz, damit sich jeder entfalten kann, und es gibt keinen Menschen, der nicht auserwählt ist, ein einmaliges Dasein zu führen und großartig zu sein.

Selbstloses Handeln sollte insbesondere nicht mit freudlosem Handeln oder mit Lieblosigkeit gegen sich selbst verwechselt werden. Denn wir dienen uns und unserer Umgebung am besten, wenn wir selbst glücklich sind und dieses Glück ausstrahlen.

Dazu lesen wir in der *Bhagavad Gita*: *„Auch der Weise neigt zu dem, was seiner Natur gemäß ist. Alle Geschöpfe handeln in Übereinstimmung mit ihrer Natur. Was würde es nützen, sie zu unterdrücken?“ (Gita II, 33).*

Das *Karma* eines Menschen ist immer weisheitsvoll. Es entspricht einerseits seinem Denken und Handeln in der Vergangenheit und ist zugleich ein Lehrer, der seinen Schüler geschickt durch all die angenehmen und unangenehmen Lebensereignisse auf den rechten Weg zu seinem wichtigsten Ziel, zu seiner Essenz führt.

„Das Schicksal macht keine Fehler!“ Allein dieser Satz, kann, wenn wir ihn tief verinnerlichen, eine wunderbare Wirkung erzeugen. Er gibt uns Vertrauen ins Leben, er zeigt die Sinnlosigkeit von Ängsten und Sorgen, er gibt uns die Kraft, für unser Schicksal die Verantwortung zu übernehmen.

Prinzip der Vollkommenheit
Apollon: Artemis als Göttin der Fruchtbarkeit zeigt uns, dass wahrhaft leben Fülle, Schönheit und Vollkommenheit bedeutet. Nur aus der Sorge vieler Menschen, dass Mangel herrschen könnte, entsteht Mangel. Wer Mangel denkt, regt sein UB an, diesen Mangel in der äußeren „Wirklichkeit" entstehen zu lassen. Damit schafft der Ängstliche gemeinsam mit vielen anderen, die Mangel denken, eine kollektive Scheinwelt, in der Not und Mangel als Realität vorgetäuscht und tatsächlich durchlitten werden.

Wir können das Prinzip der Fruchtbarkeit mit der Ausrichtung im *Bhakti-Yoga* vergleichen. Im diesem Yoga erlangt der Übende Vereinigung mit der Essenz durch Hingabe und Verehrung. *Bhakti-Yoga* zeigt den Weg des Herzens, den Weg über die Gefühle. Jeder kennt dieses himmlische Gefühl der Hingabe an die Schönheiten der Natur, an einen Menschen oder an eine Aufgabe. In der Hingabe lösen wir uns von unserem ängstlichen „Ich" und kehren in die Einheit zurück, aus der wir alle stammen. Eins werden und Schönheit erkennen bedeutet lieben - und nichts macht uns glücklicher auf dieser Welt.
Wer sich und das Dasein liebt, empfindet keine Furcht und keinen Mangel.

„Betrachtet die Lilien des Feldes! Wie sie wachsen! Sie arbeiten nicht und spinnen nicht. Ich sage euch aber: Selbst Salomon in all seiner Pracht war nicht gekleidet wie eine einzige von ihnen. Wenn nun Gott das Gras des Feldes, das heute steht und morgen in den Ofen geworfen wird, so kleidet, wie viel mehr euch, ihr Kleingläubigen!" (Mat 6,28).

Die Lilien sind eins mit der Schöpfung. Das Universum sorgt für sie und kleidet sie in die schönsten Gewänder. *Bhakti-Yoga* sagt: Gib dich hin an die Schönheiten dieser Welt! Vertraue der Weisheit des Universums und schenke

allen Wesen deine Liebe. Atme, genieße und strahle aus Vollkommenheit des Seins!

Ängstliche Menschen horten ihr Geld und ihr Vermögen. Und je reicher sie dadurch sind, desto mehr fürchten sie sich vor Verlust. Seelisch sind sie viel ärmer als mancher, der nichts hat. Je mehr wir geben, desto mehr haben wir. Das gilt für die Liebe, für das Geld, für die Freude.

Visualisieren
Apollon: Wünsche und Ziele werden hundert Mal leichter erreicht, wenn wir erkennen, dass sie schon wie reife Früchte bereit sind, von uns gepflückt zu werden. Denn so funktioniert tatsächlich das Universum. In seiner Fülle steht alles bereit, um verwirklicht zu werden. Wenn wir hingegen unserem UB einprogrammieren: „Wir müssen bitten und kämpfen, um etwas zu erreichen!“ so machen wir uns das Leben unnötig hart, denn wir gehen davon aus, dass diese Welt schwierig und unvollkommen ist.

Eine kluge Methode, unsere Ziele zu verwirklichen, ist die in vielen Büchern beschriebene mentale Vorstellung dessen, was ich erreichen will. Am besten geschieht dies durch das sogenannte „Visualisieren“. Dabei gehen wir davon aus, dass unser Ziel bereits erreicht ist und stellen uns lebhaft, bildhaft und verbunden mit intensiven Gefühlen vor, wie die Erfüllung unseres Wunsches aussieht. Wir schaffen uns vorerst wie ein Künstler ein inneres Bild von dem, was sodann äußerlich umgesetzt wird. In unserem Geist „sehen“, „schmecken“, „hören“, „fühlen“ wir so dicht und konkret wie möglich die Verwirklichung un seres Ziels. Verbunden mit der schöpferischen Kraft des UB gehen auf diese Weise fast alle Wünsche in Erfüllung.

Bernd Helge: Kannst du das näher erklären?
Apollon: Alles, was wir denken bildet in der geistigen Welt

eine Realität. Gedanken sind keine Luftgebilde, sondern Kräfte, die sich sofort oder mit zeitlicher Verzögerung materialisieren. Das funktioniert wie das Lösen einer Aufgabe durch einen Computer. Was wir dem Rechner eingeben, wird von ihm automatisch bearbeitet und ein entsprechendes Ergebnis präsentiert. So verwirklicht sich auch das, was wir visualisieren. Diese Bilder sind sofort geistige Wirklichkeit, deren materielle Erscheinung früher oder später nachfolgt. Grenzen für dieses Verfahren gibt es nur insoweit, als wir zweifeln oder als andere tief im Unterbewusstsein verankerte Bilder im Widerstreit mit unserem bewussten Wunsch stehen.

Es gibt auch Wünsche und Ziele, die nicht mit unserem Wesenskern, mit unserer Essenz harmonieren. In diesem Fall wird die Verwirklichung der Ziele – zu unserem eigenen Schutz – vielleicht nur unvollständig oder anders als vorgestellt zustande kommen.

Danken statt Bitten

Bernd Helge: In der Not wenden sich die Menschen gerne an „ihren Gott“ und bitten, dass er ihnen hilft. Sogar solche Leute, die sich gewöhnlich nicht viel um Gott oder Spiritualität kümmern, versuchen auf diese Weise Hilfe zu bekommen. Vor allem, wenn sie große Furcht haben oder sonst keinen Ausweg mehr wissen.

Apollon: Jedes Gebet, jede Anrufung einer geistigen Instanz macht Sinn. Denn wir wenden uns damit in die Richtung zum Ursprung aller Erscheinung. Wir anerkennen und mobilisieren damit die Kraft der Worte und des Denkens. Gewöhnlich bitten die Menschen im Gebet um die Erfüllung ihrer Wünsche und um die Abwehr von Krankheit und Not. Doch mit einem solchen „Bittgebet“ missachten die Menschen das Prinzip der Fülle und Vollkommenheit.

Sie gehen beim Bittgebet unbewusst davon aus, dass Mangel herrscht, dass Gott die Welt unvollkommen geschaffen hat und dass wir durch Betteln und Bitten Gott dazu bewegen können, seine Welt besser zu organisieren. Der christliche Mystiker *Meister Eckehart* wurde unter anderem wegen der folgenden Sätze von der Inquisition (päpstliche Bulle von 1326) für schuldig gesprochen: *„Wer um dies oder jenes bittet, der bittet um Übles und in übler Weise, weil er um die Verneinung des Guten und um die Verneinung Gottes bittet. Und er bittet darum, dass Gott sich ihm versage!"*

Diese Verurteilung durch die katholische Kirche ist typisch. Denn die Macher der Kirchen sind in der Regel – es gibt großartige Ausnahmen! – durch eine dogmatische Schule gegangen, die sie überheblich gemacht hat und in der sie verlernt haben, hinzuhorchen und die Denkweise anderer zu begreifen.

In Wirklichkeit sind die Worte *Eckeharts* grandios und weise. Denn er geht davon aus, dass wir Gott um nichts bitten müssen. Denn Gott gibt uns keine Wünsche ein, um uns zuerst zappeln und leiden zu lassen und um uns erst dann zu belohnen, wenn wir auf den Knien zu Kreuze kriechen. Wir wurden, wie es in der Genesis heißt, nach seinem Ebenbilde geschaffen. Wir sind daher aufgerufen und im Grunde auch fähig, uns selbst zu helfen. Der Schöpfer hat seinen Job ohnedies bereits perfekt erledigt und alles bestens für unser Wohl vorbereitet. Jetzt sind wir gefordert, nicht zu betteln und zu flehen, sondern unsere gesamte mentale Kraft einzusetzen, um unsere Ziele zu erreichen.

Ähnlich wie *Eckehart* klingen nach dem *Markus-Evangelium* die Aussagen des *Jesus* zum Thema Gebet: *„Wenn ihr betet, so plappert nicht wie die Heiden! Die meinen sie*

finden Erhörung, wenn sie viele Worte machen. Euer Vater weiß ja, was euch Not tut, eher ihr ihn bittet"! (Mat. 5,7). Weiters lesen wir da: „So sollt ihr nun beten: Vater unser, der du bist im Himmel..."
Die ersten vier Sätze dieses Gebets, welches bei fast allen christlichen Gottesdiensten zumeist gedankenlos „geplappert" werden, stehen im Einklang mit dem *Artemis*-Prinzip. Allerdings wäre es präziser statt *„Dein Reich komme!"* zu sagen: *„Dein Reich ist überall!"*

Die weiteren Sätze des *„Vater unser"* können wohl kaum von einem wissenden Sohn Gottes stammen. Sie zeigen eher die Handschrift schwacher oder berechnender Kirchenleute. Denn wer sodann spricht: *„Und vergib uns unsere Schuld, wie auch wir vergeben unseren Schuldigern"* bittet im Sinne des *Eckehart* sicher *„um Übles in übler Weise"*. Der Begriff „Schuld" existiert nicht für das Universum und ein kluger Gott hat keinen Anlass, uns zu verurteilen oder uns zu vergeben. Den Aufruf *„Vergib unsere Schuld"* kann der Mensch somit nur an sich selbst richten.

Der letzte Satz *„Und führe uns nicht in Versuchung, sondern erlöse uns von dem Übel"* entspringt wohl ganz dem vernebelten Denken der Kategorie „Gut und Böse". Beabsichtigt ein weiser Gott tatsächlich, uns in Versuchung zu führen? Was sind das für Spielchen? Wenn er es wirklich tut, so ist dies wohl in dem Sinn gemeint, wie er *Adam und Eva* verboten hat, vom Baum der Erkenntnis zu naschen. In diesem Sinne ist „Verführung" gut und sinnvoll und wir sollten nicht um Abhilfe flehen.

Richtig beten

Bernd Helge: Wie sollte dann deiner Meinung nach ein Gebet richtig formuliert werden?
Apollon: Am besten ist, du vergisst das „Vater unser" -Gebet! Ein gutes Vorbild für ein Gebet, welches voll und ganz

dem *Artemis*-Prinzip entspricht, gibt uns *Jesus* anlässlich der wundersamen Brotvermehrung am See *Genezareth (Mat. 15/36 – Joh. 6/11).*

Bevor Jesus das Brot verteilt, spricht er ein „Dankgebet“! Er bittet nicht um die Brotvermehrung, sondern er „dankt“ für die Fülle, die stets bereits latent im Universum vorhanden ist. Durch sein Danken respektiert er das Prinzip der Fruchtbarkeit und Vollkommenheit. Sein Danken wirkt wie ein Passwort. Danken öffnet die wunderbaren Möglichkeiten der Welt.

Auf eine gewisse Weise können wir solche Wunder jederzeit selbst bewirken, indem auch wir die Vollkommenheit des Daseins anerkennen und uns im Voraus für das bedanken, was es uns schenken will.
Unsere Fähigkeiten dazu bestätigt Jesus mit den Worten: *„Wer an mich glaubt, wird die Werke, die ich tue, ebenfalls tun; Ja er wird noch größere als diese tun.“ (Joh. 14,12*) Wobei mit den Worten „an mich glaubt“ nicht die historische Person, sondern der *„living Jesus“*, die Essenz, der Geist, den jeder Mensch in sich birgt, gemeint ist.

Doch ich komme zurück auf das „Bitten“. Im Alltag ist bitten sicher höflicher als fordern. Im Umgang mit andern Menschen demonstriert das Wort „Bitte!“ Respekt vor der Person des anderen. Doch wenn wir das universelle Gesetz für Verwirklichung von Wünschen anwenden wollen, so ist es notwendig, davon auszugehen, dass jeder Wunsch, der im Einklang mit der Essenz der Welt steht, bereits im universellen Geist verwirklicht ist und nur darauf wartet, umgesetzt zu werden.

Danktagebuch schreiben

Bernd Helge: Die meisten Menschen haben es verlernt, die Wunder und Geschenke, denen wir tagtäglich begegnen,

wahrzunehmen. Sie bemerken nur, wenn etwas schief läuft. Kein Wunder wenn sie so nicht dankbar und glücklich sind.
Apollon: Genau! Deshalb gibt es eine sehr einfache Methode, um sich von Depressionen, Missmut, Frust und Freudlosigkeit zu befreien. Sie besteht darin, ein Danktagebuch anzulegen und in dieses Tagebuch jeden Abend all das aufzuschreiben, was uns an Gutem zu Teil geworden ist, was wir an Schönheit wahrnehmen konnten. Diese Übung nimmt wenig Zeit in Anspruch und schafft unglaublichen Gewinn. Wir können auf diese Art die tief in unser UB eingedrückten Gedankenmuster über Mangel und über die Schlechtigkeit der Menschen und der Welt auflösen. Auch befreien wir uns damit von unseren Opferrollen und der Neigung, uns selbst zu bedauern.

Natürlich ist es auch sehr hilfreich, immer wieder im Laufe eines Tages sich die Geschenke und Schönheiten, denen wir begegnen dürfen, bewusst zu machen. Doch das ist für viele Menschen im Trott und Trubel des Tagesgeschehens weniger leicht durchzuführen.

Dankbarkeit ist eine Frage der Achtsamkeit. Es gibt täglich tausend Dinge, für die wir dankbar sein dürfen, wie zum Beispiel: dass wir in einem Haus wohnen, dass wir ein Telefon benützen dürfen, dass die Sonne scheint, dass es Regen gibt, dass wir Schuhe tragen dürfen, dass es Straßen gibt, dass jemand die Löcher im Straßen-Asphalt ausgebessert hat.

Wir sind es gewohnt, die Aufmerksamkeit auf das zu lenken, was nicht gut funktioniert. Wir kritisieren und ärgern uns und stehen damit unserem Glück im Wege. Dabei ist es gerade die Dankbarkeit gegenüber unseren Mitmenschen, die deren und unser Wohlbefinden fördert.

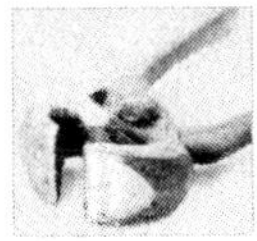

Naikan ist eine japanische Bewegung, die aufzeigt, wie schön das Leben sein kann, wenn wir uns stärker bewusst machen, wofür wir dankbar sein dürfen. Wir bekommen viel Energie und viel Freude am Leben, wenn wir dankbar sind. Das japanische Wort *„Naikan"* bedeutet wörtlich: *„nach innen schauen"*.

Wir dürfen vor allem dankbar sein gegenüber unseren Mitmenschen, ohne die wir gar nicht oder nicht so gut leben könnten, wie es der Fall ist. Ich denke dabei an unsere Eltern, unseren Partner, unsere Kinder, unseren Arbeitgeber, unsere Arbeitskollegen, den Reinigungsdienst, den Straßenbahnfahrer, den Bauern, den Bäcker, den Autohersteller und so weiter, und so fort.

Denke bei der Dankbarkeitsübung an eine konkrete Person und frage dich:

1. Was habe ich von dieser Person bekommen?
2. Was habe ich dieser Person gegeben?

Vorsicht! Diese Übung kann dein Leben verändern!

Abraham Maslow steht Kopf

Bernd Helge: Viele Menschen denken: „Ich hab für solche Spielereien wie Danktagbuch oder Ziele visualisieren oder Achtsamkeit auf den Atem keine Zeit! Ja, andere, die nicht so viel arbeiten müssen, haben es da leichter. Wenn ich mal keine finanziellen Sorgen mehr habe und wenn meine Kinder außer Haus sind, dann kann ich mich um solche geistigen Dinge kümmern!" Dieses Denken wird auch durch die bekannte „Bedürfnispyramide" von *Abraham Maslow* bestätigt.

Apollon: Richtig! *Maslow* unterscheidet verschiedene Bedürfnisebenen, die er grafisch übereinander wie die Stufen einer Pyramide darstellt.

Die unterste Stufe bilden dabei die Grundbedürfnisse wie Schlafen, Essen, Trinken. Darüber kommen die Sicher-

heitsbedürfnisse wie Arbeit und Wohnen. Dann folgen die sozialen Bedürfnisse wie Freundschaft, Familie, Gruppe, danach das Bedürfnis nach Anerkennung und schließlich als Spitze der Pyramide die Verwirklichung des Selbst.

Maslow meint nun, dass der Mensch nur dann in der Lage ist, die höheren Bedürfnisse zu befriedigen, wenn die Stufen darunter befriedigt sind. Das leuchtet grundsätzlich ein. Denn wer Hunger und nichts zu essen hat, der kann sich nicht um seine spirituellen Bedürfnisse kümmern. Allerdings denkt Jesus da anders. Er sagt: *„Seid also nicht ängstlich besorgt und fragt nicht: Was sollen wir essen? Was sollen wir trinken? Womit sollen wir uns bekleiden? Euer himmlischer Vater weiß ja was ihr notwendig habt. Suchet vielmehr zuerst das Reich Gottes und seine Gerechtigkeit und dies alles wird euch hinzugegeben werden. (Mat. 6,31)*

Er stellt sozusagen die Bedürfnispyramide auf den Kopf. Und das entspricht auch den Gesetzen, nach denen das UB funktioniert. Wer meint, für Freundschaft, Liebe, Freude und Selbstverwirklichung keine Zeit zu haben, der wird es nicht weit bringen.

Millionen Menschen können ihre Wünsche nach materiellem Reichtum und Glückseligkeit deshalb nicht erfüllen, weil sie sich nicht um die spirituellen Grundgesetze kümmern. Würden sie diese verstehen und anwenden, so müssten sie nicht so viel und so hart arbeiten. Sie würden die ganze Fülle des Universums bekommen, wenn sie ihr Denken verändern, wenn sie sich nicht selbst durch „Sorgen-Machen“ blockieren.

Sorgen ziehen das Unglück ebenso an, wie Freude, Liebe, Vertrauen in das Gute und in die Fülle das Glück förmlich „herbeizwingen“.

„Suchet zuerst das Reich Gottes, und alles andere wird euch hinzugetan!“

There is always gain and loss

Bernd Helge: Weshalb ist es so schwierig, sich von Sorgen zu befreien? Warum gelingt es den wenigsten Menschen, mit heiterem Gemüt beim Spiel des Lebens dabei zu sein?

Apollon: Das Leben besteht täglich aus erfreulichen und weniger erfreulichen Erfahrungen. Wir begegnen immer wieder angenehmen und weniger angenehmen Dingen. *“There is always gain and loss!”* sagt ein englisches Sprichwort. Die Kunst des Lebens besteht darin, auch mit Rückschlägen und Verlusten umzugehen. Im Spitzentennis und auch in vielen anderen Sportarten unterscheiden sich die Sieger und Verlierer nicht so sehr durch unterschiedliches Können, sondern durch ihre mentale Einstellung. Wenn ein Spieler allzu lange in Gedanken bei einem Fehler hängen bleibt, statt sich positiv auf die nächste Aufgabe einzustellen, so wird er zwangsläufig zum Verlierer.

Niemand ist fehlerlos. Niemand ist vor Rückschlägen und Niederlagen gefeit. Je mehr uns Fehler und Verluste belasten, je heftiger wir uns vor Verlusten fürchten, desto intensiver wird uns das Schicksal prüfen. Wie du richtig sagst, ist das Leben ein Spiel. Ein guter Spieler liebt das Spiel und kann auch ohne Sieg glücklich sein.

Change it, leave it or love it!

Ob mir etwas Angenehmes begegnet oder etwas Unangenehmes, kann ich nur teilweise beeinflussen. Gegenüber schwierigen Situationen haben wir, wie eine Binsenwahrheit sagt, immer drei Möglichkeiten: *Change it, leave it or love it.*

Wir können Unangenehmes manchmal ändern (change it): Ein Büroarbeiter fühlt sich dadurch gestört, dass sein Kollege, der im selben Büroraum arbeitet, raucht. Er kann die Situation vielleicht dadurch ändern, dass er mit seinem Kollegen oder seinem Vorgesetzten über sein Problem spricht.

Es kann jemand seinen Arbeitsplatz aufkündigen, wenn er mit seinen derzeitigen Arbeitsbedingungen nicht einverstanden ist und einen besseren suchen (leave it). Allerdings kann es sein, dass dafür die Zeit noch nicht reif ist. Es mag sein, dass er vorerst auf das Einkommen bei seiner jetzigen Arbeitsstelle angewiesen ist und keinen anderen Job in Aussicht hat. Die Zeit ist immer dann nicht reif, wenn jemand selbst nicht reif ist. Das heißt, wenn jemand die Prinzipien, die das Universum bestimmen, noch nicht verinnerlicht hat.

Der letzte Ausweg ist immer: „love it!“ Am besten wäre es, in jeder Situation mit „love it“ zu beginnen. Denn es ist der beste und einfachste Weg. Dabei ist es vorerst nicht notwendig, im Außen etwas zu bewegen. Es genügt, wenn ich *meine* Einstellung ändere. Wenn mein Chef ein „Ekel“ ist, so kann ich dies nicht so leicht ändern. Wenn ich meine Einstellung zu ihm ändere, ihn nicht hasse, sondern mir bewusst mache, dass er auf seinem Lebensweg so geformt wurde und nur schwer aus seiner Haut kann, so wird es mir schon besser gehen.
Auch kann ich so mehr mein Augenmerk auf seine, zweifellos vorhandenen, positiven Eigenschaften lenken. So kann ich den Grad der „Unerfreulichkeit“ meiner Situation in Bezug auf den Chef herabmindern.

Zugegeben, vielleicht bleibt die Sache für mich immer noch unangenehm und wenig erfreulich. Es mag sein, dass wir diese Entwicklungschance und Prüfung noch benötigen.

Denk daran: **„Die Umwelt ist dein Spiegel!“**
Außerdem sollten wir nicht die Wirkung von „love it“ auf unsere Mitmenschen unterschätzen. Unfreundliche Menschen, schätzen sich selbst nicht und werden nicht geschätzt. Treffen sie auf Verständnis, Vertrauen, Anerkennung und echte Freundlichkeit so können Wunder geschehen.

Eine entscheidende Grundeinstellung gegenüber dem Leben hilft immer, um mit schwierigen Umständen hervorragend zurecht zu kommen, und diese haben wir bereits kennen gelernt. Ich wiederhole sie gerne wegen ihrer besonderen Bedeutung:

„Das Schicksal macht keine Fehler!“

Ich persönlich bin davon zutiefst überzeugt, dass sowohl Angenehmes als auch Unangenehmes Geschenke des Universums sind. Bei lästigen, schwierigen, schmerzlichen Erfahrungen fällt es uns nicht so leicht, dies einzusehen. Doch gerade diese „Geschenke“ helfen den Menschen in seiner Entwicklung viel stärker als alles andere.

Viele Leute hadern nach Verlusten, Niederlagen, Schwierigkeiten ihr ganzes restliches Leben mit ihrem Schicksal. Natürlich verstärken und verlängern sie dadurch nur ihr Unglück. Wenn sie jedoch überzeugt sind, dass in dieser vollkommenen Welt alles seinen Sinn hat und alles nur einer hochintelligenten Evolution dient, so können sie schwierige Ereignisse mit ganz andern Augen betrachten. Außerdem werden sie mit dieser Einstellung wesentlich leichter die Botschaft, die dahinter steht, erkennen. Denn alles Negative, alles Unangenehme ist eine Mitteilung des Universums. Es ist ein Wegweiser für unser Denken und Handeln.

Zusammenfassung:

1. Lerne die Gesetze des Universums. Denn wer die Wahrheit erkennt, sprengt die Fesseln!
2. Übe nicht, um ein Meister zu werden, sondern sei ein Meister, der übt!
3. Was überlebt sind Liebe, Schönheit, Freiheit, Freude und Begeisterung. Vergeude nicht Zeit und Energie mit Sorgen, Neid, Streit, Feindschaft, Gier, Angst und Machtstreben!
4. Unsere Berufung ist nicht nur da zu sein, sondern mit Herz und Seele bei allem was wir tun, dabei und glücklich zu sein!
5. Jeder Augenblick kann erfüllend sein! Leiste keinen Widerstand gegen das, was ist! Annahme dessen, was ist, führt dich aus allen Schwierigkeiten und lässt dich die Schönheit des Daseins erkennen.
6. Achtsamkeit und Präsenz befreien uns aus verdrießlichen Tagträumen. Werde der Regisseur deines inneren Films!
7. Achtsamkeit auf den Atem ist ein Zugang zur Präsenz. Die Präsenz ist das Tor zur Essenz.
8. „Happyness is an inside job!" Entscheide dich, glücklich zu sein!
9. Schiebe dein Glück nicht auf! Du kannst nur „Hier und Jetzt" glücklich sein!
10 Mondprinzip: Die Essenz, die Flamme des Lebens, Schönheit, Freude, Liebe, Glückseligkeit sind in dir!
11. Jagdprinzip: Träume nicht dein Leben, sondern lebe deine Träume!
12. Prinzip der Fülle und Vollkommenheit: Denke nicht Mangel, sondern erkenne die Fülle und Vollkommenheit dieser Welt!
13. Wer nichts wagt, kann nichts gewinnen.
14. Je mehr du gibst, desto mehr hast du!

15. Achte nicht so sehr darauf, Fehler zu vermeiden, sondern nütze deine Chancen!
16. Vergiss es Gott um etwas zu bitten! Es ist alles da! Danke und dir wird gegeben!
17. Dankbarkeit öffnet alle Tore!
18. Suche zuerst die Essenz und alles andere wird dir hinzugegeben!
19. Du hast immer drei Möglichkeiten: Change it, leave it or love it! Beginne stets mit „love it"!
20. Das Schicksal macht keine Fehler!

Nachwort

*„Wer ständig glücklich sein möchte,
muss sich oft verändern."*
(Konfuzius)

*Glück liegt nicht darin, dass man tut, was man mag,
sondern mag, was man tut.*

Dieses Buch verspricht die Lizenz zum Glück. Diese Lizenz ist die wertvollste, die wir in dieser Welt erwerben können und sie ist zugleich die preisgünstigste, denn jeder hat auf sie freien Zugriff. Der Preis besteht lediglich darin, gewisse Grundprinzipien des Lebens zu verstehen und anzuwenden.

Apollon von Lykonos sagt, dass wir geboren sind, nicht nur, um da zu sein, sondern um wahrhaft glücklich zu sein. Glücklich zu sein ist also die eigentliche Berufung eines jeden Menschen. Doch das „Glück" ist wie ein Schmetterling. Wenn du ihn jagst, so entwischt er. Fängst du ihn mit Gewalt, so tötest du ihn. So, wie ein Schmetterling durch die Luft gaukelt, so lässt sich „Glück" nicht definieren. Es gibt tausende Arten von Glück und für jeden Menschen erfüllt sich Glück in eigener Weise.

Zum Glück gehören auch die Wechselfälle des Lebens, gehören Schwierigkeiten und Schicksalsschläge. *Pascal Bruckner* schreibt in seinem Buch *„Verdammt zum Glück. - Der Fluch der Moderne"*, wer das Unglück restlos beseitigen wolle, beschwöre es gerade herauf. So sagt *Bruckner: „Der Mensch von heute leidet daran, dass er nicht mehr leiden will, genau wie man krank darüber werden kann, ständig der perfekten Gesundheit nachzujagen."*

Wer Angst hat vor dem Leid, hat Angst zu lernen, hat Angst vor Entwicklung, hat Angst vor dem Leben. Menschsein ist eine Gratwanderung. Wir können nie sicher sein,

den richtigen Weg zu gehen und das Richtige zu tun. Das macht das Leben so unglaublich schön und spannend. Dieses Buch soll nicht anregen, dem Glück nachzujagen, denn das wäre vergebliche Mühe. Nur wer wach genug ist, im Augenblick zu leben, wer vermag, die Schönheit des Augenblicks zu erfassen, wer dankbar für die Geschenke des Daseins ist, der nähert sich einem umfassenderen, wenn man so will, einem „höheren" Glück, das nicht mehr von äußeren Umständen abhängig ist.

Ich habe in meinem Leben manche Krise durchlebt und durfte – wie jeder von uns – gelegentlich ordentlich leiden. Rückblickend waren diese Krisen meine besten Lehrmeister und ich bin für sie sehr dankbar. Ich habe gelernt, mit Schmerzen und unangenehmen Erfahrungen besser umzugehen und sie als Teil des wunderbaren Erdenlebens anzuerkennen. Durch diese Einstellung hat Leid für mich eine andere Bedeutung erlangt. Ich respektiere Leid als notwendigen Bestandteil des Glücks und auch als bittere Arznei, die zu rascher Gesundung führen kann.

Es gibt genügend Gurus und Bücher, die den „direkten Pfad" zum Glück beschreiben. *Wolf Schneider* bemerkt dazu: *„Ratgeber für Reichtum und Karriere drängen besonders heftig auf den Markt. Sie haben allesamt zwei Nachteile: Sie laden dazu ein, sein Glück auf einem Feld zu suchen, auf dem überwiegend Misserfolge sprießen – da eben auf jeden Abteilungsleiter zehn treffen, die es gern geworden wären."* (Glück – Eine etwas andere Gebrauchsanweisung).

Mir gefällt, wie und was *Schneider* schreibt. Seine zitierten Worte entsprechen dem logischen Verstand. Doch bei aller berechtigter Kritik an bestimmten Methoden, nach dem Glück zu suchen, kommen wir um die Tatsache nicht herum, dass jeder Mensch bewusst oder unbewusst nach

seinem persönlichen Glück strebt. Die einen gehen dabei eher egoistisch, also ohne Rücksicht auf andere, zu Werke, für andere wiederum stellen sich Glücksgefühle ein, wenn sie jemandem beistehen oder wenn sie in Harmonie mit ihrer Umwelt leben.

Apollon ist für mich gleichbedeutend mit dem *„living Buddha“* oder mit dem *„living Jesus“* in mir. Durch ihn durfte ich erkennen, dass sich alles Leben in meinem Kopf und in meinem Herzen abspielt. Alles ist Erscheinung, die durch mein Denken bestimmt wird und mein Denken spiegelt. Durch unser Denken sind wir automatisch in eine allumfassende geistige Welt eingebunden.

Die moderne Gehirnforschung hat in letzter Zeit großartige Fortschritte gemacht. Doch sie ist noch weit davon entfernt zu durchschauen, wie Denken tatsächlich abläuft. Denn so sehr die Wissenschafter auch das Gehirn durchleuchten, sie können immer nur Materie, die sich bewegt und verändert, nie jedoch einen Gedanken wahrnehmen. Die Neurologen haben beispielsweise sogenannte „Spiegelneuronen“ entdeckt. Diese Neuronen erklären, weshalb wir empfinden können, was ein anderer Mensch fühlt. Diese und andere Entdeckungen bestätigen, dass alle Menschen in einer gemeinsamen spirituellen Welt leben, denn sonst könnten wir nicht auf der gleichen Frequenz denken, miteinander Gedanken austauschen und fühlen, wie ein anderer fühlt.

Aus dieser spirituellen Welt stammt alles Leben, stammen alle Erfindungen, stammt Schönheit, Reichtum, Frieden und unser Glück. In dieser Welt gibt es nur Fülle. In dieser Welt sind alle Wünsche bereits erfüllt. Wenn sich Wünsche nicht verwirklichen, so sind sie verbunden mit Konkurrenzdenken, Neid, Angst, Gier - und damit stehen wir uns selbst im Wege.

Auch kann es sein, dass das Schicksal für uns etwas Besseres vorgesehen hat, als das, wonach wir verlangen. Um beim Beispiel von *Wolf Schneider* zu bleiben: Wenn zehn Bewerber den frei gewordenen Posten des Abteilungsleiters wollen, so ist es für neun Bewerber nicht das Beste, wenn ihr Wunsch in Erfüllung geht. Das Universum ist auf der astronomisch-physikalischen Ebene unvorstellbar und unerforschbar groß und weit. Ebenso groß und unerschöpflich sind die Möglichkeiten des geistigen Universums. Niemand braucht sich zu sorgen, dass sein Glück nicht genug Platz hat neben dem Glück der anderen. Für jeden Wunsch gibt es eine Erfüllung, doch wir sollten nicht kleinkariert dem Schicksal vorschreiben, wie im Detail unsere Ziele verwirklicht werden.

Wie genau bislang fast alle meine Träume und Wünsche in Erfüllung gegangen sind, habe ich oft als unglaublich und unheimlich empfunden. Es ist auch hin und wieder vorgekommen, dass ich vom Resultat meiner Wünsche keineswegs begeistert war, weil ich mir deren Auswirkungen ursprünglich anders vorgestellt hatte. Doch man kann erfüllte Wünsche nicht rückgängig machen. Wie alles hatten auch diese Geschenke ihr Gutes - ich durfte lernen, mit der Kraft meiner Gedanken und Wünsche sorgsamer umzugehen.

Immer wieder höre ich bei meinen Vorträgen und Seminaren den Einwand: Das Universum kann nicht vollkommen sein. Dazu gibt es zu viel Elend und unverschuldetes Leid. Bei diesem Thema sind wir beim Knackpunkt der Wahrheit, die uns frei macht. *Jesus* sagte: *„Leiste dem Bösen keinen Widerstand!“* Er meinte damit, wir sollen unseren Fokus radikal auf das richten, was wirklich Bedeutung hat, auf Schönheit, Liebe, Fülle, Frieden, Freude und Erfolg. Doch das ist nicht einfach, zu sehr sind wir vom Glauben an das „Böse“ gefesselt.

Das Symbol des Mondes zeigt uns die Wahrheit. Oft ist ein Teil des Mondes durch den Schatten der Erde verdeckt. Dann sieht es so aus, als ob das Erscheinende – der Mond - nur teilweise oder unvollkommen existiere. Doch der Schatten verursacht nur eine Täuschung. Das Licht der Sonne ist immer vollkommen vorhanden und ebenso der Mond. Die Erde (unser erdverhaftetes Denken) „macht“ Schatten und deshalb betrachten wir die Welt der Erscheinung (den „Mond“) als unvollkommen.

Wie wir mit dem Schatten umgehen können, zeigt *Helen Keller.* Sie ist in früher Kindheit erblindet und wurde taub. Ein unvorstellbarer Zustand, in dem sie von ihrer Umwelt weitgehend abgetrennt war. Dank ihrer eigenen geistigen Kraft und dank der Hilfe ihrer Betreuerin *Anne Sullivan* wurde das Unmögliche möglich. *Helen Keller* wurde ein glücklicher und erfüllter Mensch. Sie studierte auf der Hochschule und wurde erfolgreiche Schriftstellerin. Durch ihr Werk hat sie unzähligen Menschen Kraft und Mut fürs Leben geschenkt.

Mit ihren Worten möchte ich dieses Buch ausklingen lassen:

„Schließt sich uns eine Tür zum Glück, öffnet sich eine andere. Doch manchmal blicken wir so lange auf die geschlossene Tür, dass wir die geöffnete übersehen.“

Bernd Helge Fritsch

Dankwort

Ein Prinzip der *Artemis* lautet: *„Schenke Anerkennung, denn allein bist du nichts!“* Erkenne dein wunderbares Eingebundensein in eine große Gemeinschaft. *„Durch Dankbarkeit öffnen wir uns für die Schönheiten und die Fülle des Lebens!“* Deshalb messe ich diesem „Dankwort“ besondere Bedeutung bei.

Dank und Anerkennung möchte ich aussprechen allen, die mitgeholfen haben, dieses Buch entstehen und erscheinen zu lassen: Ich hole weit aus und beginne mit Frau und Mann, die die Gebäude und Maschinen hergestellt haben, sie instand halten und reinigen, in denen dieses Buch gedruckt wurde. Ob weiblich oder männlich, ich danke dem Drucker, dem Maschinisten, dem Büroarbeiter, dem Firmenleiter, dem Lagerarbeiter, dem LKW-Fahrer, dem Postboten und allen anderen, die an der Herstellung und Verbreitung dieses Buches mitgewirkt haben.

Ich bin allen Menschen zum Dank verpflichtet, die mich auf meinem Weg bislang begleitet und mir viel Kraft, Freude und Selbstvertrauen geschenkt haben. Namentlich erwähnen möchte ich meine Kinder Bettina und Lisa, die Mutter dieser Kinder, Birgit, meine verstorbenen Eltern Margarethe und Helmut, meine Geschwister Birgit, Karin und Hellwig.

Von meinen vielen FreundInnen danke ich spontan namentlich Elisabeth, Karin, Renate, Christian, Franz, Josef, Martin, Volker, Werner, Wolfgang, Wolfram.
Besonderen Dank gebührt meinen Anwaltskollegen Klaus, Peter und Günter und ebenso den MitarbeiterInnen in unserem Unternehmen „Erfog4you®“.
Meine Wertschätzung gilt vor allem Roswitha und Josef.
Ich danke Helga für ihre hervorragende Korrektur- und Layoutarbeit.

Aus ganzem Herzen danke ich meiner Gefährtin Sonja für all die Liebe, die sie mir schenkt.

Zum Schluss danke ich allen Lehrern, die mich mit ihrer Ausstrahlung, ihren Worten und Schriften auf meinem Entwicklungsweg begleitet haben. Allen voran gilt mein besonderer Dank meinem Freund Apollon von Lykonos.